Regula Renschler, geb. 1935 in Zürich. Studium an der Universität Zürich. Zehn Jahre Redaktorin für Aussenpolitik an verschiedenen Tageszeitungen. Ein Jahr Entwicklungshilfe in Afrika. Seit 1975 Mitglied des Teams der „Erklärung von Bern für solidarische Entwicklung".

Wer sagt denn, dass ich weine

Geschichten über Kinder in
Afrika, Asien und Lateinamerika,
den USA und der Schweiz

Herausgegeben von Regula Renschler

Lenos Verlag

Band 23 der Reihe Litprint
Lenos Verlag, Basel

Copyright 1977 by Lenos Verlag, Basel
7. überarbeitete Auflage 1985
Satz und Gestaltung: Lenos Verlag, Basel
Umschlag: Konrad Bruckmann
Printed in Switzerland
ISBN 3 85787 136 9

Inhalt

Vorbemerkungen   7

Geschichten von Kindern in der Dritten Welt, die mit Armut, Hunger und Unterdrückung und mit der fremden Welt der Weissen fertig werden müssen:

AFRIKA
Südafrika   15
James Matthews, Wer sagt denn, dass ich weine   25
Robinson Matsele, Ein Anzug fürs Konzert   39

Kamerun   49
Sieben Schulaufsätze   55

Uganda   65
Musa Nagenda, Kabana und die wilden Hunde   73

ASIEN
Iran (Persien)   113
Samad Behrangi, 24 Stunden Wachen und Träumen   121

Bangla Desh (Ostbengalen)   141
Samaresh Bose, Djoinal   147

LATEINAMERIKA
Peru   161
Enrique Congrains Martin, Der Kleine von „Fast-Schon-Im-Himmel"   169

Brasilien   183
Dinalva Ramos da Silva, „Damals hatten wir den ganzen Tag Hunger"   191

Und weil es nicht nur in der Dritten Welt Menschen gibt, die arm sind und die abseits vom Strom der Ereignisse leben oder die verachtet werden, weil sie anders sind, folgen hier noch zwei Geschichten von Kindern aus reichen Ländern:

USA (Texas)	215
Daniel Garza, Jeder kennt Toby	219
Schweiz (Kanton Bern)	229
Agathe Keller, Emmental, 1130 Meter über Meer	233
Lesetips	245
Quellenverzeichnis	252

Vorbemerkungen

Zu den Geschichten

Dieses Buch ist für alle gedacht, die wissen möchten, wie Kinder in anderen Ländern und Kontinenten leben. Die Idee dazu entstand an einem Wochenende in Gwatt, zu dem Leute aus der ganzen deutschen Schweiz zusammenkamen, die sich bemühen, hier bei uns mehr und bessere Informationen über die Lage in der Dritten Welt und über die Beziehungen zwischen den Industrieländern und den Entwicklungsländern zu vermitteln. Die Tagung war von der „Erklärung von Bern" organisiert worden. Eine Arbeitsgruppe befasste sich vor allem mit dem Themenkreis Kinder – Kinderbücher – Schule. Dabei berichteten Eltern und Lehrer übereinstimmend, es gebe viel zu wenig Geschichten über Kinder in Afrika, Asien und Lateinamerika.

Während eines Jahres suchte dann die Gruppe nach Geschichten von einheimischen Autoren dieser Kontinente, in denen das Kind und seine Welt im Mittelpunkt stehen. Die Suche war schwierig – es gibt tatsächlich wenig solche Geschichten. Möglicherweise hängt dies mit der anderen Rolle zusammen, die Kinder in den meisten Gesellschaften der Dritten Welt spielen. Sicher haben sie nicht dieselbe wichtige Stellung wie bei uns. Dort, wo Menschen arm sind, müssen schon ganz kleine Kinder mitarbeiten und werden dann wie kleine Erwachsene behandelt.

Von Anfang an hatten wir auch die Absicht, in die Sammlung ein bis zwei Geschichten von Kindern aus Industrieländern miteinzubeziehen, die aus verschiedenen Gründen am Rand der Gesellschaft leben und nicht am Reichtum und am Erfolg ihrer Mitbürger teilhaben. Wir danken an dieser Stelle der Schweizer Schriftstellerin Agathe Keller, die für dieses Buch eine Erzählung aus dem Leben der Emmentaler Bergbauern geschrieben hat. Die zweite Geschichte dieser Art stammt aus den Vereinigten Staaten; ein kleiner Amerikanerjunge mexikanischer Abstammung, der zu Hause spanisch spricht, erfährt, dass seine englisch sprechenden Mitbürger ihn und seinesgleichen scheel ansehen und als Amerikaner zweiter Klasse behandeln. Obwohl die Sache für Toby schliesslich gut ausgeht, schmerzt ihn die erlittene Verachtung und prägt sein Verhalten.

Es war nicht unsere Absicht, Afrika oder Südafrika mehr Gewicht zu geben als anderen Ländern und Kontinenten. Wir fanden einfach mehr geeignete Geschichten afrikanischer Autoren, und es reute uns, gute Geschichten wegen des Gleichgewichts zwischen den Kontinenten auszuschliessen.

Bewusst aber haben wir die beiden Erzählungen aus Südafrika an den Anfang gestellt, denn in diesem Land leiden die Kinder am meisten unter der Gewalt einer unmenschlichen Rassenpolitik. Die Schweiz hilft mit, das weisse Regime zu stützen, das für diese Politik verantwortlich ist: Südafrika ist unser wichtigster Handelspartner in Afrika; die schweizerischen Investitionen, die Goldkäufe der schweizerischen Grossbanken und der Handelsverkehr festigen die Position der weissen Minderheit. Bis etwa Mitte der siebziger Jahre war Südafrika ein ideales Land für Investoren: Zu den billigen Arbeitskräften kam eine sehr gute Infrastruktur und ein Regime, das mit Rassengesetzen und mit Gewalt eine ungestörte Ausbeutung gewährleistete. Das hat sich in den letzten Jahren geändert: Die unterdrückten schwarzen und farbigen Südafrikaner haben angefangen, sich mit Überzeugung, List und Kraft für ihre Rechte zu wehren und für ein menschliches Südafrika einzustehen.

Zu jeder Geschichte haben die verschiedenen Mitglieder unserer Gruppe eine Einführung und, wenn nötig, ein Glossar geschrieben. Die Einführungen — sie sind vor allem für Lehrer gedacht — sind deshalb im Aufbau und Stil sehr verschieden. Für die 7. Auflage sind alle Einführungen von der Herausgeberin überarbeitet und aktualisiert worden.

Zu den Hintergründen

Die Geschichte aus dem Emmental steht symbolisch dafür, dass es Probleme der Unterentwicklung auch bei uns im eigenen Land gibt, wie denn überhaupt die Mechanismen der Unterentwicklung allenthalben auf der Welt dieselben sind. In der Schweiz ist zum Beispiel das durchschnittliche Einkommen in abgelegenen Gebieten viel geringer als in den Städten, und der Abstand nimmt zu. Dasselbe gilt für die Länder der Dritten Welt. Nur sind auch die niedrigen Einkommen bei uns eben doch so viel höher als jene in Afrika, Asien und Lateinamerika, dass uns dieser gemeinsame Trend kaum auffällt. Überall entwickeln sich die grossen Städte und die industriellen Zentren schneller. Da hat man bessere Verdienst- und Ausbildungsmöglichkeiten und bessere Chancen, in Positionen der Macht aufzusteigen und an den Entscheidungen teilzunehmen. Die Städte, vor allem die grossen, üben deshalb in der ganzen Welt eine unwiderstehliche Anziehungskraft auf die Landbevölkerung aus. In vielen Ländern der Dritten Welt scheint die Übersiedlung in die Stadt die einzige Chance zum Überleben zu sein; denn auf dem Land gehört der gute Boden fast immer reichen Grossgrundbesitzern und ausländischen Konzernen, die Produkte für den Export – zum Beispiel Kaffee, Kakao, Baumwolle, Bananen – anbauen. Den einheimischen Bauern bleibt zu wenig, um leben zu können. Von den eigenen Regierungen erhalten sie keine oder zu wenig Unterstützung. Dabei wäre die Förderung einer einheimischen Landwirtschaft, die in erster Linie den Bedürfnissen der armen Landbevölkerung dient und nicht dem Export, von entscheidender Bedeutung. In den allermeisten Ländern würde eine solche Politik allerdings eine Land- und eine Bildungsreform voraussetzen. Die Landarbeiter auf den Plantagen sind schlecht bezahlt,

andere Verdienstmöglichkeiten fehlen weitgehend. Aus diesem Grund zieht die Familie in der Geschichte aus Peru nach Lima, um in der Hauptstadt ihr Glück zu suchen, genau wie der Vater des Buben in der Erzählung aus dem Iran.
Die Landwirtschaft lohnt sich für den einzelnen Kleinbauern immer weniger, die Industrie aber siedelt sich dort an, wo die nötige Infrastruktur – Strassen, Häfen, Bahnen, Telefonleitungen, Elektrizität etc. – vorhanden ist und wo es genügend Arbeitskräfte gibt. Auch in der Schweiz leeren sich ganze Täler. Fast die Hälfte der berufstätigen Bevölkerung des Tessiner Maggiatales arbeitet bereits in Locarno, in der Landwirtschaft gingen dort in den letzten dreissig Jahren 93 Prozent Arbeitsplätze verloren. Aus den Tälern des Nordjura wanderten in den letzten zwanzig Jahren 14'000 Menschen in die Städte ab. Weil aber bei uns die Löhne der Arbeiter relativ hoch sind, weil die Arbeitgeber ihren Arbeitern und Angestellten Ferien, Krankheitsausfall und AHV bezahlen müssen und weil die Bestimmungen über den Umweltschutz immer schärfer werden – ein Unternehmen kann seinen Abfall nicht mehr wie bisher einfach in den nächsten Fluss leiten –, investieren grosse Firmen immer häufiger dort, wo tiefe Löhne gezahlt werden, wo kein oder nur ein geringer Sozialschutz für die Arbeiter besteht und wo den ausländischen Firmen von den Regierungen grosse Erleichterungen – zum Beispiel Befreiung von den Steuern für zehn Jahre – gewährt werden: in der Dritten Welt. General Motors gibt zum Beispiel den Bau einer Fabrik im Iran bekannt und kündigt gleichzeitig Hunderten von Angestellten in Biel.
Schweizer Arbeiter müssen um ihre Stellen bangen, und den Menschen in Afrika, Asien und Lateinamerika ist mit dieser Entwicklung ebenfalls nicht gedient: Die ganz wenigen Glücklichen, die Arbeit in der Industrie bekommen, verdienen immer noch so wenig, dass sie es auch wieder zu nichts bringen können. Für Millionen andere wird die Auswanderung in die Stadt zur bitteren Enttäuschung, sie landen im Slum der Vorstädte und leben von der Hand in den Mund.

Wie hart dieses Leben dann sein kann, schildert u.a. Dinalva in ihrem Tagebuch. Den Mut, zurück aufs Land zu gehen, haben die wenigsten. Der Schluss der Erzählung aus Iran ist leider ganz untypisch.

Industrialisierung nach westlichem Muster bringt in den ausgepowerten Ländern der Dritten Welt keine Entwicklung in Gang, welche die ganze Bevölkerung erfasst. Rund die Hälfte der Menschen in Afrika, Asien und Lateinamerika sind von Investitionen und Entwicklungshilfe nicht erreicht worden. Sie sind zu arm, um Industriegüter kaufen zu können. Von der Einführung einer mittleren Technik, mit Produktionsmitteln, die den Verhältnissen angepasst sind, wollen die meisten Regierungen der Dritten Welt nichts wissen, wie sie vor Land-, Schul- und Steuerreformen zurückschrecken – weil sie dadurch das Wohlwollen ihrer ausländischen Partner verlieren könnten und weil solche Massnahmen den Interessen der Oberschicht in ihren Ländern zuwiderlaufen. Diesen Oberschichten gehören sie in den allermeisten Fällen selber an.

Unter den Drittweltländern mit den billigen Arbeitskräften werden von den ausländischen Investoren aus Europa und den USA jene Staaten bevorzugt, die über eine gute Infrastruktur verfügen, deren Regierungen „Ruhe und Ordnung" gewährleisten, auch mit offener Gewalt, und wo es eine Schicht Begüterter gibt, welche die Produkte der ausländischen Firmen kaufen können. Dazu gehörten bis vor kurzem der Iran, Brasilien, Südafrika. Unsere vier Geschichten aus diesen Ländern zeigen, wie Kinder benachteiligter Schichten in solchen Zuständen leben müssen.

Die wirtschaftlichen Zusammenhänge können wir darstellen, anhand von Zahlen auch belegen. Was die Menschen dabei empfinden, wissen wir viel weniger genau. Von Kulturschock ist bei uns, etwas unpassend, die Rede, wenn Leute aus Industrieländern zum erstenmal Armut und Elend in der Dritten Welt, aber auch den Mangel an gewohntem Komfort erleben. Man stelle sich vor, wie gross umgekehrt der Schock der Afrikaner, Asiaten, Indios sein muss, wenn sie mit der viel aggressiveren, oft überheblichen Art der Weissen zusammentreffen. Viele Weisse halten ihre Kultur auf Grund des technischen Vorsprungs ohnehin für die weiter entwickelte, preisen sie naiv an oder demütigen und knechten Angehörige anderer Kulturen. Die Erzählungen aus Südafrika natürlich, aber auch die Geschichten aus Kamerun und Uganda und jene aus den USA lassen einiges von den schmerzlichen Konflikten erahnen, die schon Kinder in dieser Auseinandersetzung erleben und austragen.

Regula Renschler

AFRIKA

Südafrika

Einführung

„Man erinnert sich: Im Frühsommer 1976 beschliesst die weisse Regierung in der Republik Südafrika, Afrikaans — die Sprache der Buren — zur Unterrichtssprache auch für die Masse der schwarzen Südafrikaner zu machen. Lehrer und Elternvertreter warnen während Wochen vor der Verwirklichung dieser Massnahme, doch die Regierung Vorster bleibt hart. Im Juni kommt es dann zur Eruption. Tausende von schwarzen Schülern in den tristen Riesen-Gettos von Soweto demonstrieren friedlich gegen die zwangsweise Einführung des Afrikaans als Unterrichtssprache. Die Polizei schiesst sofort scharf. Mehrere hundert Schüler werden getötet, Tausende fliehen in die schwarzafrikanischen Nachbarstaaten. Bis heute ist das Land nicht mehr zur Ruhe gekommen, und dies ungeachtet — oder besser, wegen — der zunehmenden polizeistaatlichen Massnahmen."
(NZZ 14.3.78)
Mit diesen Worten blickt ein Berichterstatter der „Neuen Zürcher Zeitung" auf jenes Ereignis zurück, das eine neue Phase in der Geschichte Südafrikas eingeleitet hat. Abgelehnt wurde Afrikaans von den schwarzen Südafrikanern nicht nur deshalb, weil die Sprache der Buren — eine Weiterentwicklung aus dem Niederländischen — ausserhalb Südafrikas nicht verstanden wird. Abgelehnt wurde diese Massnahme vor allem, weil die Buren, die konservativ-reaktionären Elemente innerhalb der weissen Bevölkerung, noch immer jegliches Zusammengehen mit den schwarzen Südafrikanern weit von sich weisen. Für die schwarzen Südafrika-

ner ist Afrikaans die Sprache der Unterdrücker, der Rassisten, der Folterer. Der Plan der Regierung wurde als weitere Schikane empfunden, als Versuch auch, die schwarzen Südafrikaner noch zusätzlich zu isolieren.

Der Aufstand der Schüler in Soweto, der lagerähnlichen Millionenstadt der schwarzen Südafrikaner bei Johannesburg, ist kein einzelnes Ereignis geblieben. Seit Mitte 1976 nehmen Streiks von nicht-weissen Arbeitern und Schulboykotts von Schülern zu. Der Aufstand der Schüler bewirkte die Solidarisierung der Eltern, die in Hunderten von Streikaktionen und Konsumboykotts ihren Widerstand kundtun. Vor allem junge Inder und Mischlinge schliessen sich den Schwarzen an und bezeichnen sich heute ebenfalls als „black".

Der Widerstand organisiert sich, die Regierung reagiert mit neuer Gewalt. Die Anführer der schwarzen Südafrikaner werden getötet, eingekerkert, zu Tode gefoltert. Zahlreiche schwarze Politiker sind lebenslänglich inhaftiert, unter ihnen Nelson Mandela, für den bei der Regierung Hunderttausende von Bittschriften aus der ganzen Welt hinterlegt worden sind. Der Polizei ist jeder Vorwand recht, um Schwarze gefangen zu nehmen. In den südafrikanischen Gefängnissen vegetieren über hunderttausend Menschen, die grosse Mehrheit sind Schwarze. Selbst zehn- bis vierzehnjährige Kinder werden monatelang festgehalten.

Im August 1984 befanden sich über 100'000 schwarze Schüler im Aufstand. „Die rebellierenden Schüler legen Brandbomben, werfen Fensterscheiben ein und verschanzen sich hinter Barrikaden. Polizisten sind wieder einmal mit Tränengas, Schlagstöcken und Peitschen im Einsatz. Ein schwarzer Schüler starb an Schussverletzungen, ein zweiter ist durch einen Kopfschuss schwer verletzt worden. Die Unruhen richten sich gegen das als Unrecht empfundene schwarze Schulsystem in Südafrika, aber auch politische Untertöne treten klar zutage", berichtete der Korrespondent des „Tages-Anzeigers" Paul Schumacher. Der 16. Juni

1976, als ein Polizei-Offizier in Soweto den Schiessbefehl gegeben hatte, ist für die Schwarzen zu einem nationalen Volkstrauertag geworden. Im Frühling 1985, im Moment wo dieses Buch gedruckt wird, halten die Gewalttätigkeiten unvermindert an.

*

Das südafrikanische ist das einzige Herrschaftssystem, das auf klar definierten Rassenkriterien beruht. Rund 22 Millionen Nicht-Weisse stehen vier Millionen Weisse gegenüber. Diese Minderheit versucht mit allen Mitteln, ihre Herrschaft zu erhalten. Dabei stützt sie sich auf entsprechende Gesetze und auf eine gut ausgerüstete Armee, welche schon mehrmals vor allem gegen Schwarze eingesetzt worden ist.
Am stärksten benachteiligt sind die Schwarzen. Im Zeichen der Apartheid wurden die Bantustans geschaffen, sogenannte „Heimatländer" (Homelands), in denen die Schwarzen heimatberechtigt werden sollen. Am 26. Oktober 1976 wurde als erstes Bantustan die Transkei von der südafrikanischen Regierung unabhängig erklärt. Insgesamt sind 10 Homelands innerhalb des südafrikanischen Territoriums geplant. Die Politik der Südafrikaner verfolgt zwei Hauptziele: Die Schwarzen sollen in Südafrika keinerlei Rechte mehr besitzen und sie sollen dem weissen Südafrika weiterhin als billige Arbeitskräfte zur Verfügung stehen. Denn die Bantustans können keine eigene wirtschaftliche Unabhängigkeit aufbauen, sie sind allesamt bitterarme Pseudostaaten. Die Homelands bestehen aus 98 zum Teil weit auseinander liegenden Landfetzen, sämtliche grossen Städte und Industriezentren, die Bodenschätze, die Gold- und die bedeutenden Diamantenminen, die Meerhäfen und die Flugplätze wurden als weisses Gebiet ausgeklammert. Nur 13 Prozent des gesamten Territoriums sind für die Schwarzen reserviert, 87 Prozent für die Weissen.
In den Bantustans gibt es viel zu wenig Arbeitsmöglichkei-

ten. Dorthin werden alle Afrikaner abgeschoben, die kein festes Arbeitsverhältnis nachweisen können. Dazu gehören vor allem die „Unproduktiven", das heisst die Alten, Kranken und die Frauen mit kleinen Kindern. Über zwei Millionen Menschen sind in den letzten zwei Jahrzehnten „umgesiedelt" worden. Heute lebt bereits etwa die Hälfte aller Schwarzen in Bantustans. Weitere Zwangsumsiedlungen grossen Stils sind geplant: Voraussichtlich sind es noch rund zwei Millionen Schwarze, die in den nächsten Jahren in ein „Heimatland" abgeschoben werden, zu dem sie keine Beziehung haben und das viele überhaupt nicht kennen. In den Städten sind es mehr und mehr Schwarze, die die hohen Miet- und Lebenskosten nicht mehr bezahlen können und deswegen in die Homelands geschafft werden. Über 1,4 Millionen Leute in den Bantustans sind überhaupt ohne Einkommen, zwei Drittel aller Familien in der Transkei leben unter der Überlebensgrenze von umgerechnet 3'000 Franken pro Familie und Jahr.

Die in den Städten arbeitenden Schwarzen müssen streng getrennt von den Weissen in weit abgelegenen riesigen Elendsquartieren hausen, eng zusammengepfercht, mit Hunger und Krankheiten als ständigen Begleitern. Komplizierte Gesetze regeln, wer hier wohnen „darf", immer wieder werden Familien rücksichtslos auseinandergerissen. Etwa dreiviertel aller schwarzen Familien in den Städten leben unter einem ohnehin tief angesetzten Existenzminimum. Die Minen Südafrikas weisen die höchsten Unfallquoten der Welt auf. Staub in den Minen und übermässiger Bierkonsum — oft die einzige Zerstreuung nach Arbeitsschluss — untergraben die Gesundheit der Arbeiter. Vertragsunterbrüche und Streiks gelten als kriminelle Vergehen.

Schwarze Afrikaner, die auf den Farmen der Weissen arbeiten, leben in sklavenähnlicher Abhängigkeit. Löhne für schwarze Arbeiter zwischen 50 Franken (Frauen) und 100 Franken (Männer) im Monat sind weit verbreitet. Viele der schwarzen Landarbeiter sind zwischen halb sechs Uhr morgens und sieben Uhr abends unterwegs. Ohne Erlaubnis dürfen sie die Farm nicht verlassen.

Auch die „Farbigen" — das Rassendogma trennt sie in 2,6 Millionen Mischlinge und 860'000 Asiaten oder Inder — gehören nicht zur Gemeinschaft der Weissen. Sie leben ebenfalls in getrennten Wohnquartieren. Für die gleiche Arbeit erhält in den Städten ein Farbiger die Hälfte dessen, was ein Weisser verdient. Es gibt in Südafrika staatliche Büros, welche die Rassenzugehörigkeit der Menschen in Zweifelsfällen abklären. So kann ein hellhäutiger Farbiger eine Umteilung zu Weiss beantragen, ein farbig-schwarzer Mischling kann zu Schwarz, ein dunkelhäutiges weisses Kind zu Farbig umgeteilt werden.

Die Farbigen und die Bantus sind in Südafrika Menschen zweiter und dritter Klasse. Das zeigt sich besonders krass im Schulsystem. Für die Schule hat der frühere südafrikanische Premierminister Verwoerd die Richtlinien formuliert: „Die schulische Ausbildung des schwarzen Kindes muss so gesteuert werden, dass es für eine dienende Position in der Gesellschaft vorbereitet wird ... und dass in ihm nicht falsche Hoffnung geweckt wird, die Stellung des weissen Mannes anzustreben, der ein Herr des Schwarzen bleiben muss."

Für die schwarzen Kinder besteht die Schulpflicht erst seit 1980, aber die Regierung beeilt sich gar nicht, die neue Regelung in Tat umzusetzen. Die Schulen der Schwarzen waren schon bisher überfüllt, schlecht ausgerüstet, mit schlecht ausgebildeten Lehrern. Während für die Weissen der Schulbesuch kostenlos ist, müssen schwarze Eltern Gebühren, Schulbücher und Schuluniformen bezahlen. 1983 gab die Regierung für schwarze Kinder 192 Rand, für farbige 593 Rand, für asiatische 871 Rand und für weisse Kinder 1'385 Rand aus. Ein Drittel aller schwarzen, asiatischen und Mischlings-Kindern unter 14 Jahren sind untergewichtig und körperlich unterentwickelt.

*

Die Apartheid ist erst verständlich in einer Auseinandersetzung mit der Geschichte Südafrikas. Sie macht die ökonomischen Basen der Rassendiskriminierung deutlich. Als 1652 eine kleine Gruppe holländischer Siedler am Kap der Guten Hoffnung landete, brauchten sie billige Arbeitskräfte, um das Land genügend zu nutzen. Schon wenige Jahre später wurden für die Arbeit in Plantagen Sklaven aus allen Teilen Afrikas und Asiens importiert. Von Anfang an lebte die weisse Kolonie von der Ausbeutung der Schwarzen. Die Zahl der Schwarzen war immer viel grösser als die der Weissen. Diese bekamen daher bald einmal Angst, dass die Schwarzen ihre ungerechte Lage erkennen und ändern könnten. Vor diesem Hintergrund ist die Entstehung der Apartheid zu sehen.
1795 besetzten die Engländer Kapstadt. Sie unterschieden sich von den vorindustriellen Buren durch ihre anderen beruflichen Qualifikationen und ihre toleranteren religiösen und politischen Anschauungen. Sie bauten eigentlich die südafrikanische Industrie auf. Mit der englischen Verwaltung nicht einverstanden, zogen sich die Buren aus der englischen Kolonie zurück und gründeten im Innern des Landes unabhängige Voor-Trekker-Republiken. Dabei kam es zu einer langen Serie von Kriegen mit dort ansässigen, gut organisierten Bantustämmen, die mit der Zurückdrängung der Bantu in die heutigen Reservatsgebiete endeten. Die Spannungen zwischen den Südafrikanern holländischer Abstammung, die afrikaans sprechen, und jener englischer Herkunft, prägen noch heute das politische und gesellschaftliche Leben der weissen Südafrikaner.
Im 19. Jahrhundert wurden riesige Gold- und Diamantenbestände entdeckt, welche von da an bis heute mit billigen schwarzen und farbigen Arbeitern abgebaut werden.

※

Die Politik der Apartheid kann nur aufrechterhalten werden durch Handelsbeziehungen mit dem Ausland und durch ausländische Investoren. So machen sich ausländische Zweigniederlassungen, auch schweizerische, das niedrige Lohnniveau der schwarzen Arbeiter und andere Vorteile (Steuererleichterungen etc.) zunutze. Auch die schweizerischen Grossbanken sind in Südafrika sehr aktiv. Sie finanzieren Investitionen und unterstützen die Regierung mit Krediten. Ein grosser Teil des Goldhandels läuft über den Finanzplatz Schweiz.

Unter dem Druck des Auslandes und der südafrikanischen weissen Geschäftswelt verschwindet die „kleine Apartheid" („petty apartheid") langsam aus dem Bild der Städte und im Sport. Schwarze dürfen jetzt also auch auf eine Bank sitzen, die vorher nur für Weisse bestimmt war. Die „job reservation", ein Gesetz, das die guten Stellen für Weisse reservierte, ist offiziell bis auf zwei Prozent der Berufe aufgehoben, wenige auserwählte (lies: angepasste) Schwarze dürfen nun in den Städten im Baurecht ein Haus bauen oder kaufen. Selbst das Mischehenverbot, das unzählige persönliche Tragödien ausgelöst hatte, wurde 1985 plötzlich aufgehoben. Der taktische Versuch der südafrikanischen Regierung, 1984 den Mischlingen und den Asiaten eine winzige Mitsprache in Form von eigenen Parlamentskammern zu geben, wurde von der grossen Mehrheit der Farbigen als Farce zurückgewiesen. Nur etwa ein Fünftel der stimmberechtigten Farbigen ging überhaupt an die Urnen. Dennoch trat ab Mitte September 1984 eine neue Verfassung mit einem komplizierten Drei-Kammer-Parlamentssystem in Kraft. Die wahre Macht bleibt einem weissen Exekutivpräsidenten, dem jetzigen Premier Pieter Botha.

Wer glaubt, dass dies Anzeichen für den allgemeinen Abbau der Apartheid seien, irrt. Noch gilt, was Premierminister Pieter Botha im Parlament auf eine entsprechende Anfrage unverhohlen erklärte: „Im Gegenteil, wir müssen im Kleinen nachgeben, damit wir das Entscheidende behalten können."

Das Entscheidende: Die 20 Millionen Schwarzen werden weiterhin von jeglicher Mitbestimmung in ihrem eigenen Lande ausgeschlossen.
Das trotzige Beharren der weissen Regierung Südafrikas und ihrer Anhänger in aller Welt ist beängstigend. Zwar bröckelt das Apartheidsystem langsam ab, aber wieviel Menschenleben, wieviel zusätzliche Not wird der Befreiungskampf der schwarzen Südafrikaner noch kosten?

*

Unsere erste Geschichte zeigt, wie sich die Apartheid im Alltag eines Kindes auswirkt. Zwar wird die „Kleine Apartheid", die äusserliche Trennung der Rassen im täglichen Leben, seit 1974 abgebaut, sie ist aber noch längst nicht verschwunden. Noch immer gibt es in Südafrika für Weisse und Nicht-Weisse getrennte Autobusse, getrennte Zugabteile, getrennte Toiletten, getrennte Restaurants, getrennte Lifte etc. Wobei die Einrichtungen der Nicht-Weissen meist in viel schlechterem Zustand sind, unter anderem weil sie von viel mehr Menschen benutzt werden.
Der Autor, James Matthews, geboren 1929, lebt in Kapstadt, wo er das von ihm gegründete Verlagshaus BLAC leitet. Unter ständiger Behinderung durch die Regierung versucht er, die Werke schwarzer Autoren zu publizieren. 1976 war er ohne Angabe von Gründen verhaftet und inhaftiert worden. Erst 1980 durfte er Südafrika zum erstenmal verlassen. Matthews hat Gedichte und Erzählungen veröffentlicht. Deutsch sind von ihm erschienen: „Schrei Deinen Zorn hinaus, Kind der Freiheit" und „Flügel kann man stutzen. Gedanken im Gefängnis, September—Dezember 1976" (beide beim Evang. Luth. Missionswerk, Erlangen), „So ist das nun mal, Baby" (Hammer Verlag) und „Das schwarze Wort" (issa).
In unserer zweiten Geschichte spielt der Pass eine grosse Rolle. Er ist eine Bescheinigung, die jeder Schwarze über 16

Jahren mit sich führen muss. Der Pass enthält die Personalien, ein Photo, die Fingerabdrücke, den Arbeitsvertrag, die Arbeits- und Aufenthaltsbewilligung, die Steuerquittung. Er ist so kompliziert, dass es fast unmöglich ist, ihn immer ganz in Ordnung zu haben. Hat einer seinen Pass vergessen oder stimmen nicht alle Angaben, so kann er sofort verhaftet und zu Zwangsarbeit verurteilt werden. Über eine halbe Million schwarze Südafrikaner werden jährlich wegen der Verletzung von Passgesetzen verhaftet.

James Matthews

Wer sagt denn, dass ich weine

Er sah sehnsüchtig zu den Kindern auf der andern Seite des Geländers hinüber; sie sausten die Rutschbahn hinunter und landeten mit gespreizten Beinen auf dem grünen Rasen; sie jubelten, wenn sie auf der Schaukel mit jedem Schwung höher kamen und fast den Himmel berührten; ihre fröhlichen, angstvollen Schreie erschallten, wenn das Karussell auf und ab ging. Er schaute ihnen zu, und sein Körper zitterte und sehnte sich danach, es ihnen gleichzutun ... Neben ihm, auf dem Boden, lag ein Bündel mit sauberer, geplätteter Wäsche, die in ein Tuch eingebunden war.
Fünf kleine Buben, die von zwei grösseren verfolgt wurden, rannten an ihm vorbei, ohne ihn zu bemerken. Einer der Grösseren hielt an. „Was gaffst du da, du brauner Affe?", sagte der Knabe, indem er sich bückte und einen Klumpen Lehm aufnahm. Er erkannte ihn. Dieser Bub war dabei gewesen, als er aus dem Park weggewiesen worden war. Der Knabe schleuderte den Lehmklumpen gegen ihn, er zerbrach an dem Geländer über seinem Kopf, und Teile davon fielen auf sein Gesicht.
Er spie die Lehmbröcklein, die an seinen Lippen klebten, aus und spähte nach einem Objekt, das er den Buben jenseits des Geländers hätte nachwerfen können. Mehr und mehr Buben sammelten sich vor ihm und er bekam Angst vor ihnen.
Wortlos schüttelte er den Lehm von seinem Bündel ab, hob es auf seinen Kopf und ging weg.
Unterwegs erinnerte er sich an seinen letzten Besuch im Park. Ohne zu zögern war er durch das Tor gegangen und auf die nächste Schaukel geklettert. Auch jetzt noch konnte er das angenehme Kitzeln spüren, das über seinen ganzen Körper lief, während er höher und höher schwang, bis er

merkte, dass sich die Schaukel hochkant stellen würde, wenn sie ganz oben anlangte. Ganz gemächlich liess er die Schaukel ausschwingen, wie ein Uhrpendel, das seinen Ausschlag verkürzt. Und dann rannte er zu der Wippe. Ein weisser Knabe, etwa so alt wie er selbst, sass ihm gegenüber. In regelmässigen Abständen stiessen ihre Beine abwechslungsweise die Wippe von der Kerbe weg, die sie im Gras hinterlassen hatte. Da legte sich eine Hand fest auf seine Schultern und stoppte den nächsten Ruck. Er drehte sich um und sah ins Gesicht des Aufsehers.
„Geh weg!"
Die Haut spannte zwischen seinen Augen. Warum soll ich weg? Was habe ich getan? Er blieb sitzen, verkrampfte die Hände um den eisernen Griff, der an jedem Ende der Wippe befestigt war. Der weisse Knabe sprang ab und blieb stehen, ein unbeteiligter Zuschauer.
„Du musst hier weg!" Der Aufseher sprach leise, so dass die Leute, die zusammenliefen, ihn nicht verstanden. „Die Behörde sagt", fuhr er fort, „dass wir Schwarze nicht die gleichen Schaukeln benützen dürfen wie die Weissen. Du musst die Schaukeln dort benützen, wo du wohnst", meinte er mit einer Stimme, die um Entschuldigung zu bitten schien für die Uniform, die er trug und die ihm das Recht verlieh aufzupassen, dass die kleinen weissen Buben und Mädchen in ihrem Spiel nicht gestört wurden.
„Da gibt's keinen Park, da wo ich wohne." Er schwenkte seine Hand in Richtung seiner Wohnsiedlung. „Auf der andern Seite gibt's einen, aber ich hab' keine Ahnung wo." Er ging an ihnen vorbei, den Müttern mit ihren Babies, roten, rülpsenden Babies, die sie in den Armen trugen, den Kindern, die auf dem Rasen herumlungerten, seinem Kollegen von der Wippe, den Kindermädchen – ihren Uniformen, ihren Broschen –, die Kinderwagen vor sich her stiessen. Neben ihm ging der Aufseher. Der Aufseher wies mit anklagendem Finger auf die Tafel am Eingang des Parks. „Da, du kannst ja selber lesen." Womit er von aller Schuld befreit war.

Er mühte sich ab mit den roten Buchstaben auf weissem Hintergrund. „Blankes Alleen. Nur für Weisse." Er ging durch das Tor und hinter ihm kreischten die Schaukeln, quietschte die Wippe, rumpelte das Karussell.
Jedesmal, wenn er Wäsche ablieferte, ging er am Park vorbei und seine Augen verschlangen sehnsüchtig den Spielplatz.
Er rückte das Bündel zurecht und der Schmerz in seinen Schultermuskeln liess nach. Was für einen Schaden würde ich schon anrichten, wenn ich die Schaukeln benützte? Würden die Schaukeln dann nicht mehr schaukeln? Würde die Rutschbahn zusammenstürzen? Das Bündel drückte ihn, der Schmerz wurde zu einer geraden Linie auf seinen Schultern und er fand keine Antwort auf sein Grübeln.
Noch einmal rückte er das Bündel zurecht und dann war er bei dem Haus, wo er die Wäsche abliefern musste, die seine Mutter in einem runden Bottich mit heissem Wasser gewaschen hatte, während der Dampf ihr Gesicht wie mit einer Schweissschicht überzog. Ihre Stimme war dann gedämpft und klebrig wie die Schwaden, die sie ganz umhüllten.
Er stiess das Tor auf und ging um das Haus herum, stets auf der Hut vor dem alten Schosshund, der bei seinem Eintritt jeweils herausschoss, keuchend um seine Füsse sprang und mit blanken Zähnen nach seinen Fesseln schnappte.
Ein afrikanisches Mädchen mit einem runden Gesicht, deren schwarze Haut durch die weisse, gestärkte Uniform noch betont wurde, öffnete die Küchentüre, um ihn einzulassen. Sie räumte den Tisch ab und er legte das Bündel darauf.
„Ich rufe Madam", sagte sie langsam und überdeutlich, als ob sie Mühe hätte, die Silben auf englisch auszusprechen.
„Bist du sicher, dass du alles gebracht hast?" Immer die gleiche Begrüssung, wenn er Wäsche brachte, und jedesmal kontrollierte „Madam" jedes einzelne Stück. Nie fehlte etwas. Er sah sie an und dämpfte seine Stimme, während er sagte: „Alles da, Madm."
Darauf folgte stets dieselbe Szene.
„Hast du etwas gegessen?" fragte sie ihn.
Er schüttelte den Kopf.

„Nun, wir können dich nicht so gehen lassen."
Sie wandte sich der afrikanischen Frau zu in ihrer weissen, gestärkten Uniform. „Was haben wir?"
Das Mädchen öffnete die Türe des Kühlschrankes und nahm einen Teller mit etwas Essen heraus. Sie stellte ihn auf den Tisch und ein Glas Milch daneben.
Sobald er sich gesetzt hatte, verliess die weisse Frau die Küche und er war allein mit dem Mädchen.
Seine Nervosität liess nach und er konnte sich auf seinen Teller konzentrieren.
Eine Handvoll Erbsen, etwas Kartoffelbrei, eine in blutigrote Rondellen geschnittene Tomate, ein bisschen Möhrensalat, aber kein Reis.
Die Weissen sind komisch, dachte er. Wie kann man denn seinen Hunger stillen mit so etwas? Das gibt keinen Klumpen wie das Essen, das Mama macht.
Er spülte es mit Milch herunter.
„Danke, Anni", sagte er und stellte das Glas weg.
Ihre Zähne schimmerten wie weisses Porzellan, als sie lächelte. Er zappelte mit den Beinen, war ungeduldig und wäre gern draussen gewesen, weg von dieser Küche mit ihrem glänzenden Fliesenfussboden und ihren stählernen weissen Wandkästen, die zu dem mit Esswaren gefüllten weissen Kühlschrank passten.
„So, bist du fertig." Die Stimme schreckte ihn auf. Die weisse Frau hielt ihm ein Couvert hin mit einer Rand-Note: die Bezahlung für den wöchentlichen Krampf seiner Mutter über dem Bottich. „Und das ist für dich." Ein Fünf-Cent-Stück fiel in seine Hand, wobei ein langer Fingernagel seine Hand berührte.
„Danke, Madm." Seine Stimme war kaum hörbar.
„Sag deiner Mutter, dass ich ungefähr einen Monat lang in den Ferien sein werde. Ich gebe ihr Bescheid, wenn ich zurück bin."
Dann war er entlassen. Ihre hohen Absätze klapperten aus der Küche. Er nickte dem afrikanischen Mädchen zu, welches einen Apfel aus einer vor lauter Früchten schier ber-

stenden Schale nahm und ihm gab. Er grinste ihr dankend zu und ihr Lächeln erhellte ihr ganzes Gesicht. Er rannte den Pfad hinunter und verschlang dabei den Apfel mit grossen Bissen.

Der Hund war schon hinter ihm her, bevor er das Tor erreicht hatte, und er spürte den heissen Atem an seinen Fersen. Er wandte sich um und schlug ihm mit dem Schuh ins Gesicht. Der Hund bellte heiser aus Protest, ein Ausdruck von Wut auf dem Gesicht.

Er lachte entzückt über die Miene des Hundes, der jetzt einem alten Mann glich.

„Mach das nicht noch einmal." Er schlenkerte seinen Fuss vor der Nase des Köters. Die Nase zog sich zurück, der Hund machte eine Kehrtwendung und wackelte beleidigt weg.

Als er weiterging, gab er in Gedanken seine fünf Cents aus. Ich werde Penny-Bonbons kaufen, die sauren, die wie Zitronen schmecken, dann die Ochsenaugen, ein Paket Lakritzen und die Sternbonbons, die roten, die die Spucke blutig färben.

Das Wasser lief ihm im Mund zusammen. Beim ersten Laden hielt er an und ging hinein. Auf den Gestellen lagen teure Schokoladen und Süssigkeiten wie er sie noch nie in den Gläsern des indischen Ladens in seinem Quartier gesehen hatte. Er verliess den Laden, ohne etwas zu kaufen. Seine Schritte wurden langsamer, als er zum Park kam. Die Kindermädchen mit ihren Babies und Kinderwagen waren weg. An ihrer Stelle sassen alte Männer, die Hände über dem Bauch gefaltet, missbilligend das lärmige Spiel der Kinder beobachtend. Ein Ball fiel ganz in der Nähe eines alten Mannes nieder, und der Knabe, der ihn holen wollte, hielt plötzlich inne, als der alte Mann ihm mit dem Stock drohte. Die übrigen riefen dem Knaben zu, er solle den Ball holen. Er schob sich näher und schnappte ihn, während der alte Mann seinen Stock schwang. Der Stock traf weit daneben, der Knabe rannte stolz weg, den Ball fest unter dem Arm. Das Spiel ging weiter.

Er beobachtete sie von der andern Seite des Geländers aus – die Buben, die Fussball spielten, die Kinder, die auf dem Gras herumsprangen, sogar die alten Männer auf den Stühlen: aber vor allem sah er einfach Kinder, die sich vergnügten, was ihm verboten war. Und sein ganzer Körper sehnte sich danach, an dem Spiel teilhaben zu dürfen.
„Scheisse!" Er sah über seine Schultern, um festzustellen, ob ihn jemand gehört hatte. „Scheisse!" sagte er lauter. „Scheisse, der Park, die Wiese, die Schaukeln, die Wippe, alles ist Scheisse, Scheisse, Scheisse!" Seine kleinen Hände rüttelten ohnmächtig an dem hohen Gitter, das seinen Kopf weit überragte.
Plötzlich kam ihm in den Sinn, dass er den Park einen ganzen Monat lang nicht sehen würde, dass er keinen Grund haben würde, daran vorbeizugehen.
Verzweiflung erfüllte ihn. Er musste etwas tun, um seine Wut abzulassen. Zuoberst in einem Abfallkorb, der an einem Pfahl festgemacht war, lag ein Sack mit Schalen von Früchten. Er ergriff den Sack und ausser sich vor Wut warf er ihn über das Geländer. Ohne hinzusehen, rannte er weg.
Drei Strassen weiter verlangsamte er endlich seinen wilden Lauf, er war ausser Atem und hatte Seitenstechen. Seine Tat hatte ihm keine Erleichterung gebracht, sie hatte sein Verlangen noch erhöht.
Er sah die Leute nicht, die an ihm vorbeigingen, hörte das Hupen der Autos nicht, deren Fahrbahn er gedankenlos überquerte. Und als ihn jemand grob auf die Seite schubste, sah er nicht einmal hin, wer es getan hatte.
Der vertraute Lärm und die vertrauten Gerüche sagten ihm, dass er zu Hause war.
Der indische Laden konnte ihn nicht aus seiner melancholischen Stimmung ziehen, und er ging daran vorbei, seine fünf Cents noch immer in der Tasche.
Eine Gruppe von Buben spielte auf der Strasse mit Autoreifen. Einige riefen ihm etwas zu, aber er achtete nicht darauf und bog in eine kleine Nebenstrasse ein.
Er steuerte auf eine Wohnung in einem zweistöckigen Haus

zu. Die Fassade, einst wohl bemalt, war jetzt von unbestimmbarer grauer Farbe. An einzelnen Stellen schimmerten die roten Backsteine hervor.

Der Raum lag im Halbdunkel. Er ging mit der Sicherheit eines Schlafwandlers um die verlotterten Möbel herum.

Seine Mutter war in der Küche, sie beugte sich über einen Topf, der auf dem Ofen stand.

Er legte den Briefumschlag auf den Tisch. Sie tat den Kochlöffel weg, steckte einen Finger unter den Umschlag und riss ihn auf. Sie versorgte die Rand-Note in einer blitzsauberen Teekanne auf dem Gestell. „Hunger?"

Er nickte.

Sie schöpfte ihm einen Teller Suppe und legte ein grosses Stück dunkles Brot dazu.

Während er kaute und heisse Suppe schluckte, die seine Kehle verbrannte, berichtete er seiner Mutter, dass es nächste Woche nichts zu waschen geben werde.

„Was? Was ist los? Was hab ich getan?"

„Nichts, Madm sagt, sie geht weg für einen Monat. Sie lässt Mama wissen, wann sie zurück ist."

„Was soll ich jetzt machen?" Ihre Stimme wurde weinerlich und ihre Augen streiften die Teekanne mit dem Geld auf dem Gestell. Ihr Jammern wurde zum Vorwurf. „Wieso sagt sie mir nix, dass sie weggeht, dann kann ich andere Madm suchen?" Sie hielt inne. „Ich krampfe mir einen ab und hab immer Schmerzen im Rücken, aber für sie ist es zuviel, mich wissen zu lassen, dass sie weggeht. Das Waschgeld hält uns hübsch ordentlich über Wasser. Wie soll ich das Loch stopfen?"

Er fragte sich, wie die paar Rand-Noten, die er nach Hause brachte, sie hübsch ordentlich über Wasser halten konnten. Es gab nicht mehr zu essen als vorher. Es gab, wie immer, nicht genug, und neue Kleider erhielten sie, wie immer, nur zu Weihnachten.

„Ich muss die Beerdigung bezahlen und ich wollte Mr Lemonsky bitten, Linoleum für das vordere Zimmer zu bringen. Ich hab genug von dem Linoleum mit den Löchern,

aber das vergesse ich jetzt wohl lieber. Ohne Geld kannst du jede Hoffnung begraben."
Er beeilte sich mit essen, um von dem Gejammer wegzukommen, bevor es wieder ins Bewusstsein dringen und ihn festnageln würde im Sessel, ein Zeuge des Elends seiner Mutter.
Draussen spielten sie noch immer mit den Reifen. Lustlos gesellte er sich zu ihnen. Während er den Reifen rollte, war er in Gedanken noch immer im Park, auf der Schaukel. Nichts hinderte ihn, dorthin zu gehen und er konnte tun und lassen, was ihm beliebte. Er war weit weg von den engen Gassen und den kreischenden Kindern und den Autos. Er war an einem Ort, wo es grünes Gras, rote Röhren und silbrigen Stahl gab. Ein Pneu rollte an ihm vorbei; er gab sich keine Mühe, ihn zu erwischen. „Pack ihn doch. Schläfst du? Willst du nicht mehr spielen?" Er ging weg, ohne auf ihre Rufe zu achten.
Wieder stieg Wut in ihm hoch. Wut gegen die schäbigen Häuser und die kaputten Fenster, wo viel zu viele Menschen wohnten; Wut gegen die überquellenden Abfalleimer vor den Häusern; Wut gegen die Strasse und die Gassen; und Wut gegen ein Gesetz, das er nicht verstehen konnte – ein Gesetz, das ihn aus dem Park ausschloss.
Er brach in Tränen aus. Er legte seine Arme über die Wangen, um sein Schluchzen zu dämpfen.
Dann senkte er die Hände und schaute den Knaben an, der ihm gegenüber stand.
„Weinst du?"
„Wer sagt denn, dass ich weine. Ich hab' etwas im Auge und reib es aus."
Er ging weiter zum Laden des Inders. „Heulsuse", tönte es höhnisch hinter ihm her.
Das einzige, mit Eisenstäben versehene Schaufenster des Ladens war überfüllt. Orangen lagen neben Schreibpapier und getrocknete Feigen auf Schiefertafeln für die Schule. Auf Kleidern und Geschirr lag Staub. Über die Scheibe kroch langsam eine Küchenschabe mit zitternden Fühlern.

Das Innere des Ladens war ebenso überfüllt wie die Schaufenster. Säcke standen auf dem Boden und liessen nur einen schmalen Weg zum Ladentisch frei. Der Ladenbesitzer, ein alter Inder mit einem ledriggelben Gesicht, lehnte über den Tisch. „Ja?" Seine Zähne waren scharlachrot vom Betelkauen. „Los, Kleiner, was willst du? Steh hier nicht herum!" Seine Kiefer bearbeiteten die Betelnuss, die fest zwischen seinen gefleckten Zähnen klemmte.
Er verlangte Pennyportionen seiner Lieblingsbonbons.
Er stopfte die Bonbons in seine Taschen und warf den kaputten Sack auf den Boden. Hinter ihm murmelte der Inder wütend etwas in sich hinein, die Kiefer mahlten schneller.
Eine Strassenseite lag bereits im Schatten. Er setzte sich mit dem Rücken gegen die Mauer und genoss den letzten Sonnenschein.
Ochsenauge, Pfefferminze, Lakritze – alles ein Klumpen in seiner Backe. Für einen Augenblick hatte er den Park vergessen. Da sah er das kleine Mädchen auf sich zukommen.
„Mama sagt, du sollst zum Essen kommen." Sie starrte seine dicke Backe an und rieb sich die Nase. „Mir auch." Er gab ihr ein Ochsenauge, das sie schnell in den Mund steckte, worauf sie wieder in ihrer Nase bohrte. „Wisch dir die Schnauze ab", befahl er und liess sie seine Überlegenheit fühlen. Dann ging er. Sie folgte, schleckend und schniefend.
Der Vater sass bereits am Tisch, als sie in die Küche traten.
„Muss ich denn immer jemand nach dir schicken?" fragte seine Mutter. Er liess sich auf seinen Stuhl gleiten und stand schnell wieder auf, um sich die Hände zu waschen, bevor seine Mutter wieder etwas zum Schimpfen fand.
Das Nachtessen war eine wortlose Angelegenheit. Nur ab und zu hörte man das Kratzen der Löffel auf den Tellern und gelegentlich ein Schnupfen seiner Schwester.
Der Gedanke kam ihm, als sie schon fast fertig waren mit essen. Er sass mit dem Löffel in der Luft, erschüttert von der Grossartigkeit seiner Idee. Warum sollte er nicht nach Einbruch der Dunkelheit in den Park gehen? Nachdem sich die Gatter geschlossen hatten hinter den alten Männern, den

Kindern, den Kindermädchen mit den Kinderwagen? Niemand würde ihn aufhalten.
Er konnte nicht weiter nachdenken. In Gedanken an den Park wurde ihm ganz leicht zumute. Die Stimme seiner Mutter, die dem Vater von ihrem Tag berichtete, war nicht mehr wie Dampf, der brannte, sondern wie eine sanfte Brise, die an ihm vorbeizog, ohne ihn zu stören. Dann kamen ihm Zweifel. Er war noch nie in der Nacht in jenem Teil der Stadt gewesen. Die Angst beengte seine Brust und zog sein Inneres so zusammen, dass er nur mit Mühe seine Bissen herunterbrachte. Er fasste seinen Löffel ganz fest, die Haut spannte sich über seinen Knöcheln.
Ich tu's! Ich geh zum Park, sobald wir fertig sind mit essen. Er konnte sich nur noch mit Mühe beherrschen. Schnell schlang er hinunter, was noch auf seinem Teller lag und beobachtete verstohlen die andern. Schnell, macht doch schnell!
Nachdem sein Vater den Teller weggeschoben hatte, räumte er hastig den Tisch ab und spülte das Geschirr. Jedes Stück Geschirr wurde seiner Schwester zum Abtrocknen gereicht, die während ihrer gemeinsamen Arbeit unaufhörlich schniefte. Dann wischte er die Küche und trug den Abfalleimer vors Haus.
„Kann ich jetzt spielen gehen, Mama?"
„Dass ich dich nicht wieder holen muss!"
Sein Vater sagte nichts, er war ganz in seine Zeitung vergraben.
„Bevor du gehst", hielt ihn seine Mutter auf, „zünd die Lampe an und häng sie in den Durchgang."
Er füllte die Lampe mit Paraffin, zog den Docht hoch und zündete ihn an. Das Licht schimmerte undeutlich durch das blinde Glas.
Der Mond war für ihn ein leuchtender Ball; hell, ohne Wärme, und die Sterne schienen abgesprungene Teile des Mondes zu sein. Unter Strassenlampen waren Kartenspiele im Gang. Der Duft von „dagga" stach ihm in die Nase, während er vorbeiging. In düstern Toren standen engum-

schlungene Paare.
Nachdem er sein Wohnquartier hinter sich hatte, begann er zu laufen. Er verlangsamte seinen Gang auch nicht, als er durch das Stadtzentrum ging mit seinem Schaufenster-Wunderland. Seine Hochstimmung verflog, als er in die Nähe des Parkes kam, und seine Schritte verlangsamten sich. Vor ihm lag der Park mit seinem Tor und seinen eisernen Gittern. Hinter den Gittern, fest im Boden eingerammt, die Tafel. In der Ferne konnte er die Schaukel erkennen. Der Anblick stärkte ihn.
Er ging über die Strasse und atmete schneller. Niemand war in Sicht. Ein Auto bog um die Ecke und kam in seine Richtung, und er erschrak, als er den Motor hörte. Aber der Wagen fuhr vorbei, die Pneus surrten leise über den Asphalt.
Das Geländer fühlte sich eiskalt an, und der Schock beflügelte ihn. Er streckte seine Arme und kletterte mit affenartigen Bewegungen auf das Gitter und liess sich auf der andern Seite auf den Boden fallen. Er rannte und hinterliess eine Spur in dem feuchten Gras. Er lief zu den Schaukeln, zum Karussell, zur Wippe, zur Rutschbahn, die Treppen der Rutschbahn hoch. Scharf abgehoben stand er gegen den Himmel. Er war ein Vogel, ein Adler. Er legte sich auf den Bauch und rutschte rasch hinunter. Sssssss! Er überschlug sich, landete unsanft auf dem Gras. Einen Moment lang sah er in den Mond, dann stand er schnell auf und rannte wieder zur Treppe der Rutschbahn, um das herrliche Gefühl des Fliegens noch einmal zu erleben. Jedesmal, wenn er die Rutschbahn hinunterglitt, wünschte er sich, dass die Fahrt niemals enden sollte; er wollte immer weiter gleiten, gleiten, gleiten ... Widerstrebend ging er an der Wippe vorbei und er tröstete sich über den fehlenden Kollegen damit, dass er der einen Seite einen Stoss gab, sodass sie knallend in die Graskerbe schlug.
„Scheisse", knurrte er, als er sich bemühte, das Karussell in Bewegung zu setzen. Angestrengt, mit ausgestreckten Beinen, stiess er es vorwärts. Endlich begann sich das Karussell zu drehen. Er verstärkte seine Bemühungen und sprang auf,

ein Bein bereit zum Anstossen. Das Karussell ging auf und ab und schwankte. Um es in Bewegung zu halten, musste er mehr anstossen als dass er fahren konnte. Er gab auf, sprang ab und rannte zu den Schaukeln.
Mit gespreizten Beinen, die Hände fest um die silbernen Ketten gekrampft, warf er seinen Körper in die Luft, um Höhe zu gewinnen. Er duckte sich wie ein Wettläufer und streckte sich gewaltig. Die Schaukel holte immer weiter aus. Sie flog höher, höher, höher. Sie erreichte den Himmel. Er konnte den Mond berühren. Er pflückte einen Stern und steckte ihn an seine Brust. Die Erde war tief unter ihm. Kein Vogel konnte so hoch fliegen wie er.
In der Hütte, am anderen Ende des Parkes, ging ein Licht an. Es war ein kleiner gelber Fleck im Dunkeln. Die Tür ging auf und er sah eine Person im Eingang stehen. Dann schloss sich die Tür und die Person kam auf ihn zu. Er wusste, dass es der Aufseher war. Die grosse Taschenlampe, die an der Hüfte des Aufsehers baumelte, blinkte hell auf. Er schwang weiter.
Der Aufseher hielt vor ihm an, ausserhalb des Radius der schwingenden Schaukel, und liess seine Taschenlampe aufblitzen. Das Licht erfasste ihn beim Auf- und Niederschwingen.
„Verdammt", fluchte der Aufseher. „Ich hab dir doch bereits gesagt, dass du nicht auf die Schaukel darfst."
Das Klappern der Ketten war die einzige Antwort, die er erhielt.
„Warum bist du zurückgekommen?"
Der Aufseher zählte ihm die Dinge auf, die ihnen wegen ihrer Hautfarbe vorenthalten waren. Sogar seine Anstellung hing vom guten Willen der Weissen ab.
„Verdammte Weisse. Die haben alles!"
Seine Gefühle drängten ihn, den Buben machen zu lassen, ihn in seinem Vergnügen nicht zu stören. Aber die Angst, dass jemand sie sehen könnte, verhärtete sein Herz.
„Komm runter. Geh heim", schrie er mit rauher Stimme und seine Wut richtete sich gegen das System, das ihn gegen sei-

nesgleichen vorgehen hiess. „Wenn du jetzt nicht runter kommst, dann hol ich die Polizei. Du weisst, was sie mit dir machen."

Der Aufseher wandte sich um und eilte zum Tor. „Mama, Mama." Seine Lippen zitterten und er wünschte, er sässe sicher in der Küche seiner Mutter, neben dem brennenden Ofen mit einem Comic-Heft auf den Knien. „Mama, Mama." Seine Stimme wurde lauter, sie drängte aus seiner Kehle, und er schrie im Takt mit der kreischenden Schaukel, als er sich höher und immer höher schwang. Stimme und Schaukel. Schaukel und Stimme. Höher. Höher. Höher. Bis sie eins waren.

Beim Toreingang stand hoch die Tafel, ihr langgestreckter Schatten zeigte gegen ihn.

Robinson Matsele

Ein Anzug fürs Konzert

Wir gingen zu einem Sängerwettstreit. Alle Jungen und Mädchen aus unserer Gegend würden in ihrer besten Kleidung erscheinen. Nicht in etwas Besonderem, aber immerhin so, dass man sie vorzeigen konnte. Was immer das bedeuten mochte. Gegen Schlipse hatte ich zwar etwas, aber mein Vater bestand nun einmal darauf, dass ein Schlips dazugehöre. Ich fühlte mich immer beengt von dieser Schlange um den Hals. Mutter machte mir stets Vorhaltungen, dass ich nicht wie die anderen Kinder sei, die einen Blazer und einen Schlips anhatten, wenn sie in die Kirche oder zu irgendeinem Wettkampf gingen. Darein setzte man in diesem Slumbezirk, in dem ich lebte, seinen ganzen Stolz – dass die Kandidaten Anzug und Schlips trugen oder was immer den Schiedsrichtern gefallen mochte. Es schien fast, als ob die Stimme und die Gestaltung der Lieder nur von zweitrangiger Bedeutung wären. Zumindest argwöhnten wir, dass all dies Schwindel sei, wie das Märchen, dass die Afrikaner so schön lächelten, weil sie so gute Zähne hätten. Das war der grösste Schwindel. Sämtliche Schiedsrichter würden Weisse sein, und man erzählte uns, dass sie viel von Musik verstünden.
„Heute musst du sehr gut singen", schärfte meine Mutter mir ein, als ich versuchte, ganz besonders nett zu sein, das Geschirr spülte und bei anderen Hausarbeiten half.
„Aber Mami, ich singe doch immer zu Hause", protestierte ich.
„Gewiss, aber heute ist ein besonderer Tag. Rra-Dikeledi wird dir heute einen Anzug kaufen, den du mit einem Schlips tragen sollst ..."
„Aber ich brauch doch keinen Anzug, um ein guter Sänger

zu sein", erhob ich nochmals Einspruch.
„Sei still! Ihr Kinder heutzutage wisst einfach nicht mehr, was sich gehört. Ihr redet zu euren Eltern, wie euch der Schnabel gewachsen ist ...", versetzte sie streng.
Es war Samstag nachmittag. Bantam-Hühner und -Hähne gackerten in der Nachbarschaft. Sie hatten Hunger. Sonto, unser grauhaariger Nachbar, kam mit einer Schüssel heraus und fing an, dem Federvieh im Hühnerhof Körner hinzustreuen und dabei auf eine lustige Weise ihr Gegacker nachzumachen. Sie kamen flügelschlagend an den Zaun gelaufen und stiessen einander dabei fast um.
Die Arme in die Seite gestützt, stand Mutter unter der Tür. Ihr langer, brauner Kattunrock flatterte ihr um die Knöchel, als sie dem Nachbarn zuwinkte. Sie hielt nach den Wolken Ausschau. Ob es nicht doch endlich regnen wollte, wie es schon den ganzen Nachmittag über ausgesehen hatte? Die Erde roch würzig nach Wasser und Staub. Ich scheuerte die Töpfe mit der feuchten Erde aus; auf diese Weise wurden sie sauberer.
Sonto rief immer wieder sein „Put-put-put-put-put", als er die Hühner fütterte. Dann hielt er für eine Weile inne, blickte zu mir herüber und sagte mit seiner alten belegten Stimme: „Ich hoffe, du wirst erster heute abend."
Voller Ungeduld wartete ich darauf, dass mein Vater nach Hause kam. Es war Samstag, und wir alle wussten, dass er möglicherweise auf dem Heimweg seine Freunde traf und noch auf ein Glas selbstgebrauten Biers bei ihnen blieb oder um sich zu unterhalten. Er war ein grosser, gutgewachsener, schöner Mann. Wir liebten ihn, fürchteten jedoch seine rasch zuschlagenden Hände. Immer, wenn ich etwas angestellt hatte, drohte meine Mutter, es ihm zu sagen, und dann wusste ich, dass es Hiebe setzen würde, bis ich nicht mehr schreien konnte. Er war sehr streng.
Ich wusste, dass er mutig war. Einst hatte er uns vor betrunkenen Tsotsis — einer Bande von Halbstarken — beschützt, die unser Haus überfallen wollten. Mit einer Peitsche hatte er sie vertrieben. Gleichzeitig war er jedoch sehr liebevoll

und besass sehr viel Humor. Oft bezauberte er mich mit Geschichten aus seiner Jugend. Einmal erzählte er zum Beispiel, er sei am späten Abend mit dem Fahrrad über einen Friedhof von der Arbeit nach Hause gefahren, und dabei habe eine sonderbare unbekannte Gestalt ihn angehalten und gebeten, ihr Geld zu wechseln. Er habe nicht genug bei sich gehabt, woraufhin die Gestalt, offenbar ein Gespenst, ihm sagte, das sei schade, denn sie wolle etwas Geld aus ihrem Grabe wechseln, das heute nicht mehr im Umlauf sei, weil es aus alten Zeiten stamme. Dann sei die Gestalt verschwunden.

Vom einen Ende der Siedlung hörte ich Hundegebell und Stimmen von Kindern, die bei ihren Spielen laute Rufe ausstiessen. An der Wand unserer Wellblechhütte ein Kratzen und Scheuern. Es war meines Vaters Fahrrad. Mami bereitete das Abendessen.

„Beeil dich, sonst machen die Läden zu", riet sie meinem Vater.

„Ich weiss nicht, was für einen Anzug wir kaufen sollen", sagte ich.

„Ach, das findet sich schon", sagte er voller Zuversicht.

In der Barber Street wimmelte es von Jungen und Mädchen meines Alters, die mit einem flachen Stein Himmel und Hölle spielten, wobei es darum ging, den Stein mit den blossen Füssen von einem Feld ins andere zu befördern. Andere spielten Baseball mit selbst erfundenen Regeln, und wieder andere kickten einen Tennisball über ihr Fussballfeld. Auf der Fensterbank des Ladens sass eine Gruppe älterer Jungen, die mit gedämpften Stimmen miteinander redeten und manchmal in lautes Lachen ausbrachen, vermutlich immer dann, wenn einer von ihnen etwas Komisches oder Blödes gesagt hatte. Dabei behielten sie die ganze Zeit über den Polizeiwagen im Auge, den sie unter sich *kwela-kwela* nannten, „Kletter rein", und der jeden Augenblick herangeglitten kommen konnte, wenn die Polizei die Ausweise kontrollierte oder an einer Strassenecke hielt; wenn die Polizisten ein Haus durchsuchen wollten, das sie im Verdacht hatten, eine

geheime Schnapsbrennerei zu sein, oder einen Laden, in dem unerlaubt selbstgebrannter Schnaps verkauft wurde.
Abdul, der indische Händler, hockte auf den Fersen, hielt dabei sein weisses langes Gewand zwischen den Beinen eingeklemmt und trug einen roten Fez. Unentwegt kaute er an einem roten Stengel, spie langgezogene, orangefarbene Speichelfäden auf die Strasse und rief dabei den Kunden Grussworte zu.
„Tsena Mama, tsena Papa — Tritt ein, Mama, tritt ein, Papa", rief er immer wieder.
An die Wand war ein Plakat gekleistert: Kauf einen Anzug, nimm zwei umsonst mit (für gewöhnlich sehr schlechte Ware, vielleicht auch Ausschussware der Fabriken).
Ich fühlte, wie meines Vaters Hand sich fester um meine schloss. Als ich aufblickte, sah ich, dass sein Gesicht dunkler geworden war. Unruhig blitzten seine Augen. Wir waren nur noch wenige Meter von dem Laden entfernt. Ich wusste, dass mein Vater ein sehr strenger und aufrechter Mann war, der noch niemand auch nur einen Penny gestohlen hatte. Er war makellos und lebte nach den höchsten Grundsätzen — aber so hatte ich ihn noch nie gesehen. Manchmal hatte ich mitbekommen, wie seine Freunde entweder im Ernst, vielleicht aber auch im Scherz erklärten, er sei zu ehrlich für die Weissen, die ihm nie genug bezahlten, um seine Familie gut ernähren zu können; trotzdem liess er nie auch nur die geringste Kleinigkeit mitgehen, um sein Einkommen aufzubessern. Stets erklärte er, Stehlen sei nicht gut, sondern Teufelswerk, und dass alle Diebe in die Hölle kämen. Immer warnte er mich, falls ich einmal löge und stähle, würde ich im ewigen Höllenfeuer schmoren, vor dem ein Mann mit einer grossen Gabel stehe und die Leiber jener röste, die auf Erden schlecht gewesen seien. Welche Angst ich vor solchen Reden hatte! Ich liebte ihn. Ich fand, er sah würdevoll aus. Ich war damals zehn Jahre alt, und jedesmal, wenn ich ihm und seinen Freunden etwas zu essen aus der Küche brachte, wenn sie ihm im Hof im Schatten des Baumes zuhörten, bemerkte ich, dass sie keine Hemmungen hatten, das Kind

beim richtigen Namen zu nennen und sich als Gleichgestellte unterhielten. Wiederholt hatte er ihnen erzählt, er spare Geld zusammen, um mir einen Anzug für das kommende Konzert zu kaufen.

Fast acht Monate hatte es ihn gekostet, die erforderliche Summe zusammenzubringen, und jetzt standen wir hier vor dem Laden. Unversehens packte er mich fester, so fest, dass mich mein Arm schmerzte. Vergebens versuchte ich, mich loszureissen – er merkte gar nicht, wie weh er mir tat. Ich spürte den Schweiss, als ich meine Hand in der seinen drehte und wand. Schweiss trat ihm auf die Stirn. Kalter Schweiss! Wieder rollte er mit den Augen. Er war verstört. Ihm war nicht wohl in seiner Haut. Doch ich hatte Angst, ihn zu fragen, was er habe.

„Tsena Mama, tsena Papa", hörte ich Abdul undeutlich sagen.

„Eeeeeu, li-li-li-eeuu", vernahm man eine kreischende weibliche Stimme in der Ferne an- und abschwellen. Vermutlich beschwor sie Glück und Segen für ein junges Paar, das heiratete. Die Stimme wurde schwächer, dann war sie verstummt. Jetzt, so vermutete ich, tanzte sie vor dem Paar, das im Begriff stand, sein eigenes Haus zu betreten, so wie es die Sitte verlangt bei einer solchen Gelegenheit. Vater beschleunigte den Schritt, doch plötzlich hielt zwischen uns und dem Laden ein geschlossener Wagen, und zwei weisse Polizeibeamte kamen heraus. Ihre schwarzen Uniformen mit den blitzenden Knöpfen und den Ordensspangen jagten mir einen Schauder über den Rücken.

„Ausweis, Kaffer!" rief einer der beiden meinem Vater zu, der wie versteinert dastand.

Mit fahrigen Bewegungen und in der schwachen Hoffnung, den Personalausweis doch noch zu finden, suchte mein Vater in seinen Taschen herum. Roh stiess der Polizist ihm den Gummiknüppel zwischen die Rippen.

„Mach schnell, du vergeudest meine Zeit", befahl er ungeduldig.

„Ich wohne dort drüben, Baas", sagte mein Vater und wies

auf unsere Hütte, die nur wenige hundert Meter von der Stelle entfernt stand, wo wir abgefangen worden waren.
„Mein Junge kann hinlaufen und ihn holen."
„Halt's Maul! Du lügst, fauler Kaffer. Wo hast du dies Geld gestohlen?" beschuldigte ihn der zweite, der bereits Vaters Taschen durchsucht hatte. Ich sah, wie hilflos und bar jeder Würde Vater vor einem solchen Mann wirkte.
„Ich hab's nicht gestohlen, mein Baas."
„Lügner! Kein Kaffer verdient soviel Geld!"
„Ich habe es gespart, um meinem Sohn einen Anzug für einen ..."
Seine letzten Worte gingen in ihrem brüllenden Gelächter unter, und einer sagte spöttisch: „Hast du das gehört, Gert? Er wollte einen Anzug für diesen Nigger kaufen. Das ist bestimmt einer von diesen rotzfrechen Kaffern, die sich einbilden, sie wären Weisse. Die tragen Anzug und Schlips!"
Inzwischen war ich längst zu Hause, um meine Mutter zu bitten, mir den Ausweis zu geben, damit ich ihn vorweisen könne. Sie suchte in seinem Rock, der an einem Nagel an der Wand hing. Küchenschaben, die darunter Schutz gesucht hatten, stoben in alle Richtungen auseinander und verschwanden in den Rissen der Wand. Wir fanden den Pass. Ich rannte, so schnell ich konnte, doch als ich an die Stelle kam, wo sie uns gestellt hatten, waren sie nicht mehr dort ... ich wollte weglaufen ... weinen ... in die Luft fahren ... irgend etwas tun. Mir fiel ein, wie sein Gesicht sich verändert hatte, wie der kalte Schweiss ihm heruntergelaufen war, er nicht mehr die Würde besass ... Angst aus ihm sprach ... Niedergeschlagen schlich ich nach Hause zurück.
Neun Monate später sassen Mutter und ich an seinem Bett. Sie weinte. Ich forschte in seinem Gesicht. Blass war es, und der Schweiss war wieder da. Er rang nach Atem. Seine Augen waren verschleiert, seine Lippen zitterten, und abgerissen vernahm man seine schwache Stimme. Er brach in ein tiefes, bellendes Husten aus, so dass unsere ganze Hütte schepperte.
„Möchtest du Wasser?" fragte Mutter schluchzend.

Schweigen.
Er stiess einen tiefen Seufzer aus und fing wieder stotternd an zu reden. Immer noch war es unverständlich.
„Rra-Dikeledi – Vater der Tränen", rief Mutter und gebrauchte einen afrikanischen Ausdruck, mit dem man einen Elternteil je nach dem Namen des Erstgeborenen benennt.
Wieder Schweigen.
Vom unteren Teil seiner Brust an war er mit einer Wolldecke zugedeckt, oberhalb war er nackt. Schweissperlen sammelten sich auf seinem Gesicht wie Wasser auf Blütenblättern nach einem Regen. Seine Augen wanderten über die Wand. Und dann ...
„Du ... du ... hast gesungen ...", kam endlich der ganze Satz.
„Ja, Papa", und mir war danach, all meinen Gefühlen mit einem Schwall freien Lauf zu lassen, als meine Mutter mich unterbrach.
„Es war schwer auf der F ... Farm. Schwerarbeit. Sch ... Schinderei. Und nichts zu ... essen."
Er weinte jetzt lauter als zuvor. Feierlicher Ernst herrschte im Raum. Ich saugte an meinen Fingern. Seine Augen blickten immer noch wie gebannt auf die Wand, wo neben seinem Rock mein Anzug hing. Ich überlegte, ob der Personalausweis wohl noch in seiner Tasche wäre und ob die Küchenschaben sich immer noch darunter versteckten.
„Ich habe den Ausweis ja hingebracht, Papa, aber du warst nicht mehr da", sagte ich mit einem Schuldgefühl, als ob ich ihn im Stich gelassen hätte. Ich hatte ihn nicht gerettet, hatte es nicht zu tun vermocht.
Dieses Gefühl war wie ein Alpdruck für mich. Damals suchte das Bild meines Vaters mich unentwegt heim, liess mich keinen Augenblick in Ruhe.
Mutter schickte mich nach Wasser. Der Gemeindewasserhahn befand sich an der Strassenecke, wo die Einwohner bestimmter Strassen danach Schlange standen. Frauen warteten darauf, dass sie mit ihren grossen Wasserkannen an die Reihe kämen. Dann war ich dran.
Als ich in unsere Baracke zurückkam, stand meine Mutter

immer noch neben dem Bett und rang nervös die Hände.
Abduls Stimme drang durchs Fenster, wie er werbend die Vorübergehenden aufforderte: „Tritt ein, Papa, um einen Anzug zu kaufen und zwei umsonst zu bekommen." Ich bin überzeugt, er kaut immer noch auf dem roten Stengel und spuckt auf die Strasse ...
Vater lag wie versteinert auf dem Bett, als Mutter neben ihm stand. Seine Augen bewegten sich nicht, und es herrschte Stille im Raum. Er hustete auch nicht mehr. Seine Lippen waren geöffnet. Mir wurde aufgetragen, die Verwandten in der Nachbarschaft herbeizuholen. Bei der Beerdigung hielt Mutters Hand die meine umklammert, freilich nicht mit so hartem Griff. Sie weinte oft. Ich empfand nichts. Leer. Ich blickte dem Sarg nach, als er hinabgelassen wurde und überlegte, ob ihm der kalte Schweiss wohl noch auf der Stirn stand. Ich trug meinen Anzug. Grossartig sah er aus.
Mama-Dikeledi (so nannte ich meine Mutter) fragte mich, was ich denn suche, da ich überhaupt nicht aufblickte.
„Meinen Anzug für das Konzert", erwiderte ich.

Worterläuterungen

Baas	Herr; leitet sich vom Niederdeutschen „Bas" = Brotherr, Meister ab. Besonders als Anrede von Schwarzen gegenüber Weissen verwendet.
Bantu	Wörtlich „Leute"; in Südafrika die offizielle Bezeichnung für die Schwarzen. Der Ausdruck hat heute diskriminierenden Beigeschmack. Die Bantus selbst bezeichnen sich als „Afrikaner" oder „Schwarze". Auch die Bezeichnung „Bantustans" für die „Heimatgebiete" wird immer mehr durch „Homelands" ersetzt. Die Bantus oder Bantu-Neger (75–80 Mio Menschen) leben in Afrika südlich der sogenannten Bantu-Linie, die sich quer durch den Kontinent ungefähr vom Kamerun-Berg an der Westküste den Kongostrom entlang über den Viktoriasee zur Ostküste nördlich von Malindi zieht. Sie sprechen eine besondere Sprache in 250 Abarten. Wann die Bantus nach Südafrika vorstiessen, ist ungewiss; sie müssen aber zur Zeit der holländischen Kolonisation bereits dort gewesen sein.
Baseball	Eine Art Schlagballspiel, das in allen englischsprachigen Ländern verbreitet ist.
Betel	Kau- und Genussmittel aus Ostasien: ein Stück Betelnuss, ein Blatt Betelpfeffer, etwas gebrannter Kalk. Betel färbt den Speichel rot, die Zähne schwarz.
Buren	Nachfahren der holländischen, deutschen und französischen Siedler, die im 18. und 19. Jahrhundert nach Südafrika einwanderten. Ihre Sprache, Afrikaans, leitet sich vom Holländischen ab. Als geschriebene Sprache wird sie etwa seit 1845 verwendet. Afrikaans ist neben dem Englischen offizielle Landessprache.
dagga	Haschisch oder Marihuana
Farbige	Englisch: coloureds, sind in Südafrika die Mischlinge – im Gegensatz zu den Vereinigten Staaten, wo man unter „farbig" alle Nicht-Weissen versteht.
Kaffer	Leitet sich vom arabischen „kafir" = Ungläubiger ab. Ursprünglich Bezeichnung für Bantus, besonders für Zulus und Xhosas in Südafrika. Heute abwertende Bezeichnung für Schwarze in Südafrika.
Kattun	Bedeutet auf arabisch „Baumwolle". Bezeichnung für leinwandartig gewobenes Baumwollzeug.
Rand	Währung in Südafrika. 1 Rand = Fr. 1.60, Kurswert vom September 1984. (Zum Vergleich: Kurswert vom April 1976: 1 Rand = Fr. 3.20, im Dezember 1971: 1 Rand = Fr. 5.48)

Kamerun

Einführung

Ein Primarschüler in einem kamerunesischen Dorf steht jeden Tag etwa um sechs Uhr auf. Im Durchschnitt beträgt sein Schulweg etwa eine Stunde. Am Abend kommt er erst zwischen fünf und sechs wieder nach Hause, wo er vor dem Spielen seinen Eltern helfen muss: kleinere Geschwister hüten, Holz oder Wasser holen, einkaufen etc. Nach dem gemeinsamen Abendessen ist schon bald Nachtruhe, denn elektrisches Licht fehlt in den Dörfern noch weitgehend. Sekundar-, Berufsschulen und Gymnasien gibt es nur in den grösseren Orten und Städten. Ältere Schüler leben in Internaten oder bei Verwandten und Bekannten in Pension. Da dies natürlich mit Kosten verbunden ist, können es sich nur wenige Kameruner leisten, ihre Kinder in höhere Schulen zu schicken. Etwa zwei Drittel aller schulpflichtigen Kinder gehen in Kamerun in die Primarschule, was für Afrika übrigens sehr viel ist, aber nur zehn Prozent besuchen eine weiterführende Schule.
Auch die Erwachsenen stehen im Dorf sehr früh auf und sind den ganzen Tag tätig. Die Frauen besorgen den Haushalt, was ohne fliessendes Wasser, ohne Elektrizität und Maschinen sehr viel zu tun gibt. Sie sind für das Gemüsefeld verantwortlich, das oft weit ab vom Dorf liegt. Die Männer müssen das nötige Bargeld beschaffen, zum Beispiel durch den Anbau und Verkauf von Kaffee, Kakao oder Baumwolle. Die meisten Afrikaner arbeiten sehr hart, dazu in einem Klima, das ihnen genauso zusetzt wie uns Europäern.

*

Kamerun liegt an der Westküste Afrikas, dort, wo der Kontinent quasi einen Knicks macht, nur einige Grad nördlich des Äquators. Die Durchschnittstemperatur beträgt 27 Grad. Im Küstentiefland, wo der dichte Regenwald wächst, herrscht das ganze Jahr eine gleichbleibende Schwüle. Der Übergang zur Savanne bringt etwas angenehmere Temperaturen, im Norden aber, in der Trockensavanne und den endlosen, staubigen Steppen, steigt das Barometer am Tag bis auf über 40 Grad, und die Temperatur schwankt dort bis zu 20 Grad täglich.

Die Jahreszeiten werden in Kamerun durch die Regenzeiten bestimmt, zwei im Süden, eine im Norden. Sowohl die zahlreichen Überschwemmungen im Süden und im extremen Norden, gegen den Tschadsee, wie auch die oft langen Trockenzeiten erschweren das tägliche Leben der Menschen und stellen die Versorgung mit Grundnahrungsmitteln immer wieder in Frage.

Kamerun ist rund elfmal so gross wie die Schweiz, hat aber nur 8,6 Millionen Einwohner. Die Bevölkerung setzt sich aus über 100 verschiedenen Stämmen und Gruppen zusammen, von denen fast jede ihre eigenen Sitten und ihre eigene Sprache oder ihren eigenen Dialekt hat. Grosse Unterschiede gibt es zwischen den arabisch beeinflussten Stämmen des Nordens und den Bantuvölkern des Südens.

Die Hälfte aller Kameruner sind unter 20 Jahre alt. Das Klima, falsche oder unzureichende Ernährung, fehlendes und verseuchtes Wasser sowie mangelnde ärztliche Betreuung sind schuld, dass die Menschen früh sterben. Die afrikanische Mutter glaubt, dass ihr Kind vor allem viel essen muss, sie weiss nichts von Vitaminen und Proteinen.

Drei Viertel aller Kameruner leben auf dem Land, wo die Männer als Bauern, Landarbeiter, Hirten knapp das Nötige verdienen, um Steuern, Medikamente, Schulgelder, Kleider, Werkzeuge etc. zu bezahlen. Die Unterbeschäftigung (oder versteckte Arbeitslosigkeit) ist gross, das Bauern ohne Mittel hart, oft hoffnungslos.

Deshalb versuchen viele ihr Glück in den Städten, vor allem

in der Hafenstadt Douala und in der Hauptstadt Yaoundé. Aber es gibt viel zu wenig Arbeitsplätze, 25 Prozent betrug 1982 die offizielle Arbeitslosenquote. Der Erlös aus dem seit 1979 geförderten Erdöl, heute das wichtigste Exportprodukt, kommt nur der Oberschicht zugute, vor allem der reichen Händlerschicht aus dem Norden. Die sozialen Gegensätze vertiefen sich; während in den Villen der Reichen Champagner aus Frankreich fliesst, stehen die Bewohner der Grossstadt-Slums Schlange vor den wenigen Wasserhahnen, aus denen lediglich dreckiges, salziges Meerwasser kommt. Umso wichtiger sind die engen Bande, die in Afrika innerhalb der Grossfamilie herrschen und die jedes Mitglied verpflichten, bedürftigen Verwandten beizustehen.

*

Die heutigen Grenzen Kameruns, seine Wirtschaft und Politik sind noch immer stark von den ehemaligen Kolonialmächten bestimmt, vor allem von Frankreich. Mitte des 19. Jahrhunderts kamen die ersten Engländer, Franzosen und Deutschen ins Land, als Händler und Missionare. Westkamerun wurde zu einem bevorzugten Gebiet der Mission, sie legte den Grundstock für das Schulwesen. An vielen Orten war der Besetzung des Landes durch die Europäer von den Afrikanern erbitterter Widerstand entgegengesetzt worden. Die Europäer förderten vor allem den Anbau von Kaffee und Kakao, zwei Produkte, die für den Export bestimmt waren, denn der Afrikaner trinkt ursprünglich weder Kaffee noch Kakao.
1884 wurde Kamerun eine deutsche Kolonie. Die Deutschen verloren das Gebiet im Ersten Weltkrieg, Frankreich übernahm den östlichen, Grossbritannien den viel kleineren westlichen Teil. 1960 wurde Kamerun unabhängig, die beiden Teile vereinigten sich in einer Föderation. 1972 wurde die föderative Staatsform unter dem Druck der französisch beeinflussten Führungsschicht im Osten abgeschafft und der englischsprachige Westen dem französischsprachigen Osten eingegliedert.

Kamerun ist das einzige afrikanische Land, dessen offizielle Landessprachen englisch und französisch sind. Die Afrikaner allerdings sprechen untereinander im Süden Pidgin, eine aus englischen, spanischen, französischen und einheimischen Elementen in Westafrika entstandene Verkehrssprache, im Norden Ful, eine arabische Sprache. Leider wird Pidgin von den Behörden nicht als Amtssprache anerkannt.
Kamerun war eine wichtige Kolonie für Frankreich. Neben Kaffee und Kakao wurden Baumwolle, Kautschuk und Hölzer, später Tee, Bananen und Palmprodukte meist in rohem oder halbfertigem Zustand exportiert und in Frankreich weiterverarbeitet. Da die Löhne in Afrika extrem niedrig waren und in Kamerun selbst nicht viel investiert wurde, waren die Gewinne entsprechend hoch. Diese Gewinne flossen ins „Mutterland" Frankreich ab. Die Kolonialmacht bereicherte sich, die Kolonie blieb arm.
Vor der Unabhängigkeit sah Frankreich seine Interessen bedroht durch den tüchtigen, dynamischen Stamm der Bamileke im Süden, deren Führer nach der Unabhängigkeit keine Einmischung der Franzosen mehr dulden wollten. Frankreich förderte deshalb die Machtergreifung eines ihm wohlgesinnten Moslems aus dem Norden, El Hadj Ahmadou Ahidjo. Gegen die Bamileke wurde ein jahrelanger, grausamer Bürgerkrieg geführt, der etwa 40'000 Menschen das Leben kostete und der bis heute immer wieder aufflammt. Mit Hilfe der Franzosen baute Ahidjo ein wirksames Spitzel- und Polizeiregime auf, das ihm und der kamerunesischen Oberschicht ein angenehmes Leben, den Franzosen ihre Profite aus der ehemaligen Kolonie gewährleistete.
Über 20 Jahre lang blieb Ahidjo an der Macht. Äusserlich erschien Kamerun als ein stabiler Staat, im Land selbst herrschte Terror, Unterdrückung, Günstlingswirtschaft. 1982 verzichtete Ahidjo freiwillig auf sein Amt und zog sich auf seinen Alterssitz nach Südfrankreich zurück. Bald reute ihn sein Schritt, er wollte weiterhin Macht und Einfluss ausüben in Kamerun. Zwischen ihm und seinem Nachfolger Paul Biya, einem Katholiken aus dem Süden, kam es bald zu

grossen Spannungen, die darin gipfelten, dass Biya Ahidjo 1984 im Abwesenheitsverfahren zum Tod verurteilen liess. Der Clan der Ahidjo-Anhänger wurde schrittweise entmachtet. Am Einparteien-Staat und am prowestlichen Kurs hielt Biya fest.

Noch immer mischen die Ausländer, vorab die Franzosen, in der Politik Kameruns mit. Sie kontrollieren Handel und Industrie und geben gesellschaftlich den Ton an. Heute leben knapp 20'000 Franzosen in Kamerun. Ein Drittel aller Exporte – Erdöl vor Aluminium, Kakao, Kaffee, Holz und Baumwolle – geht in die USA, fast die Hälfte der Importe kommt aus Frankreich.

Viele Probleme der Bevölkerung sind Folgen des Kolonialismus, der eine eigene Entwicklung Afrikas abgeblockt und das Vertrauen der Menschen in ihre eigenen Fähigkeiten zerstört hat. Der Ausweg liegt wohl nicht in einer Nachahmung des westlichen Lebensmodells, sondern im Suchen nach einem neuen Weg, der afrikanische Kultur und europäische Errungenschaften verbindet.

*

Die folgenden Aufsätze sind in den Jahren 1966 bis 1971 von kamerunesischen Gymnasiasten einer evangelischen Internatsschule geschrieben worden, und zwar auf deutsch! Ihre deutsche Lehrerin, Mechthild Clauss, hat sie gesammelt und veröffentlicht. Die Verfasser der Aufsätze lernen deutsch als zweite Fremdsprache. Oft spürt man das französische Vorbild. Dennoch sind die Deutschkenntnisse dieser jungen Kameruner erstaunlich. Die Frage ist allerdings, was sie ihnen nützen.

Schulaufsätze aus Kamerun

Elisabeth Nyemb
Meines Grossvaters Brunnen

Als ich ein kleines Mädchen war, liebte ich es, nach dem Abendessen neben dem Feuer zu bleiben. Mutter flickte die Wäsche und Vater erzählte mir von meiner Heimat. Mein Dorf ist sehr klein. Es liegt am Rande eines grossen Stroms neben Edea. Man kann das Wasser des Flusses nicht benützen, weil es trübe ist. Darum hatte mein Grossvater einen grossen Brunnen gegraben, und sein Brunnen hat eine lange Geschichte, die mein Vater mir erzählt hat.
Eines Tages bin ich in mein Dorf gegangen, und ich habe diesen Brunnen gesehen. Er ist nicht schön, und er ist sehr alt. Er liegt in der Mitte des Hofes. Er ist sehr tief, etwa zehn Meter. Grosse Steinplatten sind rundherum.
Man schliesst ihn immer, und wenn man Wasser schöpfen will, bindet man einen Eimer an das Ende des langen Seils. In meinem Dorf liegt die Quelle sehr fern im Wald; so benützen alle Bauern das Wasser dieses Brunnens. Sein Wasser ist sehr kalt und frisch. Oft kommen die Frauen mit ihren Eimern, und sie plaudern und lachen. Wenn ich diesen Brunnen ansehe, bin ich froh. Der Brunnen vereinigt die Menschen, und darum liebe ich ihn. Aber ich liebe ihn nicht nur, weil er die Menschen vereint, sondern auch, weil ich hinter diesem Brunnen das Bild meines Grossvaters sehe, der ihn gegraben hat. Ich glaube, dass er zufrieden wurde, als er die Frucht seiner Arbeit sehen konnte. Ich bin froh, denn ich fühle, dass mein Grossvater nützlich gewesen ist. Ich denke, dass man etwas zurücklassen muss, damit unsere Kinder uns durch dieses Ding kennen. Solange dieses Ding besteht, wissen wir, dass wir leben, wenn wir auch tot sind.

Ted Nna
Die Brücke

Um nach meinem Dorf zu gehen, fährt man über einen Strom. Zuerst benützte man Bambuskähne, um das andere Ufer zu erreichen.
Eines Tages kam ein Mann mit seinen Arbeitern, und sie bauten eine Brücke.
Als die Brücke noch nicht gebaut war, war das Leben noch einfach. Die Menschen assen viel Gemüse und wenig Fleisch, und Fisch, aber sie hatten Fleisch während der Regenzeit, und sie hatten Fisch während der Trockenzeit.
Diese Menschen assen von Tellern aus Holz und mit Löffeln aus Holz, und sie tranken Wasser aus Flaschenkürbissen.
Sie wohnten in Häusern mit Strohdächern. Diese Häuser hatten ein Zimmer. Und dieses Zimmer war die Küche, denn es gab drei Steine in einer Ecke des Hauses, wo die Mutter die Mahlzeiten kochte. Es war auch das Wohnzimmer, das Esszimmer und das Schlafzimmer.
Die Bauern arbeiteten nicht viel, und sie hatten ihre Landwirtschaft nur zum Lebensunterhalt.
Die Menschen trugen Lumpen, und sie waren froh, denn sie lebten gut, und dieses Leben gefiel ihnen, weil sie an diese Bedingungen gewöhnt waren.
Nun wurde die Brücke gebaut. Die Wagen konnten über diese Brücke fahren. Also konnten die Menschen schnell nach der Stadt gehen, und sie konnten viele Dinge kaufen. Und bis heute können sie viel Fleisch und viele Fische essen, denn jeden Tag gibt es Wagen, die Fleisch und Fisch bringen. Und die Bauern kaufen diese Nahrung.
In der Stadt kaufen diese Bauern auch Schüsseln, Teller, Becher, Löffel und Gabeln aus Eisen, und sie benützen diese Dinge, wenn sie essen, besonders, wenn ein Gast zugegen ist. Nun baut jeder Bauer auch zwei Häuser. Eines dieser Häuser ist ein Wohnhaus. Das andere Haus ist eine Küche. Und die Häuser der reichen Bauern haben Eisenblechdächer und Mauern aus Backstein. In diesen Wohnhäusern gibt es

Möbel: Sessel, Stühle, Betten aus Eisen und Schränke.
Weil diese Bauern nach der Stadt in den Autos fahren, können sie die Erzeugnisse ihrer Felder verkaufen. Also bauen sie viele Pflanzen an.
Während der Feiertage oder sonntags tragen die Bauern neue Kleider, die sie in der Stadt kaufen.
Die Brücke ist wahrlich ein Zeichen der neuen Zeit, denn sie hat neue Probleme in die Gesellschaft gebracht. Dank dieser Brücke sind gewisse Menschen reich geworden. Also ist Ungleichheit entstanden, und diese Ungleichheit hat die Selbstsüchtigkeit mitgebracht. Denn die Menschen essen nicht mehr zusammen. Jeder isst in seinem Haus. Die Menschen lieben zu rauben und zu lügen. Sie sagen: „Alle Mittel sind gut, um zu leben." Und die Jungen achten nicht mehr die Worte der alten Menschen und die Stimmen der Vorfahren. Also stirbt die Überlieferung.

Emmanuel Mbiam
Die Trommel

In meinem Dorf, wie in allen anderen Dörfern, gibt es eine Trommel. Neben dieser liegt eine andere. Die eine ist für die Tänze, und die andere gehört zu der Kirche. Diese letztere spielt die Rolle der Glocken. Aber wir werden von der Trommel sprechen, die vor dem Aba steht. (Der „Aba" ist ein grosses Haus, in dem alle Bewohner des Dorfes sich versammeln, um zu diskutieren oder zu plaudern).
Die Herstellung einer Trommel ist eine Kunst. Man schneidet ein Stück von einem Baumstamm und macht innen eine Vertiefung. Man höhlt innen aus. Diese Arbeit beansprucht viel Zeit und die Teilnahme von vielen Leuten. Dann ist die Trommel gebrauchsfertig.
Einst war es so: Jede Familie hatte ihren Stammbaum. Man komponierte Klänge, die zu jeder Familie passten; zum Beispiel der Mann, der die Trommel schlug, spielte also: „Dorf

Nkoumadjap, tam, tam, Familie Moto, tam, tam, Sohn von Ela, tam, tam, tam, sagt an, tam ...". Wenn nun Moto seinem Freund, der vielleicht bis zu fünfzig Kilometer weit weg wohnte, etwas ansagen wollte, übertrugen andere Trommeln von anderen Dörfern die Nachricht seinem Freund. Die Trommel spielte die Rolle des Telefons oder des Telegramms.

Jedesmal, wenn ich diesen Gegenstand betrachte, der die ersten Übergänge des Menschen zum Fortschritt markiert, bin ich erstaunt über das Wesen des Menschen. Eine Generation geht, eine andere erscheint. Jede Generation vervollkommnet die Dinge, die ihr von der anderen überlassen wurden. Wohin gehen wir?

Myo
Die Schule

Es gab keine Schule in meinem Dorf, und wir, die wir noch jung waren, spielten den ganzen Tag, tanzten auf dem Schmutz ... Es gab kein mit Wellblech gedecktes Haus; alle Hütten waren mit Dachstroh oder mit Palmmatten gedeckt. Die Türen und Fenster waren sehr eng. Alle Menschen schliefen neben dem Feuer; manche Leute verbrachten viele Monate, ohne sich zu baden. Die Leute waren oft krank und besonders die Kinder, die von *Kwashiorkor* betroffen waren.

Es gab nur eine Strasse, und die war sehr schlecht; Autos fuhren selten, und wir alle liefen immer, um sie fahren zu sehen.

Der Marktplatz war der einzige Ort des Dorfes, wo viele Leute sich einmal pro Woche versammelten, um Waren auszutauschen. Eines Tages parkten viele Lastwagen auf dem Marktplatz, schütteten Sand darauf und fuhren wieder fort. Dann erfuhren die Einheimischen, dass die Regierung den Bau einer Schule an diesem Ort befohlen hatte. Die grossen

Händler widersetzten sich, aber man hörte nicht auf sie. Andere Wagen brachten Steine, Kies und Zement, und bald begann die Arbeit. Die Maurer machten die Grundmauern und errichteten die Wände; die Zimmerleute machten das Zimmerwerk, und endlich kamen die Dachdecker, um das Wellblech zu legen. Das war das erste mit Wellblech gedeckte Haus meines Dorfes.

Niemand wusste, was eine Schule ist; man kannte noch nicht die Absicht der Schule, deshalb wollten manche Kaufleute des Dorfes aus diesem Gebäude ihr Geschäftshaus machen. Und es war gar nicht leicht, die Kinder in die Schule zu bekommen. Am Anfang mussten die Lehrer alle Hütten durchlaufen, um sie zu holen; manche Eltern weigerten sich, ihre Kinder fortgehen zu lassen.

Aber nach und nach überzeugten die Lehrer die Einheimischen; sie erklärten ihnen die Nützlichkeit und die Absicht der Schule. So begannen die Kinder meines Dorfes, in die Schule zu gehen.

Josue Njock Libii
Anzug und Regenschirm

Wenn ich mir etwas wünschen dürfte, so wünschte ich mir einen Anzug. Wenn ich einen Anzug hätte, könnte ich sehr elegant sein und würde weniger frieren; und wenn ich in die Schule ginge, zeigte ich ihn meinen Freunden. Ein Anzug wäre mir nützlich. Er soll eine anständige Form haben.

Ich brauche auch einen Regenschirm; wenn es regnet oder wenn es draussen sehr heiss ist, kann ich dennoch zur Schule gehen, dank dem Regenschirm.

Hätte ich einen Anzug und einen Regenschirm, so könnte ich sehr fröhlich sein.

Emmanuel Nso Ossou
Arbeitslosigkeit

Die Landflucht ist eines der wichtigsten Probleme in Kamerun. Die jungen Leute verlassen ihre Dörfer, und sie gehen in die Stadt, um ein besseres Leben zu suchen. Wie entsteht diese Landflucht, und wo ist sie zu beobachten? Was sind die Konsequenzen, die neuen Probleme? Vielleicht sollte man versuchen, die Entwicklung der Erscheinung zu verstehen, um eine Arznei zu geben, wenn das möglich ist.
Die wirtschaftlichen Verhältnisse sind für die Entstehung dieser Erscheinung bedeutsam. So zum Beispiel der Andrang der europäischen Erzeugnisse, der das Handwerkswesen und die örtliche Landwirtschaft zerstört. Die grosse Folge ist, dass man viele Arbeitslose hat.
Eine andere Ursache ist die Anziehungskraft der Städte auf dem Land: Die Stadt hat viele anziehende Dinge (zum Beispiel das Kino), die auf dem Land nicht sind. Deswegen bevölkern viele Leute die Städte meiner Heimat. Durch diese Entwicklung der Städte entsteht die Not, die in den Armenvierteln charakteristisch ist. Manchmal haben die Leute keine Arbeit und gewisse Menschen werden Einbrecher. Manche Mädchen geben sich der Unzucht hin.
Alles das schafft eine soziale Auszehrung, weil das Denken der Menschen durch viele Ursachen beschädigt worden ist. Eine Arznei geben ist so schwer wie das Problem selbst. Jedenfalls ist es nützlich, die gleichen Bedingungen des Lebens auf dem Land zu entwickeln, die in der Stadt sind. So werden die Leute die Dörfer nicht mehr verlassen.
Aber Lebensbedingungen ändern ist nicht alles. Man muss die Menschen die Landesliebe, die Pflanzenliebe und die Arbeitsliebe lehren, damit sie verantwortlich für sich und die anderen sind.
Für ein soziales Problem haben wir Arznei gegeben. Wir erkennen, dass das nicht genügend ist. Aber wir haben gezeigt, wie man die Planung tun kann, um das Land zu entwickeln.

Celestin Belibi
Ich will zur Schule gehen

In meinem sechsten Jahr ging mir das Bild der Welt, in welcher ich lebte, auf: das Bild einer von der Wissenschaft systematisierten, von Gesetzen regierten Welt, einer Welt der mechanischen und mathematischen Technik, einer meinen Voreltern unbekannten Welt. Deshalb entschloss ich mich, zur Schule der Weissen zu gehen. So, eines Tages auf dem Feld, sagte ich meinem Grossvater mein Geheimnis:
„Grossvater, ich will zur Schule der Weissen gehen."
Grossvater: „Was? Und deine Mutter ...? Und dein Vater ...?" Ich: „Ich kenne meine Mutter mit ihrem mitfühlenden und zärtlichen Herzen; ich weiss, dass ich ihrer mütterlichen Liebe Schmerz bereiten werde. Ich kenne meinen Vater mit seiner Liebe für seine Familie; ich weiss, dass ich das Vertrauen, das er zu mir hat, enttäuschen werde; aber ich muss zur Schule gehen."
Grossvater: „Warum?"
Ich: „Um neue Dinge zu lernen."
Grossvater: „Um neue Dinge zu lernen, brauchst du nicht weit fort zu gehen. Du bist sehr jung, ich liebe dich, und ich habe dich viele Dinge zu lehren. Ich will aus dir ein gehorsames Kind, einen gewissenhaften und arbeitsamen Sohn deines Vaters, kurz, einen intelligenten und geistreichen Mann machen."
Ich: „Das nimmt sich gut aus, und das ist deine Pflicht. Aber ich will auch das, was du nicht kannst, lernen."
Grossvater: „Nein, ich sehe, dass du deine Obliegenheiten fliehen möchtest. Dein Vater wünscht, dass du der Kopf unseres Clans seiest, er spricht oft darüber. Dein mütterlicher Onkel, der kein Kind hat, wünscht es auch, und er bestimmte für dich im voraus den Thron deiner Voreltern. Auch die Dorfältesten sind froh darüber. Was wünschst du mehr? Frauen, Reichtum? Ich habe viele Dinge gesehen, mein Enkel; du kennst nicht das Geheimnis des Krieges und des Friedens, du kennst das Geheimnis des Lebens und des Todes

nicht. Sei weise, mein Enkel. Was brauchst du ausser deiner Familie?"

Ich: „Grossvater, nicht dass ich das Interesse meiner Familie mir nicht zu Herzen nähme, aber ich brauche das Leben."

Grossvater: „Und was gibt es Schöneres ausser dem Familienleben? Die Familie ist eine geheiligte Stätte, wo man verborgenen Frieden und Leben findet. Wenn man die Familie verlässt, sprengt man sie, umd man wird betrachtet wie ein Ketzer oder wie ein fluchender Mann. Du wurdest geboren, um unsere Ehre und unseren Ruf zu verewigen ..."

Ich: „Ich suche das Leben, das die anderen Leben versteht, das die anderen Leben achtet und das die anderen Leben liebt. Ich liebe mein Dorf und meine Familie vor allen Dingen, darum wünsche ich, zu der Schule der Weissen zu gehen, nicht um euch unglücklich zu machen, sondern zum Besten unseres Lebens, denn jetzt ist nicht mehr unserer Voreltern Zeit. Heute belastet uns das Leben mit vielen Dingen, die Studien, Mut und Anstrengungen brauchen. Hier haben wir, was wir brauchen. Aber warum sind die Europäer hier? Warum ...?"

Grossvater: „Sie kommen von der anderen Seite der See, um Fortuna zu suchen. Sie sind gute Krieger, darum haben sie uns mit ihren neuen Flinten besiegt und besitzen unser Land."

Ich: „Ich will ihre Gedanken, ihre Sitten, ihr Leben kennen."

Grossvater: „Ich sehe, dass du uns erretten willst, darum schützt dich der Thron deiner Voreltern. Ihr Leben ist das Leben des starken Mannes. Verbinden wir uns, Einigkeit gibt Kraft."

Ich: „Ich werde gern kämpfen. Aber gegen wen? Ich werde mich schlagen, aber nicht gegen die Weissen oder die Neger, nicht gegen das Leben oder den Tod, sondern gegen die Not und die Krankheit der Leute. Ich werde auch an harten Tagen die Tugend üben."

Grossvater: „Du bist sehr klein, und du kennst nicht die Gefahr der Dinge, die du gerade gesagt hast. Verlasse uns nicht.

Die Schule der Weissen kann dich verderben."
So begannen die Schwierigkeiten. Mein Vater, grimmig, verbot mir, zur Schule zu gehen. Im Dorf dachte man, dass in der Schule die Kinder litten. Mein Grossvater wollte nicht, dass ein Fremder mich schlage. Er fürchtete auch, dass man seinen Enkel den Weissen zu verkaufen vorhatte. Drei Jahre weinte ich, um zur Schule zu gehen.

Worterläuterungen

Clan	Sippe, Grossfamilie
Edea	Stadt im Süden Kameruns, 25 000 Einwohner, am Fluss Sanaga gelegen. In Edea gibt es ein Kraftwerk, eine Fabrik zur Erzeugung von Aluminium aus Bauxit, eine Sägerei und eine Fabrik zur Herstellung von Palmöl.
Kwashiorkor	Eine in der Dritten Welt unter Kindern verbreitete Krankheit, die auf Mangel an genügender und ausgeglichener Nahrung zurückgeht, vor allem auf Mangel an Vitaminen und Proteinen. Kwashiorkor-Kinder haben aufgetriebene Bäuche und oft rötlich gefärbte Haare.

Uganda

Einführung

Uganda liegt im ostafrikanischen Seenhochland und ist ein fruchtbares und landschaftlich sehr schönes Gebiet. Das Seenhochland weist eine durchschnittliche Höhe von 1'200 Meter über Meer auf. Hohe und niedrigere Berge erheben sich auf dem mit roter Erde bedeckten Land, dazwischen liegen tiefe Täler, kleine und grosse Seen, von denen einige salzig und ohne Abfluss sind. Am grössten See des Hochlandes, dem Viktoria- oder Ukeresee (69'000 km^2) ist die Hauptstadt Kampala gelegen.
Es ist auch ein Land, dessen Geschichte wir bis in die Zeit vor dem europäischen Mittelalter zurückverfolgen können, mit althergebrachten politischen und kulturellen Traditionen, Produktionsmethoden und technischen Fertigkeiten, die heute zum Teil oder ganz zerstört oder verloren gegangen sind.
Im ostafrikanischen Seenhochland entstanden früh mehrere berühmte Staaten. Im 14. und 15. Jahrhundert stiegen die Bachwezi, vermutlich eingewanderte Viehzüchter, zur herrschenden Dynastie auf. „Die Zeit der Bachwezi-Herrschaft war auch die Zeit der Eisenverarbeitung, der Herstellung von Borkenstoff, der Technik des Bohrens von Brunnenschächten selbst durch Felsgestein und — was am meisten auffällt — der Errichtung ausgedehnter Erdwallsysteme, die anscheinend sowohl zur Verteidigung als auch zum Einpferchen grosser Rinderherden dienten. Die Arbeitsteilung zwischen Viehzüchtern und Ackerbauern und die Art ihrer Beziehungen unterstützte die Bildung von Kasten und Klassen im ostafrikanischen Seenhochland. Die viehzüchtenden Ba-

hima hatten den Ackerbauern, den 'bairu', ihre Herrschaft aufgezwungen. Die Erdwerke in Bigo und anderswo wurden nicht durch freiwillige Familienarbeit geschaffen, und es muss auch Druck ausgeübt worden sein, damit die Ackerbauern einen Überschuss für ihre Herren produzierten. So heisst es von den Bachwezi, sie hätten ein System eingeführt, in dem die jungen Männer dem König als Zwangsrekruten dienen mussten und von 'bairu' ernährt wurden, denen zur Unterstützung der Armee bestimmtes Land zur Verfügung gestellt wurde. Sie setzten auch erstmals Sklaven als Künstler, Handwerker und Verwaltungsfachleute ein." (Walter Rodney, Afrika. Die Geschichte einer Unterentwicklung, p. 54).

Die hellhäutigen Viehzüchter aus dem Norden nahmen aber den Bantu-Dialekt der Einheimischen an, vermischten sich mit ihnen und gemeinsam schufen sie eine afrikanische Kultur. Als sich 1877 protestantische und zwei Jahre später katholische Missionare an der Nordseite des Viktoriasees niederliessen, staunten sie über die politischen Traditionen der afrikanischen Monarchien, die sie im Gebiet des heutigen Uganda vorfanden. Der bedeutendste Fürst war der in Kampala residierende Kabaka (König), der Herrscher des Bagandavolkes.

Einem anderen, berühmten Afrika-Reisenden, Henry Morton Stanley, war dies ebenfalls aufgefallen. Er hatte 1875 Buganda, das Königreich der Baganda und ihren König Mutesa besucht. „In seinem Notizbuch vermerkte er, dass er in Mutesa weder den tyrannischen Wilden noch den Massenmörder gefunden habe, wie er in der europäischen Fabel lebte, sondern einen frommen Muselmann und einen intelligenten, menschlichen König, der absolutistisch ein weites Gebiet Afrikas beherrschte, dabei mehr geliebt als gehasst und mehr geachtet als gefürchtet wurde.

Die genauere Kenntnis der Geschichte der Baganda hat inzwischen ergeben, dass Stanley etwas übertrieben hat. Indessen ist der Kern seines Berichtes sicherlich richtig. Mutesas Königreich besass ein funktionierendes Rechts- und

Ordnungssystem. Längst aus dem Zustand der dynastischen Experimente heraus, war Uganda zu Stanleys Zeiten schon mehr als 300 Jahre alt. Mutesa war der 18. in der Dynastie der Gandakönige, die den Thron zuerst um etwa 1600 bestiegen hatten. Und was für das Land Mutesas galt, galt ebenfalls für den grössten Teil des südlich der Sahara gelegenen Afrika. Überall hatte sich auf im einzelnen durchaus unterschiedlichen Wegen eine politische Stabilität herausgebildet, die das Resultat aller früheren sozialen und produktionstechnischen Versuche war." (Time-Life-Bücher, Afrika, p. 168).

*

Sowohl die europäischen Missionare wie auch die 1896 errichtete britische Kolonialverwaltung konzentrierten sich auf das Herrschaftsgebiet des Kabaka. Die Briten regierten in ihren Kolonien nach dem Prinzip der „indirekten Herrschaft" (indirect rule), das heisst, sie liessen bestehende Herrschaftsstrukturen unangetastet und übergaben den einheimischen Herrschern und Oberschichten weitgehende administrative und rechtliche Befugnisse. Das führte dann dazu, dass die Kolonialmacht gemeinsam mit den einheimischen Oberschichten die Kolonie ausbeutete. Die Baganda erlangten dadurch einen weiteren Vorsprung vor den übrigen Stämmen Ugandas, Grund für Zwietracht, Neid und Hass. Zu den Oberschichten gehörten in Ostafrika in gewissem Mass auch die Inder und Pakistani, die den Handel beherrschten und viele Kaderstellen inne hatten.
Zu einem frühen Zeitpunkt führten die Kolonialherren in Uganda den Anbau von Baumwolle ein, wodurch sie ihre finanziellen Aufwendungen für das Protektorat stark verringern konnten. Gegen den Zwangsanbau von Baumwolle fanden in Uganda in den zwanziger Jahren die ersten Kundgebungen von Widerstand durch afrikanische Bauern statt.

*

Die jüngste politische Geschichte Ugandas ist stürmisch verlaufen. Das Land steckt seit Jahren in einer schweren politischen und wirtschaftlichen Krise, begleitet von zahllosen menschlichen Tragödien.
1962 erlangte Uganda die Unabhängigkeit. Der Kabaka der Baganda wurde Staatspräsident, sein Königreich blieb eine Art Staat im Staat mit eigener Armee, eigenem Parlament und eigenen Beamten. 1966 hob Ministerpräsident Milton Obote die Vorrechte der Baganda auf, wies den Kabaka aus dem Land aus und errichtete einen einheitlichen Staat. Seine „Charta des einfachen Mannes" war die Basis eines Regierungsprogrammes, das die Kluft zwischen arm und reich und zwischen den Regionen und den Stämmen aufheben sollte. Die Briten, die von Uganda wie von den anderen früheren Kolonien auch nach der Unabhängigkeit profitierten, zusammen mit der Oberschicht, fürchteten um ihre Interessen und begrüssten den Militärputsch von 1971, als der Generalstabschef der Armee, Idi Amin Dada, die Macht übernahm. Sie trauten dem Militärführer mehr als dem Politiker.
Idi Amin, während der Kolonialzeit ein loyaler Soldat, erwies sich als psychisch kranker Mann, der in Uganda ein Regime von Gewalt, Willkür und Terror errichtete. Er verfügte weder über politische noch über wirtschaftliche oder administrative Grundkenntnisse vom Funktionieren eines Staates. Dennoch regierte er allein, von Tag zu Tag. Besessen von der Macht und von der Angst, sie zu verlieren, beobachtete er misstrauisch alle, mit denen er es zu tun hatte. Etwa 50'000 Asiaten wies er kurzerhand aus Uganda aus und beschlagnahmte ihren Besitz. Wer ihm lästig wurde oder wer ihm Furcht einflösste, der musste um sein Leben bangen. Täglich verschwanden Menschen, Mord und Totschlag gehörten zu Idi Amins Regierungsstil. Nach Angaben von Amnesty International sind mindestens 300'000 Menschen Opfer der Schreckensherrschaft von Idi Amin geworden.
Uganda und die Welt atmeten auf, als dieser im April 1979 endlich von exil-ugandischen und tanzanischen Streitkräften

entmachtet werden konnte. Die neue Regierung stand vor schweren Aufgaben. Es galt, den verängstigten, unterernährten, kranken Menschen wieder Vertrauen und Zuversicht in eine neue Zukunft zu geben, die völlig lahmgelegte Wirtschaft wieder in Gang zu bringen, die Verwaltung neu zu organisieren und die Armee wieder einzugliedern, gegen Korruption und Stammesrivalitäten zu kämpfen ... schier unlösbare Aufgaben. Diktaturen, welcher Art auch immer, hinterlassen in den gequälten Völkern Wunden, die sich oft kaum mehr schliessen lassen.

Die ohnehin schlechte wirtschaftliche Lage hatte sich unter dem Willkürregime des gestürzten Diktators noch weiter verschlechtert. Uganda führt vor allem Kaffee, rohe Baumwolle und Kupfer aus. Fast seine ganzen Einnahmen stammen aus dem Export dieser drei Güter, Uganda ist der siebtgrösste Kaffeeproduzent der Welt. Die Preise für diese Produkte werden aber auf dem Weltmarkt bestimmt, sie steigen und sinken. Als Binnenland ist Uganda zudem von den Transportmöglichkeiten durch Kenya abhängig.

Schon vor der Zeit Idi Amins gehörte Uganda zu den ärmsten Ländern der Welt. In den letzten Jahren stagnierte die Produktion aller landwirtschaftlichen Güter oder ging sogar zurück. Selbst Milch, Fleisch und Eier mussten in das Agrarland importiert werden. Eine Katastrophe noch grösseren Ausmasses war nicht eingetreten, weil Uganda ein fruchtbares Farmland ist, und die meisten der 10 Millionen Ugander Bauern sind, die sich selbst versorgen. In den Städten aber stieg die Arbeitslosigkeit rapid an, und viele Städter überlebten nur, weil sie von ihren Verwandten auf dem Land regelmässig mit Nahrungsmitteln versorgt wurden.

Die Jahre nach dem Sturz Idi Amins waren von grossen Schwierigkeiten gekennzeichnet: Trockenheit und Hungersnöte suchten die Bevölkerung des Nordostens heim. Tausende starben. Die internationale Hilfe wurde beeinträchtigt durch ein Klima der Unsicherheit, durch Korruption und Banditentum. Im Herbst 1980 fielen mehrere Tausend ehemalige Soldaten Idi Amins im Nordwesten des Lan-

des ein, die von der ugandischen Armee nur mit Hilfe tanzanischer Einheiten in Schach gehalten werden konnten. Auch in der Hauptstadt blieb die Lage prekär. Die neuen Machthaber wurden der wirtschaftlichen Anarchie, der galoppierenden Inflation, der politischen Rivalitäten, der Plünderungen und dem Faustrecht nicht Herr.
Es kam zu einem Gerangel um Macht, Einfluss und Geld. Zwei Präsidenten wurden nacheinander gestürzt. Unmöglich, irgend eine neue Ordnung in Gang zu bringen. Die Leidtragenden waren die armen Massen. Bald fehlten die Grundnahrungsmittel ganz oder wurden für sie unerschwinglich. Neue Hungersnöte drohten.
1980 gelangte der frühere Präsident Milton Obote wieder an die Macht. Von Anfang an hatte er das wichtige Volk der Baganda gegen sich, die ihm nicht verzeihen konnten, dass er ihnen seinerzeit ihre Autonomie genommen hatte. Obote entwickelte sich immer stärker zu einem despotischen Herrscher, der zwar die parlamentarische Fassade wahrt, dahinter aber ein Schreckensregime führt. Die Soldaten seiner Armee ziehen raubend, plündernd, wahllos mordend und vergewaltigend durch das Land. Ganze Dörfer wurden ausgelöscht, die Bewohner flohen in befestigte Lager, 100'000 Ugander, vielleicht noch mehr, wurden umgebracht. Und noch viel mehr flüchteten vor den Übergriffen der Soldaten in die Nachbarländer Sudan und Somalia. In dieser Situation hoffen viele Ugander auf einen Erfolg der „Nationalen Widerstandsarmee" (NRA) unter ihrem Führer Yoweri Museveni, der als integer gilt. Unsicherheit und Angst beherrschen weiterhin das Land.

*

Der Vater von Kabana, dem Helden unserer leicht gekürzten Geschichte, ist Bauer, weitab von der Hauptstadt. Um Geld zu verdienen — damit er zum Beispiel das Schulgeld für Kabana bezahlen kann — züchtet er Ziegen und baut Kaffee an. Manchmal verdient er mit der gleichen Anzahl

Säcken Kaffee viel, manchmal wenig, je nach den Preisen, die in Europa und Amerika festgelegt wurden. Daneben pflanzen Vater Mulangu und Mutter Olewa vor allem Kochbananen, Mais und Gemüse zum Eigengebrauch an. Das Leben der afrikanischen Bauernfamilien ist hart. Es gibt keine Versicherungen gegen Dürre oder Seuchen, niemand hilft, wenn der Kaffeepreis plötzlich sinkt. Die Kinder müssen früh mithelfen. Wie in allen armen Ländern sind sie schon von klein an unentbehrliche Arbeitskräfte.

Der Entschluss, seinen ältesten Sohn in die Schule zu schikken, dürfte dem Bauern Mulangu nicht leicht gefallen sein. Kabana besucht eine der vielen Missionsschulen, die von anglikanischen und katholischen Missionaren aufgebaut worden sind. Dennoch gibt es noch lange nicht genug Schulen für alle Kinder. Nur die Besten und die Kinder wohlhabender Eltern können mehr als ein paar Klassen Primarschule besuchen.

Kabanas Schule, ein Internat, liegt weit weg von seinem Dorf, nur während der Ferien kann er nach Hause fahren. Bei einem solchen Besuch wird ihm der Zwiespalt zwischen der europäischen Lebensweise und der traditionellen seines Dorfes besonders deutlich – ein Zwiespalt, in den Tausende von jungen Afrikanern geraten und der kaum zu lösen ist.

Der Autor, Musa Nagenda, ist Lehrer in Kampala. Ausgebildet wurde er in Grossbritannien und in den Vereinigten Staaten.

Musa Nagenda

Kabana und die wilden Hunde

In der Schule

Die Schüler der Kisumbu-Schule waren aufgeregt. Sie bereiteten sich auf den Besuch ihrer Eltern vor, die an diesem Tag mit Autobussen aus den verschiedenen Dörfern angereist kamen. Einer der Schüler, der 13-jährige Kabana, sah allerdings der Ankunft seines Vaters mit gemischten Gefühlen entgegen. Zwar belegte er unter den 293 Kisumbu-Schülern in der Notenrangliste den siebenten Platz, doch gleichzeitig wusste er, dass das für seinen Vater kaum zählte.
Als die klapprigen Fahrzeuge ankamen und Vater Mulangu aus dem Bus stieg, rannte ihm Kabana entgegen. Wie die andern Kinder kniete er vor seinem Vater nieder, der seine Hand auf Kabanas Schulter legte.
„Kaije – Es ist lang her", sagte sein Vater.
„Ego – Ja", sagte Kabana.
„Buhooro – Es ist sehr lang her."
„Ego."
„Agandi? – Was gibt es Neues?"
„Nimarungi – Alles in Ordnung."
„Agandi?" fragte Kabana.
„Nimarungi", sagte sein Vater.
„Orairegye sebo – Wie hast du die Nacht verbracht?"
„Kurungi – Gut."
Die Begrüssung war ziemlich freundlich, doch Kabana suchte in den Augen seines Vaters vergeblich nach Stolz und Bestätigung. Immer schienen diese Augen das gleiche zu sagen: „Beweise zuerst, dass du jemand bist!" Offenbar hatte Mulangu die Geschichte mit der misslungenen Tapferkeitsprüfung nicht vergessen:

Während den Schulferien im letzten Jahr hatte Kabana mit 14 andern Knaben aus seinem Dorf zur Männlichkeitsprüfung antreten müssen. Alle Männer, darunter auch die Dorfältesten, hatten sich in einer Waldlichtung versammelt. Trommeln ertönten und zu den schnellen Rhythmen zuckten und tanzten kriegsbemalte Körper.
Dann stellten sich alle auf, um die Jungen bei ihrer Prüfung, dem Speerwerfen, zu begutachten.
Kabana war nicht sehr stark – aber er war bereit, sein Bestes zu geben. Er versuchte, sich auf all das zu konzentrieren, was ihm sein Vater beigebracht hatte. Als endlich das Kommando ertönte, liessen die Jungen ihre Speere schnellen. Zuerst war ein Schwirren, dann das Raunen der Zuschauer zu hören: Alle Speere steckten im Ziel – nur Kabanas Waffe lag vor dem Ziel am Boden. Er wagte kaum aufzuschauen – und als auch die weiteren Würfe das Ziel nicht erreichten, wäre Kabana am liebsten im Boden versunken. Er hoffte auf ermutigende Blicke von seinem Vater, doch als er einmal verzweifelt aufschaute, stellte er fest, dass sich dieser bereits aus den Zuschauerreihen entfernt hatte.
Von diesem Tag an konnte Kabana seinem Vater nichts mehr recht machen: Er hatte keinen gesunden Menschenverstand, er war schwach und dumm wie ein Mädchen, er stand zu oft bei der Mutter in der Küche herum.
Obwohl sich Vater Mulangu am Besuchstag der Kusumbu-Schule von seiner freundlicheren Seite zeigte und sich sogar für Kabanas Leistungen zu interessieren schien, war ihm anzusehen, dass ihn die erlebte Enttäuschung immer noch beschäftigte. Bevor er gegen Abend wieder in den Bus stieg, rief er Kabana zu sich.
Wie jedesmal, wenn sein Vater in der Nähe war, spürte Kabana ein sonderbares Würgen in der Kehle. Recht unterschiedliche Gefühle für seinen Vater stiegen in ihm hoch. Auf der einen Seite schämte er sich für sein einfaches Wesen, sein schlechtes Englisch und sein langes Haar – gleichzeitig bewunderte er seine Kraft, die Art, wie er seine Familie beschützte und dass er im Dorf eine führende Rolle spielte. Er

wurde von den Dorfbewohnern, aber auch von den Europäern geschätzt – für seine Tapferkeit und sein Geschick als Bauer und Händler. Kabana hatte immer das Gefühl, dass er die Erwartungen, die sein Vater in ihn setzte, nie würde erfüllen können.

„Du scheinst deine Schularbeiten gut zu machen und auch deine Ernennung zum Trommler der Schule ist eine Ehre – aber dein Leben ist unvollständig. Was hast du denn zu unserem Dorf zu sagen?"

„Im Dorf bin ich zu Hause, Vater. Meine Mutter, meine Schwester, mein kleiner Bruder und meine Freunde wohnen dort", antwortete Kabana ausweichend.

„Du liebst sie, gut. Aber wie steht es mit unseren Sitten?"

Mulangu schaute Kabana forschend in die Augen. Es war besser, die Wahrheit zu sagen.

„Ich liebte das Dorfleben, aber in letzter Zeit ist es anders geworden. Ich weiss nicht mehr recht, wo ich hingehöre. Gehöre ich dorthin, wo ich versagte oder dorthin, wo ich Erfolg habe?"

Mulangus Gesicht verfinsterte sich.

„Dafür also habe ich dich in die Schule geschickt – damit du deine Angehörigen vergisst und ihre Sitten verachtest. Dein Versagen ist wirklich deine Sache. Mit etwas gutem Willen und etwas Anstrengung wäre es für dich leicht, das zu erreichen, was man von dir erwartet."

Kabana wollte seinen Vater nicht zornig machen – aber er musste an all die alten Männer denken, die im Dorf herumsassen und nichts taten als Bier trinken, an die Medizinmänner mit ihren klappernden Kürbissen und an das Gift aus Schlangenzähnen und getrockneten Ziegeneingeweiden. Die unschönsten Seiten des Dorflebens tauchten vor ihm auf. Sein Vater schien es zu bemerken.

„Du hasst das Dorf, nicht wahr? Aber so wirst du nie ein richtiger Mann werden. Ich bin überzeugt, dass du mich bei der bevorstehenden Männlichkeitsprüfung ein zweites Mal enttäuschen wirst. Ich habe auch beobachtet, dass du gar nicht mehr lustig bist, wenn du ins Dorf kommst. Du tanzest

auch nicht mehr mit den andern. Bist du eigentlich ein Europäer?"
Sein Vater verabschiedete sich und stieg in den Bus. Kabana senkte den Kopf.

Die Ferien beginnen

Die Klassenzimmertür wurde aufgerissen und Kabana rannte den Hügel hinauf bis zu den Eukalyptusbäumen. Im Schatten der Bäume machte er halt. Vor ihm standen drei massive Trommeln von verschiedener Grösse, wobei ihm die grösste fast bis zu den Schultern reichte. Kabana fuhr mit seinen Händen über die Büffelhäute und betastete die gespannte Oberfläche. Sein Gesicht strahlte und zwei Reihen weisser Zähne wurden sichtbar. Er liebkoste das weiche Mangoholz. Kabana war stolz auf diese Trommeln. Mit ihnen sandten die Bewohner der umliegenden Dörfer ihre Botschaften hinaus und mit ihnen konnte man auf solche Botschaften antworten – und unter all den Schülern der Kisumbu-Schule war Kabana für diese Aufgabe ausgewählt worden.
Er zog die Schlegel aus dem ledernen Köcher neben dem Baum und hielt sie hoch in die Luft, um sie dann plötzlich hinunter- und hinaufschnellen zu lassen. Ein lauter, regelmässiger Rhythmus erfüllte das Tal. Kabana wiederholte das Zeichen dreimal, bevor er die Schlegel wieder in ihre Hüllen zurücksteckte. Dann vergingen etwa fünf Sekunden, bis die Türen der verschiedenen Gebäude aufflogen und dreihundert glückliche und schreiende Jungen aus dem Schultrakt der Kisumbu-Schule ins Freie rannten. In den Schlafsälen holten sie ihre Siebensachen und stiegen dann in den Bus. Die Osterferien hatten begonnen.
Vom Hügel aus sah ihnen Kabana zu. Er hatte es nicht besonders eilig. Den ersten Bus würde er verpassen, aber das war ihm egal. Er wollte genügend Erinnerungen an das Leben in dieser Schule mit nach Hause nehmen, damit er wäh-

rend der einmonatigen Ferienzeit davon zehren konnte.
Ohne den Kopf zu wenden, wusste er, wie die Landschaft hinter ihm aussah. Zahllose Hügel mit niedrigem Buschwerk erstreckten sich über mehr als hundert Meilen und stiegen schliesslich gegen das Ruwenzorigebirge an. In diesem Hügelgebiet grasten Antilopen und Gazellen. An schönen, windstillen Tagen kamen sie fast bis an die Stelle, wo Kabana sass, und so konnte man sie von den Klassenzimmern aus sehen.
Wenn ihn jemand im Dorf fragte, wo sich denn die Kisumbu-Schule befinde, antwortete er jeweils, dass sie nicht weit vom Dorf Kiboko entfernt liege. Im Ganzen bestand die Schule aus elf Gebäuden, wenn man dasjenige des Schulleiters mitzählte. Die schweren Blockhäuser waren aus roten Ziegelsteinen und Ugandalehm gebaut. Die Leute von Kiboko waren stolz auf diese Ziegelsteine, hatten sie sie doch zusammen mit den Schülern selber hergestellt und geformt. Von der Stelle aus, wo Kabana stand, sah die Schule wie eine Insel in einem grünen Dschungel aus. Die einzelnen Gebäude waren von grossen Bäumen, riesigen Bambuspflanzen, Elefantengras und Bananenbüschen umgeben.
Jedesmal, wenn Kabana hierher kam, war er froh, in eine Schule wie die Kisumbu-Schule gehen zu dürfen. Es war schwer genug gewesen, zu einer Ausbildung zu kommen. In der Nähe seines Dorfes gab es keine Schule, und wie andere Jungen war auch er Hunderte von Kilometern unterwegs gewesen, bis er eine Schule fand, die ihn aufnahm. Er hatte Mitleid mit denjenigen, die wegen Platzmangel zurückgewiesen werden mussten.
Kabana stand auf. Er musste packen, wenn er den nächsten Bus nicht verpassen wollte. Als er zum Schlafsaal kam, wartete sein Freund Emoot auf ihn. In der Hand hielt er einen Brief, den er Kabana hinstreckte.
„Öffne ihn, vielleicht ist es etwas Wichtiges."
„Es ist wichtig", bestätigte Kabana. „Aber ich weiss, dass er von meiner Schwester Rugaye ist. Ich werde ihn unterwegs lesen."

Kabana wusste, dass bei der Lektüre des Briefes das sorglose Gefühl, das er hier in der Schule hatte, verschwinden würde. An die Stelle des Glücks würden die Sorgen und Probleme des Dorflebens treten. Er nahm seinen Koffer und machte sich auf den Weg zum Bus.
Emoot schüttelte den Kopf und legte seine Hand auf die Schulter des Freundes.
„Weisst du, Kabana, ich habe dich beobachtet. Du wirst immer traurig, wenn es Zeit wird, nach Hause zu fahren. Hast du Schwierigkeiten in deinem Dorf?"
„Ich bin eben der älteste Sohn."
„Das ist doch gut"; rief Emoot aus. „Da kannst du stolz sein, denn zu deiner Ehre werden Feste abgehalten. Und eines Tages wirst du all die Ziegen deines Vaters, den Kaffee und die Bananen erben. Dazu wirst du viele Frauen und viele Kinder haben."
„Emoot, du redest über das, was einmal sein wird, ich dagegen über das, was jetzt ist. Hör mal zu." Er stellte seinen Koffer ab, öffnete den blauen Briefumschlag und las vor:
„Orairegye, Kabana? — Wie geht es Dir, Kabana? Agandi? — Was gibt es Neues?
Nimarungi aga Ruti — In Ruti ist alles beim Besten.
Alle denken an Dich und schicken Dir Grüsse. Im Dorf ist gegenwärtig viel los. Jeden Abend gehen Männer und Jünglinge an unserem Haus vorbei zu den Versammlungen. Die Feste sind vorbereitet, die Ziegen ausgewählt und das Bier gemacht. Dein Freund Yuhi wartet auch auf Dich.
Ich bin so froh, dass Du bald ein Mann wirst. Denn ohne das wäre unsere Familie nicht in Sicherheit und ich würde nächstes Jahr ein sehr unglückliches Mädchen sein. Ich brauche Dir sicher nicht zu erklären warum.
Vater bereitet alles vor und die Dinge werden für Dich sicher günstiger verlaufen als das letzte Mal. Ich bin sicher, dass Vater Dich liebt — aber er will, dass Du ein Afrikaner bist und kein Mzungu. Er möchte zwar, dass Du in der Missionsschule etwas lernst, aber dass Du die Sitten des afrikanischen Dorflebens trotzdem achtest. Bitte, mein Bruder, gib Dir

Mühe, ein wenig so zu sein, wie Dein Vater es wünscht.
Alles Gute
Deine Schwester Rugaye"
„Ich habe nichts bemerkt, über das man unglücklich sein müsste", sagte Emoot, als Kabana den Brief zu Ende gelesen hatte.
„Das Wichtige ist, dass Rugaye in sechs Monaten verheiratet werden sollte. Als ihr ältester Bruder muss ich sie ihrem Bräutigam an der Hochzeit übergeben, doch dazu muss ich ein Mann sein."
„Das ist doch unmöglich, du bist ja erst dreizehn."
„Ich weiss, aber in unserem Stamm warten wir nicht. In meinem Dorf werden die Jungen meiner Altersstufe in etwa sieben Tagen ihre Knabenzeit wegtanzen. Wir werden unsere eigenen Hütten bauen und dort während der Zeit der Rituale zusammen leben. In der Nacht sitzen wir bei den Dorfältesten, die uns die Geschichte unseres Stammes erzählen. Wenn die Zeremonien vorbei sind, nehmen wir unsere Plätze als Männer ein."
„Kannst du das alles nicht auf später verschieben?" fragte Emoot.
„Ich bin der älteste Sohn meines Vaters. Seine Pflichten werden bald die meinen sein. Oh wie sehr wünsche ich mir, dass ich alles verschieben könnte. Manchmal" – Kabana machte eine nachdenkliche Pause – „manchmal möchte ich lieber Tom Sawyer sein." „Tom wie? Ein Europäer?" Emoot starrte ihn verständnislos an. „Nein, er war ein amerikanischer Junge", korrigierte Kabana. „Aber die Wirklichkeit sieht anders aus. In sieben Tagen werde ich ein Mann sein."
„Die Stammeszeichen machen mir am meisten Eindruck", sagte Emoot.
„Ich werde froh sein, wenn ich unsere Zeichen tragen kann, aber ich habe Angst, wenn ich an den Moment denke, in dem ich sie erhalte. In sieben Tagen werde ich die Zeichen haben. Sie werden sie mir in meinen Körper und mein Gesicht brennen." Es schauderte Kabana ein wenig, als er daran dachte. Emoot schüttelte den Kopf. Er musste ja auch einmal ein

Mann werden. „Weisst du denn, wie sie die Zeichen machen?"
„Ich habe es nie gesehen, aber ich weiss, wie es geht. Zuerst geben sie dir ein Getränk, das aus den blauen Reben im Wald hergestellt wurde. Dieses Getränk bewirkt, dass es in deinem Kopf zu drehen beginnt und du einschläfst. Wenn du dann träumst, schmieren sie deinen Körper mit Eukalyptusöl ein, und der Majeme – der Medizinmann – streut sein Puder über dein Gesicht. Es ist seltsam: Du siehst alles um dich herum und hörst dennoch nichts. Du weisst auch nichts. Wenn du ganz weg bist, machen sie das Eisen glühend und schreiben damit auf deine Haut."
Emoot schauderte bei dem Gedanken. „Tut das weh?"
„Wenn die blauen Reben nicht gut wirken, tut es weh. Aber du darfst nicht schreien, denn sonst wird dein Geist von diesem Moment an ein Feigling sein – und bei der ersten noch so kleinen Verletzung wird er deinen Körper verlassen und du wirst sterben."
Aus dem Staub der Landstrasse tauchte der Bus auf. Beide nahmen ihre Bambuskoffer auf und schlossen sich den andern Schülern an.

Die Busfahrt

Kurz vor Sonnenuntergang erreichte der Bus den Nil. Die meisten Fahrgäste stiegen aus. Die Fähre sollte zuerst das Fahrzeug und dann die Leute ans andere Ufer bringen. Einzelne Reisende nahmen ihre Bambuskoffer vom Dach. Als der Bus langsam auf die Fähre rollte und der Fahrer sah, dass das Boot immer noch ziemlich hoch über den Wasserspiegel hinausragte, erlaubte er einigen Jungen, schon bei der ersten Fahrt dabei zu sein.
Kabana, Emoot und zwei andere Knaben sprangen an Bord. Auf dem Dach neben den Fahrrädern schlief ein alter Mann. Zwei Arbeiter mit nacktem Oberkörper legten hölzerne Pflöcke unter die Räder des Busses – dann fuhr die Fähre

los. Als sie sich langsam gegen die Flussmitte zubewegte, waren vom Ufer her plötzlich aufgeregte Rufe zu hören: „Passt auf! Die Fähre sinkt!"
Kabana sah sich um und bemerkte, dass das Boot tatsächlich schief im Wasser stand. Es sank nicht – aber der Bus hatte sich etwa einen halben Meter gegen die Rückseite der Fähre verschoben, und deshalb ragte die Bootsspitze etwas höher in die Luft.
„He! Der Bus bewegt sich!" schrie Emoot, der sich vorne am Geländer festhielt.
Das grosse Fahrzeug rollte langsam gegen den hinteren Teil der Fähre. Kabanas Augen wanderten zu den Hinterrädern, wo die Holzkeile, die sie halten sollten, wegrutschten.
„Stell den Motor ab, die Keile gleiten", rief er. Der Fährmann war zuerst verwirrt. Er sprang von seinem Sitz auf, schaute nach vorn und hinten, setzte sich rasch wieder und drehte am Steuerrad. Als er einsah, dass er die ungewöhnlichen Bewegungen der Fähre nicht korrigieren konnte, stellte er endlich den Motor ab. Hinten stemmten sich zwei breitschultrige Männer gegen die Keile, aber auch sie vermochten nichts auszurichten: Der Bus bewegte sich weiter rückwärts und kippte schliesslich über Bord.
Das Wasser spritzte hoch auf – gleichzeitig schnellte der Vorderteil der Fähre in die Höhe, so dass Kabana in einem hohen Bogen durch die Luft gewirbelt wurde. Als er auf dem Wasser aufschlug, nahm es ihm den Atem. Zweimal zog es ihn in die Tiefe, doch beide Male gelang es ihm, wieder hochzukommen. Ihm wurde übel, Panik erfüllte ihn, verzweifelt versuchte er aus den Wasserpflanzen herauszukommen. Langsam gewann er Kontrolle über sich, und er begann zu schwimmen.
Emoot und die Fährleute hatten sich am Geländer festgehalten. Sie riefen Kabana etwas zu und zeigten aufgeregt auf mehrere Krokodile, die etwas weiter flussabwärts ins Wasser glitten. Doch Kabana blieb ruhig. Als er sich umschaute, entdeckte er zwischen den umherschwimmenden Gegenständen den Kopf und die Arme eines Mannes. Es war

der alte Mann vom Busdach, der sich in Unkraut und Kleidungsstücke verstrickt hatte. Kabana half ihm, sich loszumachen und zusammen schwammen sie zur Fähre zurück.
Unglücksfälle wie dieser, bei denen Menschen ihr Hab und Gut verloren, waren nichts Aussergewöhnliches. Kabana hatte dennoch Mitleid mit den vielen Fahrgästen, die ihr Eigentum verloren hatten – vor allem mit den Männern, deren Fahrrad im Nil versunken war. Er wusste, wie hart und wie lange jemand arbeiten musste, um sich ein Fahrrad kaufen zu können.
Die meisten Fahrgäste machten sich auf, um im nächsten Dorf zu übernachten. Kabana und die andern Jungen dagegen beschlossen, die Nacht am Fluss zu verbringen, um den Bus am nächsten Tag nicht zu verpassen.
Die Jungen begannen Holz zu sammeln. Es war schon fast dunkel, als sie mit Ästen vollbeladen wieder zur Landestelle zurückkamen. Sie schichteten das Holz aufeinander und einer der Ältesten, der schon rauchte, steckte den Haufen mit einem Zündholz in Brand.
Nach dem Essen, das aus gebratenen Fischen und Früchten bestand, sangen sie und erzählten einander Geschichten bis tief in die Nacht hinein. Doch jedesmal, wenn aus dem Dunkeln das Brüllen eines Löwen oder das Geheul einer Hyäne zu vernehmen war, wurden alle mäuschenstill. Nachdem dann die Laute verklungen waren, schauten sie sich an, lachten erleichtert und machten Witze über die wilden Tiere. Aber insgeheim fürchteten sie sich vor solchen Geräuschen.
Sie kamen überein, das Feuer die ganze Nacht brennen zu lassen, um die wilden Tiere fernzuhalten. Vor dem Schlafengehen stellten sie für die Nacht einen Wachablösungsplan auf. Da keiner von ihnen eine Uhr besass, vereinbarten sie, dass derjenige, der Wache hielt, den nächsten weckte, sobald er Mühe hatte, wach zu bleiben. Emoot sollte der erste, Kabana der letzte sein.
Er erwachte erst, als die Decke von seinen Füssen gerutscht war und er an die Zehen fror. Kabana erschrak! Die Wache

hatte nicht funktioniert; das Feuer war fast erloschen. Er schaute sich um, voller Angst, dass im nächsten Augenblick ein Leopard oder ein Krokodil sie angreifen könnte. Rasch stocherte er in der Glut und schichtete etwas Holz auf, das bald zu brennen begann. Erst jetzt wagte er aufzuatmen.

Der Bus tauchte zur vorgesehenen Zeit auf, und sie überquerten den Fluss ohne Schwierigkeiten. Nachdem sie schon eine Weile gefahren waren, berührte Emoot Kabanas Stirne. „Ai, Bambe, ai, Bambe, wirklich, wirklich", rief er aus, „hast du aber heiss!"

„Ich fühle mich nicht sehr gut", gab Kabana zu. Emoot machte ein besorgtes Gesicht. „Du hast Fieber, Kabana, du kannst so nicht weiterfahren. Du musst bei mir zu Hause einen Zwischenhalt machen."

„Ich kann nicht. Ich muss weiter. Rugaye und mein Vater verlassen sich auf mich, und ich habe schon einen Tag Verspätung."

„Ah ja, deine Männlichkeitsprüfung. Aber du bist nun halt krank. Wir können ja eine Botschaft schicken."

Bei Butiti fuhren sie in ein Tierreservat ein. Eine ganze Stunde lang kam der Bus nicht vom Fleck, weil eine riesige Büffelherde die Strasse überquerte. Nach einigen weiteren Kilometern stiessen sie auf zwei Elefanten, die es sich mitten auf der Strasse gemütlich gemacht hatten. Weder das Hupen noch das Schreien der Leute konnte sie dazu bewegen aufzustehen und wegzugehen. Erst als sich schon alle entmutigt mit einer zweiten Wartezeit abgefunden hatten, befühlten sich die beiden Tiere mit ihren Rüsseln, erhoben sich und trotteten langsam in den Busch hinein.

Nun fuhr der Fahrer langsam, um den Antilopen und Gazellen ausweichen zu können, die von Zeit zu Zeit über die Strasse sprangen. Einige Male konnte er nur mit viel Geschick einen Zusammenstoss vermeiden.

Als der Bus endlich in Fort Portal einfuhr, drehte sich Kabana mit einem schwachen Lächeln zu Emoot. „Ich fühle mich ein wenig besser, ich glaube, ich fahre weiter", sagte er. Aber als er den Bus wechseln wollte, erfuhr er vom Stationsbeam-

ten, dass sein Bus schon abgefahren war.
Emoot triumphierte. „Das kommt gerade recht. Du bist zu krank, um zu reisen. Oder willst du dich umbringen?"
Kabana spürte, wie seine Beine schwach wurden und es in seinem Kopf zu drehen begann. Solange es eine Möglichkeit gegeben hatte, Ruti in drei Tagen zu erreichen, hatte er nichts unversucht lassen wollen, aber jetzt, da der Bus schon abgefahren war, verliessen ihn die Kräfte.
„Mein Vater wartet auf mich, und Rugayes Heirat müsste um ein ganzes Jahr verschoben werden. Ich muss –" Bevor er den Satz zu Ende sprechen konnte, brach er vor dem Busdepot bewusstlos zusammen.
Zwei Tage lang wurde Kabana von Emoots Mutter liebevoll gepflegt. Erst dann konnte er daran denken, den Rest seiner Reise in Angriff zu nehmen.

Schwierigkeiten im Dorf

Kabana kletterte aus dem Bus und trat in den Staub der Strasse. Er trug ein Kleiderbündel und die Bücher der Kisumbu-Schule. Er winkte den Fahrgästen, die ihr Ziel noch nicht erreicht hatten. „Gute Fahrt", rief er.
Als er sich den Hütten seines Dorfes näherte, sprang ihm ein kleiner, schwarzer Hund entgegen. Er bellte freundlich und wedelte mit dem Schwanz. Gleichzeitig entdeckte Kabana seine Schwester im Schatten eines Baumes. Um sie herum lagen Bananenblätter. Ihre flinken Hände schälten grüne Kochbananen. Als Moja zu bellen begann, schaute Rugaye auf. Sie erkannte Kabana sofort und stiess einen Freudenschrei aus. Dann sprang sie auf und rannte ihrem Bruder entgegen.
Rugayes Haut war braun wie eine leicht geröstete Kaffeebohne. Ihre Augen, die immer fröhlich in die Welt blickten, funkelten. Obschon sie bereits siebzehn Jahre zählte, war sie nicht grösser als Kabana. Doch ihr Körper zeigte frauliche Formen.

Kabana kannte die Regeln seines Stammes und wusste, welchen Platz Frauen im Dorfleben einzunehmen hatten. Er wusste, dass die Männer mehr galten und den Frauen übergeordnet waren, aber es fiel ihm schwer, danach zu handeln. Schon öfter hatte er sich gefragt, ob diese Regeln eigentlich richtig waren. Es gelang ihm nie, sich seiner Mutter Olewa oder seiner Schwester Rugaye gegenüber so zu verhalten, wie er es hätte tun sollen. Er fühlte sich ihnen gegenüber nicht überlegen und hatte Mühe, so zu tun, als ob er es wäre. Dies war manchmal mit ein Grund dafür, dass sich sein Vater über ihn aufregte.

Rugaye und Kabana waren immer gute Freunde gewesen, und jetzt war er stolz, dass die Heirat seiner Schwester auch von ihm abhing. Als sie ihm auf dem Weg entgegenkam, streckte er den Arm aus, wie es Sitte war. Sie ergriff seine Hand, liess sich vor ihm auf die Knie fallen und lächelte zum Gruss. Schon oft hatte er ihr sagen wollen, dass sie vor ihm nicht niederzuknien brauche. „Ich habe dich gern. Wir sind Freunde, und ich fühle mich dir nicht überlegen." Aber in Ruti, im Dorf der Bäume, wäre es eine Schande, wenn jemand solche Gefühle zeigen würde — die Leute würden es als Zeichen der Schwäche auslegen.

„Wie geht es Vater und Mutter?" fragte er.

Das Lächeln auf ihrem Gesicht verschwand.

„Mutter geht es gut, aber Vater ist sehr böse auf dich."

Kabana schielte ängstlich zum Haus. „Ist er in der Nähe?"

„Ja. Hinter dem Haus. Er füllt gerade Kaffee und Hirse in Säcke. Warum hast du dich so verspätet? Du siehst krank aus."

„Ich war ein wenig krank. Aber das ist nicht alles. Ein Bus fiel von der Fähre in den Nil, und ich verpasste zwei weitere Busse. Aber ich hoffe für dich, dass ich das Ritual nicht verpasst habe."

„Vater sprach mit den Dorfältesten, und das Fest wurde um eine Woche verschoben. Deine Freunde, Yuhi und Nguma, kamen am ersten Abend vorbei, und sie waren sehr traurig, als du nicht da warst. Aber mach dir keine Sorgen, jetzt, wo

du zu Hause bist, wird alles gut sein."
Rugaye täuschte sich. Kabana wollte gerade ins Haus treten, als sein Vater zornig um die Ecke bog und sich vor ihm aufbaute. In seinem Zorn missachtete Pio Mulangu sogar eine der heiligsten afrikanischen Sitten: ohne Gruss und ohne freundliches Lächeln ging er direkt zum Thema über.
„Da bist du also. Was hast du denn diesmal für eine Ausrede?" Kabana suchte in Mulangus Gesicht vergeblich nach väterlicher Zuneigung. „Ich verpasste zwei Busse und einer fiel ...". Das Gesicht seines Vaters wurde noch finsterer. „Wegen verpassten Bussen kommt niemand drei Tage zu spät. Du trödelst immer und hast kein Verantwortungsgefühl", fuhr er ihn an.
„Das ist aber nicht alles ..." versuchte Kabana einzuwenden, doch sein Vater unterbrach ihn abermals.
„Ich habe dir schon vor Monaten, als du weggingst, gesagt, dass du sofort nach Schulschluss heimkommen sollst, um beim Kaffee und beim Ziegenhüten zu helfen. Und ich habe es bei meinem Besuch in der Schule wiederholt. Seit du in dieser Missionsschule bist, interessieren dich Kaffee und Bananen überhaupt nicht mehr. Jetzt hast du nur noch Bücher im Kopf!"
Kabana witterte eine Möglichkeit, mit seinem Vater zu diskutieren: „Früher warst du sehr glücklich über meinen Schulbesuch", sagte er. „Meinst du, ich sei es jetzt nicht mehr?" fragte Mulangu und seine Miene hellte sich ein wenig auf. „Eine europäische Ausbildung ist gut – aber sie allein reicht nicht, wenn jemand ein richtiger Afrikaner werden will. Du musst auch lernen, Aufgaben in unserem Dorf zu lösen – und zwar auf unsere Weise."
„Ich werde es versuchen. Ich will, dass du stolz auf mich bist, Vater."
Mulangu streckte seine Hand so weit aus, dass er seinen Sohn fast berührte, doch als Kabana erleichtert lächelte, wandte er sich ab und ging.
„Genug geschwatzt", meinte er noch. „Sobald du gegessen hast, gehst du ins Tal, wo der alte Lubega die Ziegen hütet.

Du wirst zu den Ziegen schauen, während er mit dem Kaffee auf den Markt geht."

Kabanas Mutter stand unter der Tür, um ihren Sohn zu begrüssen. Sie hatte sein Gespräch mit dem Vater gehört. Sie nahm seine beiden Hände in die ihren, da er aber noch kein Mann war, kniete sie nicht nieder. Auch was sie gehört hatte, erwähnte sie mit keinem Wort. Ihre lächelnden Augen begegneten den seinen fast auf gleicher Höhe, denn sie war klein und schlank. Um den Kopf trug sie ein blaues und rotes Tuch, ihr langes Kleid mit den bauschigen Ärmeln bestand aus mehreren übereinanderliegenden Röcken verschiedener Länge. Ihre Füsse waren verborgen. Der Säugling Twetesie schlief in dem Rückentuch, und von Zeit zu Zeit wiegte sie ihn sanft hin und her, indem sie abwechselnd die Ellbogen ganz leicht an seine Seiten stiess, wie ein Vogel, der mit seinen Flügeln schlägt. Die Mutter und Rugaye lächelten Kabana zu und versuchten, ihn aufzuheitern.

Nach dem Essen zog Kabana seine Schuhe aus, um sie für die Rückkehr in die Schule aufzuheben, nahm sein Buch unter den Arm und zog los. Er ging über den Pfad zur Strasse, überquerte sie und bog in den staubigen Weg ein, der in das Tal führte. Das Tal, das sich weit bis in die blauen Berge erstreckte, war gutes Weideland mit ein paar wenigen Bäumen und einigen hässlichen Flecken braunen Grases.

Die wilden Hunde

Kabana sass zwischen Felsblöcken, ganz in sein Buch vertieft. Um ihn herum grasten die Ziegen seines Vaters. Die Sonne senkte sich langsam gegen die Berge im Westen, und die Schatten im Tal wurden länger. Kabana beschloss, noch eine Seite in seinem Buch zu lesen, bevor er die Ziegen zusammentrieb, um vor Einbruch der Nacht das Dorf zu erreichen. Doch dann hörte er plötzlich das Geräusch eiliger Ziegenhufe auf Felsen und Geröll.

Kabana sprang auf und sah sich um. Instinktiv hob er seine

Hand, um die Ziegen daran zu hindern, in alle Richtungen davonzulaufen. Aber sie rannten ziellos weiter. Er war umgeben von verängstigten, blökenden Ziegen, die nicht mehr aufzuhalten waren. Wieder schaute er sich um. Trieben sich weiter oben in den Felsblöcken Diebe herum? Was hatte die Panik ausgelöst? Er konnte nirgends einen Leoparden entdecken – und Diebe liessen sich auch keine erblicken.
Kabana rannte zum nächsten Felsblock und kletterte hinauf, um eine bessere Übersicht zu haben. Seine Augen waren geblendet von der untergehenden Sonne, welche die hohen Felsen in grelles Licht tauchte. Mit einer Hand schirmte er die Augen ab. Was er sah, liess ihn erstarren: Drei riesige, hundeähnliche Tiere jagten unter den Ziegen umher! Für Koyoten waren sie zu gross und für Hyänen zu behend – es mussten wilde Hunde sein! Kabanas Atem geriet ins Stokken. Er hatte von wilden Hunden gehört. Sie sollen schon ganze Herden umgebracht haben.
In diesem Augenblick sprang einer der räudigen wilden Hunde auf den Rücken einer Ziege. Lange Zähne bohrten sich in den Nacken des stolpernden Tieres. Das wilde Blöken des Opfers verwandelte sich in einen klagenden Schrei, der allmählich in der abendlichen Stille verhallte. Kabana, der immer noch sein Buch in den Händen hielt, raste zu den Ziegen. Er hatte Angst, gleichzeitig aber wusste er, dass er irgend etwas unternehmen musste. Doch es war zu spät. Die Hunde hatten bereits zwei Ziegen getötet und schleppten sie weg. Zwei Hunde, die je eine Ziege im Rachen hielten, entfernten sich auf einem kleinen Pfad in die felsigen Hügel. Der dritte Hund folgte in einigem Abstand, als versuchte er, ihren Rückzug zu decken.
Nur mit seinem Buch bewaffnet nahm Kabana die Verfolgung auf. Als der letzte Hund seine Absicht bemerkte, drehte er sich um. Nach ein paar Schritten hielt die Bestie an, knurrte und sprang dann plötzlich auf Kabana zu. Ein durchdringendes Winseln drang aus dem fürchterlichen Rachen. Das Tier fletschte die langen, braun verfärbten, gefährlichen Zähne, von der zitternden, roten Zunge tropfte auf

beiden Seiten schaumiger Speichel. Kabana rann es eiskalt den Rücken hinunter.
Er schaute sich nach einer Waffe um – doch ausser einem kleinen Stein befand sich nichts ins Griffnähe. Den Hund nicht aus den Augen lassend, bückte er sich langsam und vorsichtig, um den Stein aufzuheben. Das war ein Fehler. Der Hund versuchte, auf seinen Nacken zu springen. Kabana sah das Unheil kommen. Er zog blitzschnell Arme und Hände hoch, um seinen Kopf zu schützen. Gleichzeitig schnellte er zur Seite. Dennoch vermochte er dem Hund nicht ganz auszuweichen. Der Aufprall warf ihn auf die Knie. Die Zähne des Hundes rissen seine Hosen und die Haut des Oberschenkels auf. Er spürte einen brennenden Schmerz. Das Tier flog an ihm vorüber, rutschte über einen Felsblock, fand das Gleichgewicht wieder und preschte talwärts davon.
Kabana achtete nicht auf die Wunde und jagte ebenfalls bergab, um die restlichen Ziegen zu schützen. Er durfte nicht zulassen, dass noch mehr von ihnen getötet wurden. Der wilde Hund wartete, bis Kabana ziemlich nahe war, drehte dann ab und verschwand in den Felsen. Kabanas Angst machte einem bitteren Schamgefühl Platz. Er musste zusehen, wie die Räuber mit ihrer Beute abzogen.
Wie würde er seinem Vater den Verlust zweier Ziegen erklären? Und dies, nachdem er eben versprochen hatte, ein pflichtbewusster Sohn zu sein, auf den man stolz sein konnte. Die erste Aufgabe, am ersten Tag zu Hause, endete als Misserfolg. Vielleicht hätte er die Gefahr früher erkannt, wenn er nicht gelesen hätte. Er umklammerte das Buch und machte es für sein Unglück verantwortlich.
Als er sich mit der Herde dem Dorf näherte, kam ihm sein Vater entgegen. „Nun wäre ich gerade losgezogen, um dich zu suchen", sagte er. „Beeil dich! Nach dem Nachtessen müssen wir in die Hütte des Häuptlings, um die Riten zu üben." Mulangu trug eine Laterne. Er drehte sich um und wollte auf die Häuser zugehen.
„Sebo – Herr."

„Ja?" fragte sein Vater und hielt inne.
„Hast du schon einmal wilde Hunde gesehen?"
„Wilde Hunde?" Mulangu kam näher und hob die Laterne, um seinen Sohn besser mustern zu können. Im flackernden Licht starrte er auf Kabanas verzerrtes und verschwitztes Gesicht. Er bemerkte, dass sein Sohn ausser Atem war, aber die zerrissene Hose und das Blut sah er nicht. „Was erzählst du da? Wilde Hunde? Bist du krank? Warum hast du eigentlich so lange gebraucht, um die Herde heimzubringen?"
Kabana umklammerte sein Buch. Seine Kehle war wie zugeschnürt, als er zu sprechen versuchte. Seine Stimme zitterte und es tönte nicht, als wäre er es, der sprach. „Die Ziegen wurden von wilden Hunden überfallen", stotterte er, „und zwei von ihnen wurden getötet."
Das Flackern der Laterne warf böse Schatten über Vaters Gesicht. Es drückte Schmerz, dann wilden Zorn aus. Schliesslich explodierte er. „So, wilde Hunde? Von wilden Hunden angegriffen und nur zwei Ziegen verloren? Du lügst!" Mulangu schlug zu und traf seinen Sohn mit dem Handrücken mitten ins Gesicht. Kabana fiel das Buch aus den Händen. Er taumelte. Sein Vater jedoch liess es damit nicht bewenden. Er kam näher und streckte ihn mit zwei weiteren Hieben zu Boden. „Lügner!" schrie er. „Ich sehe, was du getan hast — gelesen hast du und die Ziegen liefen dir einfach weg. Ein Löwe wird sie in der kommenden Nacht erwischen. Es würde mich nicht wundern, wenn wir beim Zählen feststellen, dass noch andere fehlen."
„Ich kann dir zeigen —" versuchte sich Kabana vom Boden aus zu rechtfertigen.
„Schweig, ich will nichts mehr hören. Wir werden nicht in den Kraal des Häuptlings gehen, heute nicht und überhaupt nie. Ich werde mit den Dorfältesten über das Fest sprechen. Du bist nicht fähig, ein Mann zu werden. Keiner meiner Söhne wird Schande über mich bringen durch seine Nachlässigkeit und Feigheit."
Brüsk drehte sich Mulangu um und ging auf die Ziegenkop-

pel zu. Das rote Licht seiner Laterne verschwand im Dunkel der Nacht.

Rugaye und Olewa

Kabana stand vor dem Haus. Er starrte vor sich hin und hing seinen Gedanken nach, als seine Schwester Rugaye zu ihm hinaustrat. Yuhi, Nguma und Yagunga würden jetzt unterwegs sein, zum Kraal des Häuptlings. „Wo bleibt eigentlich Vater?" wollte Kabana wissen. „Er ass nicht mit uns, und ich sah, wie Mutter ihm etwas Essen auf die Seite stellte."
„Er ging in ein anderes Dorf, um einen Hirten für die Ziegen zu suchen", antwortete Rugaye. In ihrer Stimme war nichts von einem Vorwurf zu hören. Im Gegenteil: Sie schien sich mehr um seine, als um ihre Sorgen zu kümmern. „Kabana, kannst du mir noch mehr von den Schwierigkeiten auf deiner Busreise erzählen?"
Er war froh über die Gelegenheit, all das, was er eigentlich seinem Vater hätte sagen wollen, jemandem mitteilen zu können. Die Worte sprudelten nur so aus ihm heraus. Rugaye unterbrach ihn nicht, und als er geendet hatte, sagte sie: „Ich habe gewusst, dass irgend so etwas passiert sein musste. Mutter sagte jeden Tag, dass du zur Zeit angekommen wärest, wenn es in deiner Macht gelegen hätte. Aber sorge dich nicht. Alles wird wieder gut. Wenn Vater erfährt, wie es gewesen ist, so wird er dich anders behandeln."
„Er sollte es von mir erfahren, aber es scheint, dass das nicht möglich ist — er hört mir einfach nicht zu."
„Er wird es schon erfahren", versicherte sie.
Kabana hatte seine Schwester gern. Er dachte daran, dass sie bald heiraten wollte. Ihr zukünftiger Mann wohnte in einem andern Dorf. Von Nguma, seinem Freund, hatte er erfahren, wie dieser Mann Rugaye und ihre Freundin Nabewe auf einer Landstrasse angetroffen hatte. Bakora sprach die beiden Mädchen nicht an — das wäre undenkbar gewesen — aber er

stieg von seinem Fahrrad und ging hinter den beiden her. Dabei hielt er immer einen grossen Abstand. So folgte er ihnen, bis er wusste, in welchem Dorf sie zu Hause waren.

Bakora sandte später einen Freund ins Dorf, um herauszufinden, ob Rugaye noch zu haben war. Als er von ihrem guten Herz, von ihrem Gehorsam den Eltern gegenüber und ihrer Geschicklichkeit hörte, ging er rasch zu seinem Vater und bat ihn, alles Nötige für eine Heirat zu unternehmen.

Die Onkel von Bakota kamen nach Ruti, erkundigten sich nach dem Haus von Mulangu, fanden es und schauten Rugaye bei der Arbeit zu. Als Vater nach Hause kam, fragte er die fremden Leute, was sie wünschten. Sie erklärten, dass sie im Auftrag von Bakora da wären – einem tapferen, starken und reichen Mann, in Wahrheit würdig eines so hübschen, freundlichen und arbeitsamen Mädchens wie Rugaye.

Pio Mulangu zeigte sich zuerst skeptisch: „Niemand ist gut genug für Rugaye", meinte er, halb im Spass. Aber schliesslich war er einverstanden, den jungen Mann auf der Strasse zu treffen; Bakora würde nicht wissen, dass er der Vater von Rugaye war. So kam er mit Bakora ins Gespräch. Er gefiel ihm und die Heirat wurde vereinbart. Ziegen wurden ausgetauscht und ein kleines Vorfest mit Wein und Bier abgehalten.

In den alten Zeiten, den Zeiten vor den Missionaren, hätte das Fest mehrere Tage gedauert, auf dem Höhepunkt hätte die Heirat stattgefunden: Kabana als ältester Sohn der Familie hätte seine Schwester auf seine Schultern genommen und sie Bakora übergeben. Jetzt aber, seit es die Missionen gab, würde er einfach mit Rugaye zu dem Haus gehen, in dem Bakora auf sie wartete. Dann, während draussen Flötenspiel und Trommelwirbel zu hören waren, würde er ihre Hand in die Bakoras legen.

Die Dorfältesten hatten mit der Kirche diesen Kompromiss vereinbart, weiter würden sie nicht gehen. Die Heirat wurde vom Vater arrangiert, aber der künftige Erbe des Hauses musste früh gewisse Pflichten übernehmen.

„Ich werde dich nicht nochmals enttäuschen, Rugaye", sagte er.
„Es ist schon gut", sagte sie. Dann, nach einer Weile, fragend: „Kabana?"
„Ja?"
„Sind es wirklich Hunde gewesen?"
Er wandte sich seiner Schwester zu. „Du weisst, dass ich in einer so wichtigen Sache nicht lügen würde. Ich muss etwas tun. Ich gehe jetzt zum alten Lubega."
Kabana verliess seine Schwester und ging in die Nacht hinein. Er durchquerte ein Maisfeld, fiel beinahe in den Bewässerungsgraben, der während der Regenzeit Wasser auffing, stolperte durch ein Bananenfeld und erreichte endlich Lubegas Hütte.
Der alte Hirte sah Kabana lange schweigend an. „Du hast die Trommeln gehört", sagte er endlich, „warum bist du nicht zu den Übungen gegangen?"
„Ich gehe nicht", sagte Kabana.
„Aber du *musst* gehen, es ist das Gesetz unseres Stammes: alle 13-jährigen Knaben müssen Männer werden."
„Lubega – ich – ich habe heute zwei Ziegen verloren."
Der alte Mann seufzte. Im Licht des flackernden Feuers sah er noch älter und verrunzelter aus. „Ja, ich weiss. Wilde Hunde, sagst du?" „Lubega, Vater glaubt mir nicht, aber es waren wirklich wilde Hunde."
„Weisst du auch, warum er dir nicht glaubt?"
„Er hat kein Vertrauen zu mir, er schämt sich für mich."
„Nein, das ist nicht der Grund. Wir alle kennen die wilden Hunde. Wilde Hunde kommen nie zu zweit oder zu dritt. Sie sind immer in Rudeln von zwanzig bis hundert unterwegs und sie folgen dem Wild. Jetzt ist Trockenzeit, das weisst du selber, jetzt halten sich die wilden Hunde in den feuchten Urwäldern auf."
„Aber ich habe sie gesehen, ich schwöre es."
„Warum hast du sie dann nicht getötet?"
„Womit hätte ich sie töten können?"
„Nun, mit deinem Stock. Hast du denn keinen Stecken bei

dir gehabt?"
„Nein, ich habe keinen Stock gehabt, und der Stein hat mir auch nichts genützt."
Lubega hob den Finger. „Du hättest einen Stock mitnehmen sollen. Bestimmt habe ich dir das einmal gesagt, denn es ist eine Regel, die alle Hirten befolgen."
„Lubega, ich war zu Tod erschrocken, aber ich hätte gekämpft, wenn ich etwas zum Kämpfen gehabt hätte. Aber dann hätten die Hunde womöglich noch mehr Ziegen getötet."
„Ja, ja, wenn du wirklich die Wahrheit sagst, dann weiss ich, was für Ängste du ausgestanden hast. Als ich ein Knabe war, habe ich die Hunde auch gesehen. Es waren ihrer viele, sie kamen die Hügel herunter und töteten eine meiner Kühe. Als ich meinem Vater davon erzählte, war er wütend und er glaubte mir kein Wort. Ich schwor mir, dass ich ihm einen toten Hund bringen würde. Am nächsten Tag tötete ich einen Hund mit meinem Stock und brachte ihn meinem Vater. Er konnte nicht abstreiten, was er mit eigenen Augen sah."
Kabana war ganz in Gedanken versunken. „Lubega, glaubst du, dass sie morgen die Ziegen wieder angreifen werden?"
„Es gibt keine andere Nahrung für sie in dieser Gegend."
Kabana dachte an seinen Vater, der einen neuen Hirten angestellt hatte. „Vielleicht werde ich gar keine Chance mehr haben", meinte er.
„Bist du sicher, dass du sie willst?" fragte Lubega müde.
Das Feuer brannte langsam nieder zwischen den Steinen und der Rauch stieg dichter zur Decke empor. „Bring einen Hund, dann wird dir dein Vater glauben." Lubegas Stimme war nun kaum mehr zu hören.
„Willst du ein Mann werden?"
Kabana nickte.
„Dann musst du Hunde töten."
Eine lange Stille lag zwischen ihnen. Lubega schlief. Kabana sass neben ihm, seine Hand unter dem Kinn. Nach einer Weile biss er die Zähne zusammen, hieb mit der Faust in die

geöffnete andere Hand, stand auf und ging nach Hause.

Er schlief nicht in dieser Nacht, und als er mit dem ersten Tageslicht aus der Hütte trat, spürte er den Wunsch, mit seiner Mutter zu reden.

Olewa Mulangu sass am Boden auf einer rotblauen Strohmatte. Sie hatte ein langes, farbiges Kleid an. Als Kabana sich bückte, um durch den niedrigen Eingang in die Küche zu gelangen, lächelte sie. Jetzt durfte er die Küche noch betreten. Später, als Mann, würde ihn hier keine Frau mehr gerne sehen, denn dieser Ort galt als schönes und heiliges Geheimnis einer richtig ausgebildeten afrikanischen Hausfrau. „Ein Ehemann soll nicht wissen, was seine Frau tut, um die Nahrung schmackhaft, das Bett weich oder das Heim gemütlich zu machen. Er soll nur das fertige Produkt sehen", hatte er oft seine Mutter zu Rugaye sagen hören. Kabana wusste, dass er dieses Privileg nur noch kurze Zeit geniessen konnte. Umso mehr wollte er die letzten Tage seiner Knabenzeit auskosten.

„Nimm", sagte Olewa und rollte für ihn eine Matte direkt neben der Tür aus. „Setz dich dorthin", sagte sie. „Der Rauch brennt dich dann etwas weniger in den Augen."

Sogar wenn Olewa arbeitete und nicht ihr schönstes Kleid anhatte, sah sie für Kabana wunderschön aus. Ihre schwarzen Haare waren kurz geschnitten − so wie es bei verheirateten Frauen in Ostafrika Mode ist. Ihre braunen Augen lachten stets und in ihren Wangen waren kleine Grübchen. Sie goss ihm warme Ziegenmilch in eine hölzerne Schale. Aus einem Topf über dem Feuer holte sie goldenen Hirsebrei. Alle ihre Bewegungen waren anmutig und schlossen ihren ganzen Körper mit ein. Kabana erinnerte sich an die Zeit, als er hinter ihr durch die Felder schritt und beobachtete, wie sie einen Wasserbehälter auf dem Kopf und einen andern unter dem Arm trug. Ihr Kopf mit dem Wassertopf bewegte sich nur ganz leicht, ihr Körper dagegen schwang hin und her − wie Bananenblätter im Wind. Er nahm seinen Holzlöffel und begann, den heissen Hirsebrei zu essen.

„Dein Vater hat im anderen Dorf keinen Hirten gefunden",

sagte sie. Kabanas Gesicht leuchtete auf.
„Soll ich in dem Fall mit den Ziegen auf die Weide gehen? Aber dann hätte mir Vater bestimmt etwas gesagt, meinst du nicht auch?"
„Keine Ahnung, das ist Männersache. Du wirst tun, was du für richtig hältst, aber pass auf, dass dir nichts geschieht. Nun musst du mir aber noch von deiner Reise erzählen – von all den Leuten und Dingen, die du gesehen hast."
Er erzählte ihr von seiner Reise. Sie hörte stumm zu und nickte nur ab und zu mit dem Kopf. Ein Lächeln huschte über ihr Gesicht, als er ihr schilderte, wie sie im Autobus sangen und ihnen die alten Leute dafür dankten. Als er aber vom Unfall berichtete, vom Bus, der in den Nil gestürzt war und wie er zwei Tage lang fast bewusstlos war und ihn das Malariafieber schüttelte, da kam Olewa zu ihm, begann seinen Kopf zu streicheln und sagte:
„Ai Bambe! Bambi, omwana wangye – Ich muss schon sagen, ich muss schon sagen, mein Kind."
Er wechselte das Thema und beschrieb, wie schön und jung Emoots Mutter war, und dass sie ihm fast wie ein Engel vorkam. „Dann muss sie ja noch hübscher sein als deine Mutter", neckte Olewa.
„Niemand ist hübscher als meine Mutter, und niemand kann so gut kochen wie sie", erwiderte er und schob den letzten Löffel Brei in den Mund.
„Es gibt auch keinen Knaben, der tapferer ist als mein Sohn", sagte sie darauf.
„Der kleine Twetesie – ist der schon tapfer?"
„Nein – ich meine dich, Kabana."
„Ich verstehe dich nicht." Er wurde verlegen, weil er nach seiner kürzlich erlittenen Niederlage dieses Lob nicht erwartet hatte.
Kabana rutschte auf seiner Strohmatte herum. Was war mit seiner Mutter los? Sie sollte ihn nicht loben. Ein Knabe oder ein Mann hat seine Pflicht zu tun, und seine Mutter hatte sich nicht einzumischen. Doch dann las er in ihren Augen und verstand, dass sie ihm zeigen wollte, wie sehr sie trotz

seinem Versagen an ihn glaubte. Für dieses Vertrauen war er ihr dankbar.
Als Kabana wieder draussen vor der Küche stand, wusste er nicht recht, was er nun tun sollte. Am besten warte ich, bis mein Vater zurück ist, dachte er. Er wird mir schon sagen, wo ich etwas helfen kann. In der Zwischenzeit erledigte er einige Arbeiten ums Haus.
Als Mulangu endlich auftauchte, ging er sofort zum Gehege, in dem die Ziegen unter der brennenden Sonne ungeduldig stampften. Dann ging er auf Kabana zu. Seine Augen blitzten — die erhobene Hand wirkte drohend.

Der tapfere Moja

„Warum hast du die Ziegen nicht auf die Weide geführt?"
„Ich wollte warten, bis du mir sagst ..."
„Warten? Worauf denn?" Vaters Gesicht wurde düster und zornig. „Muss man dir eigentlich immer alles sagen, bevor du etwas tust? Auf wen willst du dann warten, wenn du einmal die Verantwortung selbst tragen musst?"
Kabana streckte hilflos die Hände aus: „Lass es mich doch erklären ..."
„Keine Zeit zum Schwatzen", fuhr ihn Pio Mulangu an und schickte ihn weg. „Geh jetzt! Die Ziegen brauchen Nahrung. Vergiss nicht, am Wasserloch anzuhalten und sie trinken zu lassen." Vater holte sein Fahrrad aus dem Schuppen und fuhr den Weg hinunter. Im Anhänger rutschte ein Sack Kaffee hin und her.
Kabana zögerte nicht lange. Er holte die Ziegen und zog mit ihnen den Weg entlang gegen das Tal. Dann kamen ihm plötzlich die wilden Hunde in den Sinn. Er rannte zum Schuppen zurück, wo die Werkzeuge und die Jagdinstrumente standen. Unter all den Gegenständen las er sich einen Speer mit einer breiten und flachen Spitze aus — ein Fehler, den er als Mann nicht mehr machen würde. Während der Zeremonien würden sie ihn in all die Geheimnisse des

Kämpfens einweihen, und er würde dann wissen, dass bei solchen Speeren die Spitze leicht abbrach. Nachdem er einige Wurfbewegungen ausgeführt und den Schwerpunkt seines Speeres geprüft hatte, machte er sich auf den Weg.
Die Sonne stand fast senkrecht am Himmel, als Kabana mit den Ziegen und Moja, dem kleinen Hund seines Bruders Twetesie, den weit entfernten Grasplatz erreichte. Die Ziegen verteilten sich auf der flachen Weide und begannen zu grasen. Die Sonne brannte, und schattige Stellen gab es keine. Der kleine Moja rannte voraus, bellte und schnappte nach den Beinen der Ziegen, die sich zu weit von der Herde entfernten. Verschiedene Male hatte Kabana versucht, den Hund seines jüngeren Bruders zurückzuschicken, doch nach ein paar vergeblichen Anläufen gab er es auf. Vielleicht, dachte er, könnte Moja auch vor den wilden Hunden warnen, falls sie wieder auftauchen sollten.
Mehrmals warf er übungshalber seinen Speer. Diesmal würde er bereit sein! Er ballte die Fäuste und betete, dass die Hunde wieder angreifen möchten.
Kabana beobachtete die Felsbrocken auf den Hügeln, die sich am Rand der Weide gegen die naheliegenden Berge erhoben.
Einmal meinte er, das scheussliche Heulen der Hunde zu vernehmen. Er schaute auf und erwartete, dass sie zwischen den Felsblöcken auftauchen würden. Doch als er genauer hinsah, entdeckte er lediglich ein Zicklein, das einen Fuss in einer Felsspalte eingeklemmt hatte. Kabana befreite es, und das Zicklein rannte humpelnd zu seiner Mutter. Sollten die Hunde doch nicht kommen? Dann würde er seinem Vater nie beweisen können, dass es die wilden Hunde wirklich gab. Vielleicht waren es drei aus einem Rudel von zwanzig oder sogar hundert, wie Lubega vermutet hatte. Vielleicht befanden sie sich nur auf dem Durchweg. Kabana schüttelte nachdenklich den Kopf. Natürlich war er froh, dass nicht das ganze Rudel aufgetaucht war, denn in diesem Fall hätte er ohne Zweifel alle Ziegen verloren. „Ich hoffe nur, dass die drei noch in der Gegend sind", sagte er leise vor sich hin und

strich Moja über die zottigen Ohren. Der kleine Hund wedelte mit dem Schwanz und legte sich neben Kabanas Füsse.
Als der Abend hereinbrach, wurde Kabana unruhig. Jedesmal, wenn sich eine Ziege etwas zu weit entfernte, sprang er auf, rannte ihr nach und trieb sie schreiend zur Herde zurück. Moja folgte ihm auf den Fersen und beschnüffelte dabei den Boden. An der Stelle, wo Kabana von den wilden Hunden angefallen worden war und wo noch einige Blutflecken auf den Felsen zu sehen waren, blieb Moja stehen und spitzte die Ohren. Das Fell auf seinem Rücken sträubte sich. Moja bellte einige Male kurz und rannte dann zu Kabana zurück. Dieser versuchte der Fährte zu folgen, auf der die Hunde die gerissenen Ziegen weggeschleift hatten. Über eine gewisse Distanz war die Spur deutlich zu erkennen. In den Felsen jedoch verlor sie sich. Enttäuscht kehrte Kabana um. Da bemerkte er etwas Seltsames: fünf Ziegen hatten sich von der Herde entfernt. Sie frassen trockene Grasbüschel, hielten dabei aber oft inne und lauschten. Kaum zwanzig Meter von ihnen entfernt bewegten sich drei dunkle Gestalten auf sie zu. Die braunen und schwarzen Körper fügten sich so gut in das dürre Gras ein, dass sie sich nur durch ihre schleichenden Bewegungen von ihrer Umgebung abhoben.
Aber Kabana erkannte sie sofort. „Die Hunde!" schrie er und rannte, so schnell ihn die Beine trugen, auf die Ziegen zu. Auch Moja rannte los. Als die wilden Hunde sie bemerkten, schnellten sie in langen Sprüngen auf die Ziegen los. Sie sprangen auf die Tiere und töteten drei Ziegen, bevor Kabana und Moja sich ihnen nähern konnten. Knurrend und drohend standen sie über ihrer Beute, ihren tintenschwarzen Augen entging keine einzige Bewegung. Von den blutroten Kiefern tropfte schaumiger Speichel. Ihre Muskeln spannten sich zum Angriff.
Kabana bemerkte, wie sehr Moja in Gefahr war. Er versuchte ihn zu retten. „Moja", schrie er, „Moja, komm zurück". Aber der tapfere kleine Hund war nicht mehr zu bremsen.

Mit steil aufgerichtetem Schwanz und wildem Bellen lief er auf die Hunde los.

Der grösste Hund mit einem schmutzigen, schwarzbraunen Pelz griff zuerst an. Er packte den kleinen Moja im Nacken und schleuderte ihn in die Luft. Kabana hörte, wie sich das Bellen des Hundes in einen schrillen Schrei verwandelte, der abrupt abbrach, als der kleine Körper zwischen den drei Bestien landete, die ihn wild zerrissen. Kabana stach mit seinem Speer um sich, verfehlte jedoch sein Ziel. Die Hunde wichen aus. Zwei zogen sich in die Felsen zurück, liessen ihre Beute jedoch nicht aus den Augen. Der dritte stürzte sich wieder in die Herde. Kabana musste sich auf einen seiner Gegner konzentrieren. Er verfolgte denjenigen, der die Herde bedrohte, doch das Tier blieb immer ausserhalb der Reichweite seines Speers. Als der wilde Hund auf einem Felsvorsprung stehenblieb, entschloss sich Kabana zum Wurf. Doch er war zu aufgeregt, und der Wurf missriet. Er schüttelte sich vor Zorn und Enttäuschung. Er war böse über sich selbst, vor allem darüber, dass er den Speer hatte fahren lassen, denn schon als sein Arm nach vorne schnellte, wusste er, dass er nicht treffen würde.

Als er den Speer aufhob, stellte er fest, dass die Speerspitze abgebrochen war. Entmutigt setzte er sich auf eine Felsplatte. Verzweiflung überkam ihn. Nun war alles hin. Er hatte nichts ausrichten können – und dazu war der Hund seines kleinen Bruders tot. Was würde er seinem Vater sagen? Und wie sollte er seinem kleinen Bruder Twetesie Mojas Tod erklären? Wie konnte er seiner Schwester Rugaye je wieder ins Gesicht blicken? Seine Gedanken flogen wirr durcheinander. Er sah die blutverschmierten Schnauzen der Hunde vor sich – und dann wieder das zornige Gesicht seines Vaters. Sicher würde ihn sein Vater wieder schlagen. Er hatte es ja auch verdient. Ohne ein Wort zu sagen, würde er die Strafen hinnehmen.

Jetzt hätte er alles darum gegeben, ein Stammeskrieger zu sein. Alles würde er auf sich nehmen, auch die Schläge, wenn er nur seines Vaters Stolz erringen könnte.

Zerknirscht sass Kabana auf dem Felsen. Die Sonne ging unter. Er sah, wie die Hunde die getöteten Ziegen holten.
„Irgendwie muss es einen Weg geben, sie zu besiegen", fuhr es ihm immer wieder durch den Kopf. Und er wurde sich bewusst, wie sehr er hin- und hergerissen wurde zwischen der europäischen und der afrikanischen Art zu leben. Irgendwie musste er das Gefühl für das Dorf wieder finden – das Gefühl der steten Gefahr als Tatsache, die es hinzunehmen galt.
Gleichzeitig dachte er an die glückliche Zeit, in der er hier als Kind gespielt hatte – zusammen mit Yuhi. Während sie in den Felsen herumtollten, hütete der alte Lubega im Tal unten die Ziegen. Plötzlich kam ihm ein altes Versteck in den Sinn, in das sie sich jeweils verkrochen hatten, wenn ein Gewitter sie überraschte. Und plötzlich wusste er, wo die Hunde zu finden sein würden. Und er wusste, was er tun musste, um sie zu besiegen. Hilfe war von niemandem zu erwarten. Er musste es allein tun.

Die Hundehöhle

Als erstes trieb er die Ziegen zusammen. Die meisten von ihnen hatten sich bereits von selbst in Richtung Wasserloch auf den Weg gemacht. Er musste hart arbeiten, bis er die Herde wieder beieinander hatte. Als die letzte Ziege im Dorf war, machte er kehrt und rannte ins Tal zurück. Er spürte, wie vor Aufregung das Blut in seinen Schläfen pochte. Er atmete in kurzen Stössen. Er war müde, doch er verlangsamte sein Tempo nicht. Er wusste, dass er nie mehr mit den andern essen, schlafen, lachen oder spazieren konnte, bevor diese Angelegenheit nicht erledigt war.
Als er den felsigen Abhang erreichte, wo die Hunde verschwunden waren, war es schon fast dunkel. Er folgte der Blutspur, die die Hunde auf ihrem Weg hinterlassen hatten – bis er unter seinen Füssen scharfe Felsbrocken spürte. Die Blutflecken waren nur noch schwer erkennbar, doch es ge-

lang ihm, der Spur zu folgen. Nachdem es ganz dunkel geworden war, konnte er kaum noch etwas sehen. Vor ihm lag eine steile, dunkle Wand. Zum Glück kannte er die Gegend von früher, er und seine Freunde hatten hier oft gespielt und dabei entdeckt, dass die Ziegen jeweils hierhin kamen, um von den Felsen Salz zu lecken. Am meisten Salz fanden sie in vier oder fünf kleinen Höhlen, die gerade tief genug waren, um Menschen vor einem Gewitter zu schützen.
Bei jedem Höhleneingang hielt Kabana inne, um mit seinem Speer das Höhleninnere abzutasten. Die zweite Höhle war etwas tiefer als die erste. Er warf Steine hinein und horchte, wie sie aufschlugen. Er konnte nichts Aussergewöhnliches feststellen.
Aus der dritten Höhle schlug ihm fürchterlicher Gestank entgegen. Er musste den Kopf zur Seite drehen und nach Luft schnappen. Er hielt sich die Nase zu und versuchte, ins Höhleninnere zu spähen. Der Gestank benebelte ihn. Es roch nach verwestem Fleisch. Er strengte seine Augen an, konnte aber nichts erkennen. Es war zu dunkel im Innern. Er wusste nicht, ob die Hunde drin waren oder nicht. Doch plötzlich spürte er irgendwie, dass da im Dunkeln etwas sass, das ihn anstarrte. Ein eiskalter Schauder lief ihm über den Rücken. Er fühlte sich allein und hatte Angst. Er hob den Speer. Da – aus der Höhle war ein kurzes Heulen zu vernehmen. Jetzt konnte es keine Zweifel mehr geben.
Er versuchte, seine Angstgefühle zu überwinden. Er wusste, was er zu tun hatte – und er arbeitete rasch. Zuerst suchte er dürres Gras und Äste zusammen. Dornen stachen ihn in die Finger. Überall unter seinem Hemd juckten ihn trockene Grashalme. Einmal hätte er in der Dunkelheit beinahe den Rückweg zur Höhle verpasst. Er stolperte und fiel gegen einen Felsen, doch er machte weiter, bis er zwei grosse Haufen dürres Gras und Äste beieinander hatte. Den einen Haufen schichtete er direkt vor dem Eingang zur Höhle auf, den zweiten in einem Halbkreis um den ersten.
Als alles bereit war, kam ihm in den Sinn, dass er ja gar keine Zündhölzer auf sich trug. Sein Mut sank. Aber irgendwie

musste es gehen. Er hatte zwar noch nie selbst versucht, durch Reiben von Steinen oder Holz ein Feuer zu entfachen – doch sein Vater hatte es ihm erklärt.

Nun musste er also noch Steine sammeln. Er schichtete sie neben dem trockenen Gras, das er zusammengetragen hatte, auf. Dann schlug er zwei Steine gegeneinander. Die Funken stoben, aber sie vermochten das Feuer nicht zu entzünden. Er versuchte es mit einer etwas grösseren Felsplatte, auf die er etwas dürres Gras legte. Als er diesmal einen Stein auf die Platte sausen liess, konnte er keine Funken mehr sehen – dafür stach ihm der Geruch von Rauch in die Nase. Er schlug wieder und wieder, bis schliesslich eine richtige Flamme aus dem Gras züngelte.

Rasch nährte er die kleine Flamme. Zuerst mit Strohhalmen. Später schichtete er dicke Äste und dornige Zweige darauf. Als das Feuer richtig brannte, und Kabana sicher war, dass es nicht mehr ausging, nahm er ein Bündel Stroh und zündete es wie eine Fackel an. Damit steckte er den Holzhaufen vor dem Höhleneingang in Brand. Als das Feuer um sich griff und die Flammen höher wurden, warf Kabana grüne Akazienzweige darauf. Sofort entstand eine qualmende Rauchwolke, die er mit einem Fächer aus Stroh in die Höhlenöffnung trieb. Als der Rauch immer dichter wurde, war aus der Höhle ein kurzes Gewinsel zu hören. Kabana versuchte, etwas zu sehen, doch ohne Erfolg. Ihm schien, als käme das Knurren immer näher zum Höhleneingang. Er wusste, dass es die Hunde in diesem Rauch nicht mehr lange aushalten konnten. Er bereitete sich für den Angriff vor. Nun zündete er den zweiten Halbkreis von Ästen an. Er wollte ganz sicher sein, dass die Hunde nicht entfliehen konnten, wenn sie aus dem Höhleneingang auftauchten. Dann nahm er wieder den Strohfächer, um möglichst viel Rauch ins Höhleninnere zu treiben.

Im Licht des Feuers konnte Kabana sehen, dass sich in der Höhle etwas bewegte. Plötzlich sah er Augen, die ihn wie glühende Funken anstarrten. Er schürte das Feuer, indem er mit seiner Speerspitze in der Glut herumstocherte. Kabana

wurde ungeduldig. Da nahm er den grössten brennenden Ast, den er finden konnte, und schleuderte ihn in die Höhle. Sofort war ein schmerzvolles Jammern zu hören. Der Geruch von verbranntem Pelz drang aus der Höhle.
Kabana hatte kaum Zeit, sich vorzubereiten, als schon ein glühendes Augenpaar aus der Höhle geschossen kam. Er trat einen Schritt vorwärts, den Speer in beiden Händen. Kräftig stiess er zu. Die Waffe zitterte leicht, als sie ins Fleisch des wilden Hundes eindrang. Als er das Geräusch brechender Knochen hörte, hielt er inne. Dann stiess er wieder zu – und noch einmal. Dann schaute er, schwer atmend, auf den Hund, der vor ihm lag. Blut strömte über sein strähniges Fell. Da! Ein Knurren hinter ihm. Rasch drehte er sich um – aber er hatte zu lange gewartet. Die beiden Hunde sprangen fast gleichzeitig aus der Höhle und schlugen ihn beinahe zu Boden. Beide griffen ihn gleichzeitig an. Er versuchte, das Gleichgewicht zu halten. Einem Hund war es gelungen, sich an seinem Arm festzubeissen. Stechender Schmerz durchlief seinen Körper. Der andere Hund hatte sein Bein erwischt, schüttelte den Kopf hin und her und versuchte, ihn nach hinten zu reissen.
Kabana verlor vor Schmerz fast das Bewusstsein. Er versuchte, mit dem Rücken gegen den Felsen zu kommen. Gleichzeitig schlug er wild auf den Hund ein, der sich in sein Bein verbissen hatte. Als er seinen Kopf erwischte, musste das Tier nachgeben. Verzweifelt versuchte Kabana, den zweiten Hund loszuschütteln. Er begann, sich um die eigene Achse zu drehen, hob dann den Hund an seinem Arm etwas in die Luft und liess ihn gegen eine scharfe Felskante prallen. Der Hund liess los. Nun hatte er sich von beiden Bestien befreit. Nicht für lange, denn die beiden Hunde griffen sofort wieder an. Sie lauerten auf beiden Seiten, wobei sie mit den entblössten Zähnen wild fletschten. Sie lauerten auf den günstigsten Moment, um ihm an die Gurgel zu springen. Kabana dagegen stach jedesmal zu, wenn er sah, dass die Hunde zum Sprung ansetzen wollten. Er liess die Hunde nicht aus den Augen, und als eine der beiden Bestien doch sprang,

stiess ihr Kabana den Speer in die Seite. Vom Speer durchbohrt sackte das Tier zu Boden, der Speergriff ragte aus seiner Flanke heraus. Nun sprang der letzte Hund nach seiner Gurgel. Kabana hob den Arm, um sein Gesicht zu schützen. Wieder biss sich der Hund fest. Kabana spürte, wie ihm schwindlig wurde. Mit dem freien Arm versuchte er zuzuschlagen, doch der Hund zwang ihn in die Knie. Kabana war der Verzweiflung nahe. Er kämpfte plötzlich nicht mehr, um seinem Vater etwas zu beweisen oder um den Dorfbewohnern zu zeigen, dass er reif war, ein Mann zu sein. Er kämpfte um sein Leben. Er biss auf die Zähne, riss alle Kräfte, die er noch hatte, zusammen und zog sich wieder auf die Beine.

Langsam näherte er sich dem Feuer. Wenn er überleben wollte, musste er das Feuer erreichen. Zoll um Zoll zog er den Hund näher. Mehrere Male gelang es dem Hund fast, ihn wieder in die Knie zu zwingen. Ein zweites Mal wäre er kaum wieder hochgekommen. Nach einer Ewigkeit war er dem Feuer nahe. Mit letzter Kraft schwang er seine beiden Arme und den Hund in die zischende Glut des Feuers.

Sein Arm fühlte sich wie ein glühender Ast an. Schweiss rann ihm über die Stirne. Er roch das versengte Hundefell und spürte, wie die Zähne seinen Arm freigaben. Erschöpft fiel er gegen die Felswand – und sah noch undeutlich, wie der Hund talwärts davonraste und sich dabei immer wieder umdrehte und versuchte, die Flammen in seinem Pelz wegzubeissen. Kabana atmete schwer, sein Körper war voller Wunden und voller Blut, seine Kleider waren zerrissen. Vor seinen Augen wurde es schwarz.

Glückliche Zeiten

Als er wieder zu sich kam, war das Feuer bereits erloschen. Um ihn herum war es dunkel. Seine Zähne klapperten, alles tat ihm weh, doch seine Arbeit war noch nicht beendet. „Ich kann es", dachte er, „von heute nacht an bringe ich fast alles fertig."

Er untersuchte den Hund, den er im Kampf mit dem Speer durchbohrt hatte. Er war tot. Mühsam hob er das Tier auf seine Schultern. Erst humpelnd, dann immer schneller gehend machte er sich auf den Heimweg. Nun gab es in diesem Tal nichts mehr, das ihm hätte Angst machen können.
Als er nach dem Rückmarsch, der ihm unendlich lang erschien, in die Nähe seines Hauses kam, bemerkte er emsiges Treiben im Dorf. Er sah verschiedene Laternen. Vater hatte die Arbeiter von der Kaffeeplantage zusammengerufen, und sie wollten sich gerade aufmachen, um ihn zu suchen, als er in den Hof wankte.
Mulangu rief die andern Männer herbei. „Er ist gekommen! Da ist er!" Alle standen um ihn herum. Im Schein der Laterne redeten sie alle auf ihn ein. „Was ist denn passiert?" fragte einer der Männer. Kabana schaute seinen Vater an und mit einem Ruck liess er den schmutzigen Hund vor seine Füsse fallen. Die Männer rückten näher zusammen. Die Laternen formten einen Lichtkreis um den Vater und den Sohn. Mulangu starrte auf den Hund und leuchtete dann mit seiner Laterne in das blutverschmierte Gesicht seines Sohnes. Er sah die wüsten, klaffenden Wunden, dann trafen sich ihre Augen und für einen kurzen Moment sahen sie sich fest an. Dann verliessen Kabana die Kräfte. Er begann zu wanken und fiel zu Boden.
Mulangu fing ihn in seinen Armen auf. Olewa und Rugaye, die die erstaunten Rufe der Männer gehört hatten, kamen aus dem Haus gerannt. Olewa erblickte Kabanas blutverschmiertes und zerschundenes Gesicht. „Beeilt euch, bringt ihn herein", sagte sie und streichelte den Kopf ihres Sohnes. Und für einmal hatte ihre Stimme einen befehlenden Ton. Kabana kam bald wieder zu sich, und obwohl alle versuchten, ihn ruhig zu halten, wollte er ihnen alles erzählen.
„Die Hunde haben wiederum unsere Ziegen angefallen", sagte er, „aber ich erinnerte mich an die Höhlen, in denen Yuhi und ich jeweils spielten und ich war überzeugt, dass sie sich dorthin zurückziehen würden." „Ich weiss, ich weiss",

sagte sein Vater. „Du brauchst nicht zu sprechen. Ich verstehe alles."
Aber Kabana erzählte weiter und Mulangu hörte aufmerksam zu. Von Zeit zu Zeit lächelte er. Das beste Lächeln, das sich Kabana vorstellen konnte. Und Kabana sah noch etwas anderes – etwas, das ihn ganz besonders glücklich machte: Stolz! Auf dem Gesicht seines Vaters lag Stolz.
Olewa beugte sich über Kabana und behandelte die Wunde mit Kräutern, Puder und Öl, die sie rasch in Lubegas Hütte geholt hatte. Kabana fröstelte. Sein Vater bemerkte es sogleich und gab ihm Bananenschnaps zu trinken. Etwas später brachte Rugaye den kleinen Twetesie in den Raum. Beide setzten sich auf eine Matte und guckten voll Bewunderung auf ihren Bruder. Kabana schaute um sich, das Gefühl von Glück war stärker als die Schmerzen.
Während den darauffolgenden Tagen zeigte Mulangu, wie sehr er seinen Sohn liebte. Nach der Nacht, in der Kabana verwundet worden war, ging er nicht auf den Markt, sondern pflückte in der Nähe des Hauses Kaffee. Wenn Kabana aus dem Fenster schaute, konnte er den Vater sehen. Oft kam dieser zwischendurch ins Haus und erkundigte sich nach Kabanas Befinden.
Das ganze Dorf hatte inzwischen von der tapferen Tat Kabanas gehört. Die Dorfältesten entschieden, dass man das Männlichkeitsfest bis zu Kabanas Genesung hinausschieben wolle.
Als Kabana wieder stark genug war, um das Fest durchzustehen, nahm Mulangu den Speer, den er von seinem Vater erhalten hatte, und gab ihn Kabana.
„Für den neuen Mann", sagte er.
Kabana sagte nichts. Er war zu glücklich, um sprechen zu können.

Worterläuterungen

Kochbananen (engl. plantains)	(wissenschaftlich = Mehlbananen). Grüne, nicht süsse Früchte, die bis dreimal so gross sind wie die bei uns bekannten süssen Bananen. In vielen Teilen Afrikas stellen die Kochbananen ein Grundnahrungsmittel dar. So auch in Uganda, dessen Nationalgericht Matoke ist, ein Bananenbrei, der als Beilage gereicht wird wie bei uns Kartoffeln oder Teigwaren. Kochbananen werden auch über dem offenen Feuer geröstet. Auf dem Markt sind sie durchwegs teurer als die süssen Bananen.
Koyoten	Steppenwölfe, wilde Hunde
Kraal	Ursprünglich Umzäunung eines Dorfes oder der Hütten einer Familie. Wird gewöhnlich als Bezeichnung für das Dorf oder die Hütte selbst verwendet. In den traditionellen Gesellschaften hatten und haben noch immer wohlhabende Männer mehrere, oft viele Frauen – in den islamischen bis vier –, wobei jede Frau ihre eigene Hütte besitzt und ihren eigenen Haushalt führt. Der Mann verbringt der Reihe nach die gleiche Anzahl Tage bei jeder seiner Ehefrauen. Jede ist während dieser Zeit für sein Essen und sein Wohlergehen verantwortlich. In vielen Gesellschaften bereitet jede Frau für den Mann jeden Tag die Hauptmahlzeit und der Mann isst (gleichviel!) von jedem Gericht. Während der Mann für alles aufkommen muss, was Geld kostet, ist es Sache der Frau, die Grundnahrungsmittel anzupflanzen und zu betreuen. Jede Afrikanerin auf dem Land hat deshalb ihren Acker und ihren Garten, wo sie einen guten Teil des Tages zubringt. Nur was im eigenen Haushalt nicht verbraucht wird, trägt sie auf den Markt.
	Die erste und gewöhnlich älteste Ehefrau nimmt einen besonderen Platz ein. Sie wählt später die jüngeren Frauen für ihren Mann aus und steht ihnen zur Seite. Die Kinder aller Frauen eines Mannes betrachten sich als Geschwister; deshalb haben Afrikaner oft so viele Brüder und Schwestern. Unter dem Einfluss der Europäer, nicht zuletzt der Missionare, und neuerdings aus finanziellen Gründen, nimmt heute in Afrika die Einehe zu.
Männlichkeitsprüfung (Initiation)	In den traditionellen afrikanischen Gesellschaften werden Knaben und Mädchen sorgfältig auf ihre künftigen Rollen als Erwachsene vorbereitet. Mädchen lernen kochen, haushalten, Kinder- und Krankenpflege, Landwirtschaft (für den täglichen Bedarf der eigenen Küche), auf den Markt gehen etc. Die Knaben lernen den Anbau von Produkten für den Export (Kaffee, Kakao, Früchte, Baumwolle etc.), das Jagen und Fischen, die Tierzucht,

den Hausbau oder sie lernen ein Handwerk, zum Beispiel dasjenige des Schmiedes.

Zur Ausbildung der Kinder gehören aber auch die Kenntnisse der Künste, Sitten und Gebräuche des Stammes wie Kunsthandwerk, Tänze, Gesänge, geheime Riten, die Religion, die fast immer damit zusammenhängt, ferner die Geschichte des Stammes, alte Sagen und Märchen. Alle diese Kenntnisse werden während Jahren durch die Grossfamilie vermittelt. Gekrönt wird die Ausbildung durch das Fest der Initiation, bei dem die Knaben zu Männern erklärt werden. Unterricht und Initiation sind sehr verschieden von Stamm zu Stamm, von Region zu Region. Die Unterschiede hängen unter anderem auch davon ab, ob die Männer oder die Frauen die Erbfolge bestimmen und welches Geschlecht der Hüter der Tradition ist.

In manchen Stämmen verbringen Knaben und Mädchen vor der Initiation, die als rituelles Fest meist nur mit den Knaben veranstaltet wird, einige Zeit als Gruppe allein im Busch. In vielen Stämmen müssen die Knaben vor dem Fest Mutproben und Geschicklichkeitsprüfungen ablegen, die alle mit dem gefahrvollen und schwierigen Leben in Busch und Steppe zusammenhängen. Manchmal bekommen sie dann auch die Stammeszeichen in das Gesicht und den Körper eingebrannt. Nach der Initiation sind die Jugendlichen heiratsfähig.

Medizinmann	Einheimischer Arzt. Afrikanische Medizinmänner verfügen oft über umfassende Kenntnisse traditioneller Heilungsmöglichkeiten. Europäische Ärzte staunen über die Erfolge, die gut ausgewiesene Medizinmänner manchmal erzielen. Psychologische Kenntnisse spielen dabei eine wesentliche Rolle. Die Kunst der Medizinmänner ist geheim und wird nicht offen gelehrt. Der alternde Medizinmann gibt sein Wissen sorgfältig ausgewählten Jungen weiter. Manchmal übt der Medizinmann auch rein religiöse Funktionen aus. Er kann beispielsweise Mittler sein zwischen Lebenden und den Ahnen, die in der afrikanischen Vorstellungswelt eine wichtige Rolle spielen. Die Ahnen leben im Jenseits weiter und beeinflussen das Schicksal der Lebenden direkt. Erst lange nach der Ankunft der Weissen traten sogenannte Medizinmänner auch als Scharlatane auf und suchten ihre Umgebung zu betrügen.
Meile	1 Meile = 1,6 Kilometer
Mzungu	Europäer, Weisser
Stammeszeichen	Ein in die Haut eingebranntes Muster, das den betreffenden Mann als Angehörigen eines bestimmten Stammes

oder einer bestimmten Sippe ausweist. Stammeszeichen werden meist im Gesicht, selten am Rücken aufgetragen. Frauen bekommen keine Stammeszeichen. Das Einbrennen erfolgt mittels glühendem Eisen während des Männlichkeitsfestes. Es gehört zu den Mutproben der Initiation, dass die schmerzvolle Prozedur stumm ertragen wird. Heute sieht man in Afrika immer seltener Stammeszeichen. Wie die Initiation verlieren diese herkömmlichen Riten unter dem Einfluss der Weissen und der einheimischen Oberschichten, welche die europäische Lebensweise nachahmen, an Bedeutung. Viele moderne Afrikaner betrachten das Tragen von Stammeszeichen als rückständig.

ASIEN

Iran (Persien)

Einführung

Der 16. Januar 1979 wird in die Geschichte des Iran eingehen: Der Schah, Mohamed Reza Pahlavi, wird von seinem Volk verjagt, er reist ab ins Exil und kehrt nie wieder zurück. Im Juli 1980 stirbt er in Ägypten. Im Iran wird von der neuen Regierung die „islamische Republik" ausgerufen. Doch zweieinhalb Jahre später, im Juni 1981, trennen sich die Wege des Revolutionsführers Ayatolla Khomeini und seines Ministerpräsidenten Bani Sadr. Terror und Unterdrückung wüten wieder im Iran, für viele ist die Revolution zur bitteren Enttäuschung geworden ...
Es ist schwer, auf beschränktem Raum all die Vergehen darzustellen, deren sich der Schah und seine Leute schuldig machten. Soviel steht fest: Seine Interessen und die seiner Familie standen im Mittelpunkt, das Volk war ihm Nebensache. Schon einmal, 1953, war er aus seinem Land vertrieben worden. Doch der amerikanische Geheimdienst CIA organisierte und finanzierte einen Staatsstreich für den Schah, der wenige Tage später wieder auf dem Pfauenthron sass. Von nun an regierte er mit Hilfe eines korrupten Günstlingswesens und mit der berüchtigten Geheimpolizei Savak. In einem Vierteljahrhundert seiner Herrschaft sind rund eine halbe Million Menschen im Iran eingekerkert worden, mehrere zehntausend verschwanden, wurden gefoltert, getötet, verstümmelt. Fast ebensoviele verloren ihr Leben durch die „Ordnungskräfte" bei politischen Manifestationen.
Besessen vom Grössenwahnsinn wollte der Schah aus dem Iran die „fünftgrösste Militärmacht der Welt" und einen

modernen Industriestaat auf der Basis der Petrochemie machen. Das westliche Ausland, am iranischen Erdöl und am Iran als Waffenkunden interessiert, hofierte den korrupten Potentaten und schloss beide Augen vor den Greueln seiner Herrschaft. Für die Schweiz war der Iran der wichtigste Waffenkunde. Die Schweizer Waffenexporte hatten sich von 1974 auf 1975 verdoppelt, von 52,1 auf 118,7 Millionen Franken.

Die Geldschwemme, die 1973 durch eine Vervierfachung des Erdölpreises zustande kam, wurde nicht zur Verbesserung der Lage der Bevölkerung eingesetzt, sondern für eine fragwürdige Modernisierung des Landes, die eine Erhitzung der Wirtschaft, Abwanderung der Bauern in die Städte, wo der Boom lockte, die Zerstörung der Landwirtschaft, Inflation, Anstieg der Preise auch für Grundnahrungsmittel und zunehmende soziale Spannungen mit sich brachte.

Während der Schah sich als Erneuerer des Iran ausgab und eine „Agrarreform" ins Leben rief, bereicherte er nur sich und seine Sippe. Sein Volk hungerte, er und die Seinen lebten in Saus und Braus. Auf 19 Milliarden Dollar wurde sein Vermögen schliesslich geschätzt. Es lag auf den Banken des „sicheren" Auslandes, in der Schweiz, den USA, Israel.

Das Chaos wuchs, und in der zweiten Hälfte des Jahres 1978 kam es in der Hauptstadt Teheran und auf dem Land zu einer Protest- und Streikwelle, die nicht mehr abbrach. Führer der Opposition wurden die schiitischen Geistlichen, unter ihnen der in Frankreich im Exil lebende Ayatolla Khomeini. Ayatolla ist der Titel der frömmsten, gelehrtesten und weisesten unter den Schiitenführern. Der Schiismus ist in Iran Staatsreligion. Er ist eine Richtung innerhalb des Islams, die sehr stark den Kampf gegen das Unrecht und für eine gerechtere Welt verkörpert.

*

Zwei Wochen nach der Abreise des Schahs kehrte Ayatolla Khomeini im Triumph in den Iran zurück, eine neue Regierung in Übereinstimmung mit dem Ayatolla übernahm die Macht.

Darauf überstürzten sich die Ereignisse im Iran. Das Erbe des Schahregimes lastete schwer auf dem Land. Die Führer der islamischen Revolution wollten die Kontrolle über die Entwicklung wieder ins eigene Land zurückholen, doch waren vor allem das Funktionieren der Wirtschaft und der Armee vom Ausland und von ausländischen Experten abhängig. Vielen war es unter dem neuen Regime nicht mehr geheuer, sie reisten ab, liessen Lücken im Management hinter sich, die nicht zu schliessen waren. Ausländische Firmen schlossen ihre Büros, das Kapital wurde ins Ausland transferiert, Tausende von Betrieben und Fabriken konnten die Produktion nicht aufrecht erhalten, die Arbeitslosigkeit nahm zu und mit ihr kamen neue Unsicherheit, Angst, Not. Erschwert wurde diese Situation durch den Wirtschaftsboykott der USA und Westeuropas im Zusammenhang mit der Geiselaffäre — im Januar 1981 konnten 52 seit November 1979 festgehaltene amerikanische Geiseln das Land endlich verlassen — und durch den Krieg mit dem Irak seit 1980 um die ölreiche iranische Ost-Provinz Khusistan, welche der Irak für sich beansprucht.

Khomeini und sein Regime waren der Situation in keiner Weise gewachsen. Da waren auf der einen Seite die moralischen Ansprüche ihrer islamisch-schiitischen Religion und Kultur, die das Recht auf Besitz Gott vorbehält und das Wohl der Gemeinschaft ins Zentrum stellt, auf der anderen Seite die Zwänge des ererbten Kapitalismus und die eigenen Machtansprüche. Bald entwickelten sich innerhalb der neuen Führung zwei Richtungen: Die Radikalen, mit Khomeini und den Geistlichen an der Spitze, machten sich mit immer grösserem Fanatismus zu Anwälten eines reinen und starken Islam; die Gemässigten, deren bekanntester Vertreter Ministerpräsident Bani Sadr war, standen für eine flexiblere Politik ein.

Die Radikalen gewannen immer mehr Einfluss, den religiösen Führern gelang es, die Massen der Bevölkerung mit religiösen, moralischen, sittlichen und ideologischen Slogans „gegen den amerikanischen Imperialismus und seine Agenten" zu begeistern. Bewaffnete Kommandos entstanden neben der Armee, die Radikalen kontrollierten die Administration, die Universität, die Presse. Die Unterdrückung Andersdenkender nahm zu, immer mehr Menschen — darunter ganze Gruppen von Kurden und Angehörige der Baha'i-Religion — wurden verfolgt, gefangen, hingerichtet. Im Juni 1981 ging Ministerpräsident Bani Sadr in den Untergrund, um seinem Sturz zuvorzukommen, und Khomeini triumphierte.

*

Die Hoffnungen, die viele auf die iranische Revolution setzten, haben sich nicht erfüllt. Ein Terror-Regime hat das andere abgelöst. Auf die Savak, die Geheimpolizei des Schahs, folgte die Savama des Ayatolla Khomeini. Ein internes Elite-Corps, die sogenannten Pasadran, setzt das Schreckens-Regime des Diktators auf brutalste Weise durch. Amnesty International schätzt, dass seit 1979 mindestens 6'000 Iraner hingerichtet worden sind. Folterungen gehören zum innenpolitischen Alltag im Iran. Die Mullahs, die Geistlichen, haben ihre Machtpositionen gefestigt, jede organisierte Opposition ist zerstört. Religiöser Fanatismus beherrscht das Land, der Schiismus dient der Rechtfertigung einer gewalttätigen Herrschaft.
Besonders die Frauen haben unter ihr zu leiden. Tausende von Frauen sind aus ihren Stellungen in öffentlichen Ämtern gejagt worden, mehr denn je herrscht der Zwang zum Schleiertragen. Der Anteil der Studentinnen ist auf 10 Prozent gesunken, an den Universitäten müssen sie ihre Fragen an den Professor in schriftlicher Form vortragen. Frauen haben viel weniger Rechte als Männer, sie gelten schlicht als minderwertig.

Der Krieg gegen den Irak kostet den Staat jeden Monat über eine Milliarde Dollar. Er wird aus den Erdöl-Einnahmen – 1983 20 Milliarden Dollar – finanziert. Das Geld ist da, aber die Wirtschaft verrottet. Viele Familien haben ihre Väter und ihre Söhne verloren. Hunderttausende starben bereits im „Heiligen Krieg". Der Lebensstandard geht massiv zurück. Im August 1984 kostete 1 kg Reis 500 Rial (ca. 15 Franken), 1 kg Kartoffeln 400 Rial (ca. 12 Franken). Wen wundert es, dass die Mehrheit der Iraner kriegsmüde ist? Die religiösen Parolen zünden nicht mehr, zu gross ist die Last, welche die fanatischen, machtgierigen, hemmungslosen Anführer dem Volk aufgebürdet haben.

*

Betrachten wir den Iran auf der Landkarte, dann fällt auf, dass er grösstenteils aus dem iranischen Hochland besteht, das von Randgebirgen eingeschlossen ist. Diese senken sich gegen das Kaspische Meer und den Persischen Golf zu den Küstengebieten des Iran. Das Klima dieses bis 1'600 m hohen Plateaus ist im Sommer extrem heiss und trocken und im Winter extrem kalt. Deshalb besteht mehr als die Hälfte des Landes aus Wüsten und Steppen, die überhaupt nicht, oder nur spärlich, von Nomaden und deren Schafherden bewohnt sind. Für Ackerbau sind die Niederschläge nur in den nördlichen Tieflandgebieten ausreichend, weshalb sich die Bevölkerung im Nordwesten und in einigen Städten konzentriert. Von den 42 Millionen Persern leben 40 Prozent auf dem Land. Die Bevölkerung ist aus verschiedenen Volks- und Stammesgruppen zusammengesetzt; neben zwei Dritteln Persern, Kurden und Belutschen leben im Iran Osttürken, Araber, Armenier, Afrikaner, Inder u.a. 60 Prozent der Iraner sind unter 20 Jahre alt.

Für Kinder besteht eine sechsjährige Schulpflicht. Doch wegen Lehrermangel dauert der Schulbesuch in den Städten nur vier Jahre und auf dem Lande noch weniger. In keiner Statistik ist die hohe Zahl der arbeitenden Kinder unter zehn

Jahren angegeben, die vor allem in der Teppichknüpferei und in der Landwirtschaft arbeiten.

*

Die Stadt Teheran, in der unsere Geschichte spielt, ist in einen reichen Norden und einen armen Süden geteilt. Ungefähr sechs Millionen Perser, rund ein Siebtel der Bevölkerung, leben in Teheran. Unter dem Schah-Regime wohnten die reichen In- und Ausländer in prächtigen Villen oder teuren Appartements an den kühlen Hängen des Damawand-Berges innerhalb von herrlichen Gärten mit Swimming-Pools. Den Sommer pflegten sie in Europa zu verbringen, wo das Leben billiger ist. Im Süden der Stadt leben dichtgedrängt hinter fensterlosen Mauern und Fassaden die Armen, unter ihnen viele Zuwanderer vom Lande, die zunächst bei ihren Familienangehörigen Unterschlupf finden. Die Chancen, Arbeit zu finden, sind gering. Teheran erstreckt sich über gut 30 Kilometer. Durch die Strassen rollt ständig ein rücksichtsloser Verkehr. Über der Stadt lagert eine Glocke von Abgasen, die das Atmen im Zentrum und im Süden schwierig macht.

*

Der Verfasser von „24 Stunden Wachen und Träumen", Samad Behrangi, soll angeblich Selbstmord begangen haben. Er wurde tot aus einem Fluss gezogen. Ein anderer Schriftsteller, Karimpur Schirazi, soll sich (ebenso angeblich) nach den Verhören in seiner Zelle verbrannt haben. Ende 1973 veranlasste das Schah-Regime eine breite Kampagne gegen Schriftsteller und Künstler, die mit einem Prozess gegen zwölf von ihnen begann: Man warf ihnen vor, die Entführung der Schahfamilie geplant zu haben. Dies, obwohl einige von ihnen seit Monaten im Gefängnis sassen. Der Prozess endete mit zwei Erschiessungen, die als Warnung an alle Intellektuellen gelten sollten. Einer der beiden Toten war der

Dichter Nasser Golsozhi, der inzwischen vom persischen Volk als Held verehrt wird.

Samad Behrangi

24 Stunden Wachen und Träumen

Wenn ich alles, was ich in Teheran erlebt habe, erzählen wollte, müsste ich gleich ein paar Bücher schreiben und würde vielleicht meine Leser ermüden. Ich beschränke mich lieber auf die Schilderung der letzten 24 Stunden meines Aufenthaltes in Teheran. Vorher muss ich allerdings schnell noch erzählen, wie mein Vater und ich überhaupt nach Teheran gekommen sind.
Ein paar Monate lang war mein Vater arbeitslos. Am Ende musste er meine Mutter und meine Geschwister in unserer Heimatstadt zurücklassen, um in Teheran Arbeit zu suchen. Mich nahm er mit. Wir wussten, dass viele Leute aus unserer Stadt in Teheran Arbeit gefunden hatten. Das machte meinem Vater Mut. Einer hatte zum Beispiel einen Eisstand aufgemacht. Ein anderer kaufte und verkaufte gebrauchte Kleider und Anzüge. Ein dritter verkaufte Orangen auf der Strasse. Mein Vater trieb einen alten Karren auf, schob ihn von Haus zu Haus und verkaufte Zwiebeln, Kartoffeln, Gurken. So konnten wir uns am Leben erhalten und meiner Mutter etwas Geld schicken. Manchmal ging ich mit meinem Vater mit, meistens trieb ich mich aber auf den Strassen herum und traf meinen Vater erst am Abend, jedes Mal an einem anderen Platz. Ab und zu verkaufte ich Kaugummi und Horoskope. Aber jetzt zu meiner Geschichte.
An jenem Abend war ich mit Ghassem, mit dem Sohn der Losverkäuferin Zivar, mit Hossein und noch zwei anderen zusammen, die wir auf den Stufen vor der Landeszentralbank getroffen hatten. Während wir vier auf den Stufen sassen und uns überlegten, wohin wir diesmal würfeln gehen sollten, kamen zwei andere dazu und setzten sich neben uns. Sie waren grösser als wir. Einer war auf einem Auge blind,

der andere hatte ein Paar neue schwarze Schuhe an. Aber sein Knie, das man durch das Loch im Hosenbein sehen konnte, war ganz schön dreckig. Wenn man nicht gerade auf die Schuhe schaute, dann war der noch viel zerlumpter als wir.
Wir vier warfen abwechselnd einen Blick auf die Schuhe, dann schauten wir uns gegenseitig an. Klar, dass das ein Schuhdieb war! Er merkte, dass wir ständig auf seine Schuhe starrten, und sagte: „Was ist denn los? Habt ihr noch nie neue Schuhe gesehen?" Sein Freund sagte: „Lass die, Mahmud! Du siehst doch, dass denen der Arsch im Freien steht. Woher sollen sie denn neue Schuhe kennen!"
„Du hast recht", antwortete Mahmud, „ich Idiot! Ich seh die barfuss durch die Scherben stolzieren, und da frag ich sie nach neuen Schuhen!"
„Nicht jeder hat so einen reichen Vater", sagte der Einäugige, „der mit dem Geld so um sich schmeissen und seinen Kindern neue Schuhe kaufen kann."
Dann lachten die beiden unverschämt. Wir waren eingeschnappt. Ich stand auf und sagte: „Mahmud, du bist ein Dieb. Gib zu, dass du die Schuhe geklaut hast!"
Die lachten nur. Der Einäugige stiess mit dem Ellbogen seinen Freund an: „Siehst du, was hab ich gesagt?"
Ein paar Autos in prächtig glitzernden Farben waren am Strassenrand geparkt. Sie standen so dicht hintereinander, dass es aussah wie eine einzige bunte Metallmauer. Ein roter Wagen, der direkt vor mir geparkt hatte, fuhr weg, es entstand eine Lücke, durch die ich auf die Strasse sehen konnte.
Der starke Verkehr auf der Fahrbahn, Personenwagen, Taxis und Omnibusse, die dicht und langsam hintereinanderfuhren, machte ohrenbetäubenden Lärm. Es sah so aus, als ob die Autos sich gegenseitig anstiessen und anbrüllten. Ich glaube, Teheran ist die belebteste Stadt der Welt und diese Strasse ist die belebteste von Teheran.
Der Einäugige und sein Freund konnten sich vor Lachen kaum halten. Ich wartete nur auf eine Gelegenheit, endlich loszuhauen und mit dem Streit anzufangen. Gerade hatte ich

einen sehr guten neuen Ausdruck gelernt, und ich suchte immer eine Gelegenheit, ihn anzubringen. Hoffentlich schlägt der Mahmud gleich zu, dann werde ich plötzlich wütend und sage: „Was, du schlägst mich? Gleich schneide ich dir mit dem Messer die Hoden ab." Also packte ich Mahmud am Kragen und sagte: „Wenn du kein Dieb bist, dann sag mir, wer hat dir die Schuhe gekauft!" Beide hörten mit dem Lachen einfach nicht auf. Mahmud schlug mir die Hand weg und sagte: „Setz dich mal wieder hin, Kleiner, verstehst du überhaupt, was du da sagst!" Der Einäugige mischte sich ein und verhinderte den Streit. „Jetzt abends braucht ihr doch keinen Streit mehr anzufangen! Wir haben doch schon unseren Spass!"

Aber wir vier wollten unbedingt unseren Streit haben, uns mit den beiden schlagen. Mahmud sagte zu mir: „Mein Lieber, wir wollen uns gerade heute abend nicht streiten. Wenn ihr unbedingt eine Tracht Prügel wollt, dann können wir sie euch morgen verabreichen."

Ein nagelneues Auto parkte vor uns. Ein Herr, ein Junge und eine Dame mit einem kahlgeschorenen weissen Pudel stiegen aus. Der Junge war ungefähr so gross wie mein Freund Ahmad. Er hatte eine kurze Hose an, weisse Kniestrümpfe und zweifarbene Sandalen. Seine Haare waren säuberlich gescheitelt und parfümiert. In der einen Hand hatte er eine weissumrandete Brille, in der anderen die Hand seines Vaters. Die Hundeleine hielt die junge Dame. Ihre Arme und Beine waren nackt. Als sie mit ihren hohen Absätzen an uns vorbeilief, liess sie einen angenehmen Duft zurück.

Ghassem nahm einen nassen Lappen und schlug damit, so stark er konnte, auf den Rücken des gescheitelten Jungen. Der Junge drehte sich um und rief: „Gesindel, halbstarkes!" Hossein antwortete wütend: „Hau bloss ab, du Muttersöhnchen!" Das war mein Stichwort, ich schrie: „Gleich schneide ich dir mit dem Messer die Hoden ab, Bürschchen!" Alle lachten über diesen guten Spruch. Der Vater zog den Jungen schnell in ein Hotel, das ein paar Schritte entfernt war.

Jetzt fielen wieder alle Blicke auf Mahmuds Schuhe. Mahmud verdrehte vornehm die Augen und sagte: „Phhh, was soll ich mit neuen Schuhen? Wollte ihr sie? Ihr könnt sie haben." Dann zu Hossein: „Komm, Kleiner, nimm die Schuhe, zieh sie an!" Hossein traute der Sache nicht. Mahmud reizte ihn weiter: „Warum sitzt du so da und starrst mich an! Willst du sie oder willst du sie nicht? Los, hol sie dir!" Da sprang Hossein auf, beugte sich herunter, um Mahmud die Schuhe auszuziehen.

Wir vier sagten kein Wort und warteten ab. Hossein packte Mahmuds Bein und zog an dem einen Fuss. Aber seine Hände rutschten ab, er fiel mit dem ganzen Schwung, den er hatte, zu Boden. Mahmud und der Einäugige lachten so laut, dass ich dachte, ihre Bäuche würden gleich platzen, wenn sie welche hätten. Hosseins Hände waren schwarz beschmiert mit Farbe. Der Einäugige stiess Mahmud dauernd den Ellbogen in die Rippen und sagte: „Haha, siehst du, was hab ich gesagt!" Der Abdruck von Hosseins Fingern blieb auf den schwarz bemalten Füssen von Mahmud zurück. Wir drei merkten jetzt erst, wie die beiden uns hereingelegt hatten. Wir hatten ja gar nicht richtig hingesehen! Das Lachen der beiden steckte uns dann doch an, wir mussten mitlachen. Hossein, der immer noch auf dem Gehsteig lag, rappelte sich zwischen den Beinen der Passanten auf, schaute uns eine Weile an, fing dann auch zu lachen an und hörte überhaupt nicht mehr auf. Die Leute warfen einen kurzen Blick auf uns, dann liefen sie weiter. Ich beugte mich zu Mahmuds Füssen, keine Spur von irgendwelchen Schuhen. Er hatte sich die Schuhe einfach auf die Füsse gemalt.

„Sollen wir jetzt mal zu sechst Würfel spielen?" fragte Mahmud. Ich hatte vier Rial. Ghassem verriet nicht, wieviel Geld er dabei hatte. Die beiden Schuhzauberer hatten fünf Rial. Und Zivars Ältester hatte einen Tuman. Hossein hatte überhaupt kein Geld. Ein paar Schritte neben der Bank gab es einen Laden, der gerade geschlossen hatte. Vor dem Eingang fingen wir an zu würfeln. Zuerst wurde ausgelost, wer das Spiel anfangen sollte. Zivars Ältester war dran.

Zwei schicke junge Männer kamen von rechts, Hossein stand auf und bettelte sie an: „Gib mir einen Rial, Herr, nur einen einzigen!" Einer der beiden stiess Hossein zurück. Hossein liess sich nicht abschütteln und bettelte weiter. „Nur einen Rial, Herr, nur einen kleinen! Was ist schon ein Rial!" Als sie an uns vorbeikamen, packte einer der beiden Hossein am Kragen und legte ihn wie ein Wäschestück über das Eisengeländer. Hosseins Kopf hing über der Fahrbahn, seine Füsse baumelten über dem Bürgersteig. Er strampelte, bis er herunterfiel. Von links kamen zwei Mädchen mit einem jungen Mann. Die Mädchen hatten wunderschöne Miniröcke an und gingen, eine links, eine rechts, neben dem jungen Mann her. Hossein rannte hin und rief einem der Mädchen zu: „Gnädiges Fräulein, bitte geben Sie mir einen Rial, Gott wird's Ihnen danken. Ich habe Hunger. Ein Rial, was ist das schon! Nur einen!" Das Mädchen beachtete Hossein überhaupt nicht. Hossein liess nicht von ihr ab. Da holte das Mädchen eine Münze aus ihrer Tasche und gab sie Hossein in die Hand. Freudestrahlend kam Hossein zu uns zurück und sagte: „Jetzt kann ich auch mitspielen!" Zivars Ältester fragte: „Wo ist dein Geld?" Hossein machte die Hand auf, darin glänzte eine 2-Rial-Münze. „Hast du wieder gebettelt", sagte Ghassem. Er wollte auf Hossein losschlagen, Mahmud liess es nicht dazu kommen. Hossein sagte nichts. Er quetschte sich irgendwo dazwischen. Ich stand auf und sagte: „Mit Bettlern spiele ich nicht!"
Ich hatte nur noch einen Rial. Drei von meinen vier Rials hatte ich schon verspielt. Mahmud, der ebenfalls verloren hatte, sagte: „Schluss mit der Würfelei! Spielen wir Bichdiwari!" Ghassem sagte: „Jetzt verdirb uns nicht das Spiel." Die anderen fragte er: „Wer ist dran?" Der Einäugige stimmte ihm zu: „Du kannst allein Bichdiwari spielen. Wir machen da nicht mit." Zivars Ältester zeigte auf Ghassem und sagte: „Mit dem kann man nicht würfeln. Der wirft immer fünf oder sechs. Spielen wir lieber Kopf oder Zahl." Hossein: „Einverstanden!" Mahmud: „Nein, wir spielen Bichdiwari!"

Die Strasse wurde langsam leer. Immer mehr Geschäfte machten zu. Gerade hatte jeder von uns eine Münze gegen die Wand geworfen, die Münzen lagen noch auf dem Boden, da rief Hossein: „Ein Bulle!" Der Polizist war mit dem Knüppel in der Hand etwa drei Schritte von uns entfernt. Hossein, der Einäugige und ich rannten weg. Mahmud und Zivars Ältester kamen hinterher. Als Ghassem die Münzen einsammeln wollte, bekam er Knüppelschläge auf den Kopf, er fing an zu schreien und rannte auch los. Der Polizist pöbelte hinter ihm her: „Lumpen, Spielerpack! Habt ihr denn keine Familie, kein Haus, keine Eltern!" Dabei sammelte er die Münzen auf, steckte sie in die Tasche und machte sich auf den Weg, um weiter die Ordnung zu hüten.

Als wir die Kreuzung hinter uns hatten, merkte ich, dass ich allein war. Das Grillrestaurant auf der anderen Strassenseite hatte schon zugemacht. Ich war also schon zu spät dran. Denn immer wenn an dem Grillrestaurant die Gittertür bis zur Hälfte heruntergelassen war, musste ich mich auf den Weg machen, um meinen Vater zu treffen. So schnell ich konnte, rannte ich durch die Strassen und über die Kreuzungen. Sicher schläft der Vater schon, sagte ich mir. Hoffentlich wartet er nicht auf mich. Nein, bestimmt schläft er schon. – Dann fiel mir der Spielzeugladen ein. Ob der auch schon zuhat? Niemand wird so spät abends noch Spielzeug kaufen. Wahrscheinlich haben sie auch schon mein Kamel hineingeschafft. Wenn ich doch nur noch einmal mit dem Kamel reden könnte! Sicher hat es schon vergessen, was wir gestern abend miteinander ausgemacht haben. Was mache ich, wenn es heute nacht nicht zu mir kommt? Ach was, es kommt bestimmt. Es war ja abgemacht, dass es mich durch ganz Teheran trägt. Auf so einem Kamel zu sitzen, muss ein tolles Gefühl sein!

Plötzlich hörte ich ein Auto bremsen, dann wirbelte ich schon durch die Luft. Jetzt ist es aus, dachte ich. Mir war aber nichts passiert. Als ich aufstehen wollte, steckte jemand seinen Kopf aus dem Auto und brüllte: „Hau ab, du Idiot!

Hast du keine Augen im Kopf!" Ich kam gerade zu mir, da sah ich eine alte, stark geschminkte Frau in dem Auto, neben ihr ein riesiger Hund. Sein Halsband schimmerte silbern. Ich dachte: Wenn ich nicht jetzt gleich etwas unternehme, zum Beispiel die Fensterscheibe des Autos einschlage, dann krieg ich vor Wut einen Starrkrampf und kann mich nie mehr von der Stelle bewegen! Die Alte hupte ein paar Mal und kreischte nochmal: „Hau ab, du Hurensohn!" Zwei andere Autos fuhren vorbei. Als die Alte gerade wieder ihren Kopf aus dem Fenster strecken wollte, um irgend etwas Dummes zu sagen, spuckte ich ihr eine gutgezielte Ladung Rotz ins Gesicht, schickte noch ein paar meiner besten Sprüche hinterher und rannte weg. Nach einer Weile setzte ich mich auf eine Treppe vor ein Geschäft, mein Herz klopfte.

Vor dem Eingang war die eiserne Gittertür heruntergelassen. Aber drinnen brannte noch Licht. Im Schaufenster lagen vielerlei Schuhe. Mein Vater hatte mir einmal gesagt: „Was wir in zehn Tagen verdienen, würde nicht reichen, so ein Paar Schuhe zu kaufen!" Ich lehnte den Kopf an die Gittertür und streckte die Beine weit von mir. Ich hatte ein komisches Gefühl im Magen. Mir fiel ein, dass ich den ganzen Tag noch nichts gegessen hatte. Und ich musste mir sagen, dass ich auch mit dem gleichen Gefühl schlafen gehen würde. Dann fiel mir wieder ein, dass ich ja heute abend mit meinem Kamel verabredet war.

Ich sprang auf und rannte los. Der Spielzeugladen hatte schon zugemacht. Aber die verschiedenen Stimmen und Geräusche der Spielzeuge waren noch zu hören. Die Eisenbahn ratterte über die Schienen und pfiff. Ein grosser, schwarzer Bär sass hinter einer Maschinenpistole, ballerte wild durch die Gegend und machte den hübschen Puppendamen Angst. Die Affen sprangen von einer Ecke in die andere, schwangen am Schwanz des Kamels hin und her, das Kamel schrie und fluchte. Der Esel mit den langen Ohren knirschte mit den Zähnen und gab komische Laute von sich. Die Puppen hatte er auf dem Rücken und sprang durch die Gegend. Das Kamel verharrte neben dem riesigen Wecker, als ob es auf jemand wartete.

Omnibusse und Personenautos fuhren die Puppen spazieren. Panzer, Gewehre, Pistolen und Maschinengewehre schossen auf Ziele, die ich nicht sehen konnte.

Das einzig Wichtige aber war mein Kamel. Mit einem einzigen kräftigen Huftritt hätte es den ganzen Laden durcheinanderschmeissen können. Es war so gross, dass es nicht ins Schaufenster passte. Tagsüber stand es auf der Strasse vor dem Laden und guckte sich die Passanten an. Jetzt stand es in der Ladenmitte, und die Glocken an seinem Hals klingelten. Ich wollte nur zwei Worte mit ihm wechseln, aber so sehr ich auch schrie, es hörte mich nicht. Schliesslich trat ich ein paar Mal gegen die Tür, um mich endlich bemerkbar zu machen, aber da zog mich jemand am Ohr. „Bist du verrückt geworden, Junge", sagte der Mann, „los, geh jetzt nach Haus!" Ich konnte nicht länger bleiben. Ich riss mich von der Hand des Polizisten los und rannte davon, weil ich ja auf keinen Fall zu spät kommen wollte.

Als ich bei meinem Vater ankam, waren die Strassen schon still und fast leer. Ab und zu fuhr ein Taxi vorbei. Mein Vater schlief auf seinem Handkarren. Wenn ich mich neben ihn legen wollte, hätte ich ihn wecken müssen. Ausser unserem standen noch ein paar andere Karren an der Mauer, die ihren Besitzern gleichzeitig als Bett dienten. Jene, die keinen Karren hatten, hatten sich in irgendeine Ecke verkrochen und schliefen auf der Erde.

„Bing, Bong, Bing, Bong, he Latif, wo bist du? Warum antwortest du nicht? Willst du nicht mitkommen? Hörst du mich nicht, mein Lieber? Ich bin das Kamel. Komm, setz dich auf meinen Rücken!"

Als das Kamel unter dem Balkon stand, kam ich aus meinem Bett geschossen und sprang gleich vom Balkon aus auf seinen Rücken. „Bin doch schon da, was schreist du noch!" Als ich richtig drauf sass, nahm es ein Stück Kaugummi hervor, gab mir die Hälfte ab und wir ritten los. Als wir ein gutes

Stück geritten waren, sagte das Kamel: „Deine Mundharmonika habe ich dir auch mitgebracht. Komm, spiel uns was vor!"
Ich nahm die schöne Mundharmonika und blies ganz fest hinein. Das Kamel begleitete meine Musik mit dem Gebimmel der Glocken, die an seinem Hals hingen. Dann schaute es mich an und fragte: „Latif, hast du schon gegessen?"
„Nein", antwortete ich, „ich habe kein Geld."
„Dann gehen wir erst mal essen", sagte das Kamel. In diesem Augenblick sprang ein weisser Hase von einem Baum herunter und sagte: „Heute abend seid ihr beide in meine Villa eingeladen! Ich geh und sag den anderen Bescheid."
Das Kamel fragte: „Weisst du überhaupt, was eine Villa ist?"
„Ist das nicht ein Kurort?" fragte ich.
„Nicht ganz", sagte das Kamel. „In den schönsten Gegenden bauen sich die Reichen Paläste und Luxushäuser, in denen sie sich erholen und ausruhen, wann immer sie wollen. Solche Häuser nennt man Villen. Zu diesen Villen gehören auch Swimmingpools, Springbrunnen, Gärten und Blumen. Ein Heer von Köchen, Dienern und Gärtnern macht die Arbeit. Einige von den Reichen haben sogar Villen im Ausland, zum Beispiel in der Schweiz und in Frankreich. Jetzt fliegen wir zu einer Villa im Norden der Stadt und erholen uns von dieser unerträglichen Hitze."
Als das Kamel das gesagt hatte, machte es einen Satz in die Luft und begann zu fliegen, als ob es Flügel bekommen hätte. Unter uns lagen die eleganten und sauberen Häuser. Kein Gestank von offenen Müllhaufen, keine Abgase in der Luft. Wie im Film zogen die Häuser und Strassen an uns vorüber. Schliesslich fragte ich das Kamel: „Sind wir denn noch in Teheran?"
„Wie kommst du darauf?" fragte es erstaunt.
„Weil die Luft hier so rein, die Häuser so gross und sauber sind", sagte ich.
Das Kamel lachte: „Du hast recht", sagte es, „Teheran besteht aus zwei Teilen, und jeder Teil hat seine Besonderheiten, der Süden und der Norden. Im Süden ist es dreckig, die

Luft ist voller Staub und Rauch. Im Norden ist es sauber. Im Süden fahren die alten kaputten Autobusse, qualmen die Ziegeleien, fahren die Dieselautos. Die meisten Strassen und Gassen sind noch nicht asphaltiert. Dann fliessen die ganzen Abwässer aus dem Norden in den südlichen Teil der Stadt. Es ist also der Stadtteil, in dem die Habenichtse und die Hungrigen leben. Im Norden dagegen wohnen die Reichen und Satten. Hast du je in Hassirahad, Naziabad oder in der Hadj Abdolmahmud-Strasse zehnstöckige Marmorhäuser gesehen? In solchen hohen Häusern, man nennt sie Hochhäuser, gibt es die schönsten Geschäfte, in denen die reichen Leute einkaufen. Mit ihren Luxusautos fahren sie vor, allein die Hunde, die sie dabei haben, kosten schon über tausend Tuman. Sowas kann man doch im Süden überhaupt nicht sehen. Dort siehst du nur Handkarren statt Limousinen, Baracken und Trümmer zum Wohnen statt Hochhäuser und Villen."
Ich war so hungrig, als hätte ich ein Loch im Bauch. Unter uns lag ein grosser Park, von farbigen Lichtern erleuchtet, kühl, wohlduftend, mit schönen Bäumen und Blumen bewachsen. In der Mitte stand ein palastartiges Haus, dahinter ein Wasserbecken mit glasklarem Wasser. Goldfische schwammen darin. Um das Wasserbecken herum waren viele Blumen gepflanzt. In einer Ecke waren Tische und Stühle aufgestellt. Wunderbare Speisen waren aufgetragen worden, allein von ihrem Geruch wurde man wahnsinnig vor Hunger. „Wir sind da", sagte das Kamel, „das Essen ist schon bereit."
„Wo ist denn der Hausherr?" fragte ich.
„Kümmere dich nicht darum", beruhigte mich das Kamel, „er liegt im Keller, gut gefesselt!"
Das Kamel setzte sich auf die farbigen Kacheln am Rand des Wasserbeckens, der Hase hatte uns schon erwartet, er nahm mich an der Hand und führte mich zu einem der Tische. Nach einer Weile trafen die Gäste ein. Die Puppen kamen in Luxusautos, einige stiegen sogar aus Flugzeugen und Hubschraubern, der Esel tanzte herum, die Schildkröten hingen

an den Schwänzen der jungen Kamele. Die Affen schlugen Purzelbäume, die Hasen sprangen schnell auf ihre Stühle. Es war ein tolles Fest. Beim Anblick der Speisen lief einem das Wasser im Mund zusammen. Gebratene Gänse, Hühnchen, gegrilltes Lamm, Reis und Gemüse, ausserdem viele, viele Speisen, die ich noch nie gesehen hatte. Obst lag da in Hülle und Fülle.

Das Kamel ging auf die andere Seite des Wasserbeckens und brachte alle durch ein energisches Zeichen mit dem Kopf zum Schweigen. „Seid willkommen", sagte es. „Aber wisst ihr auch, warum wir heute abend ein so grosses Fest veranstalten?"

„Zu Ehren von Latif", sagte der Esel. „Wir wollen, dass er sich einmal im Leben richtig satt essen kann." Der Bär mit dem Maschinengewehr sagte: „Latif besucht uns ja auch jeden Tag. Wir haben ihn alle gern." Der Leopard stimmte zu: „Genau. So wie Latif zu uns hält, halten wir auch zu ihm." Der Löwe sagte: „Es ist doch so: Die Kinder der Reichen kriegen uns sehr schnell satt. Jeden Tag kaufen ihnen ihre Eltern neues Spielzeug. Deshalb werfen sie uns gleich in die Ecke und lassen uns liegen, bis uns die Zähne und Späne herausfallen."

„Ich glaube nicht", sagte einer noch, „dass ein Monatsverdienst deines Vaters reichen würde, um auch nur einen von uns zu kaufen."

Einige Herren und Damen sassen an einem Tisch und assen sehr schnell. Ich glaube, es war das Dienstpersonal. Ich konnte mich jetzt auch nicht mehr halten, aber soviel ich ass, ich wurde nicht satt. Mein Bauch knurrte die ganze Zeit, so wie in den Zeiten, als ich hungrig war. Vielleicht träume ich nur, dachte ich. Deswegen werde ich nicht satt. Ich berührte meine Augen, beide waren offen. Mit offenen Augen kann man nicht schlafen, sagte ich mir. Warum werde ich nicht satt? Warum knurrt mein Magen andauernd? Ich lief um das Haus herum, mit der Hand strich ich über den Marmorstein, eine Menge Staub kam von irgendwoher und wehte mir ins Gesicht. Ich dachte, der Staub kommt vielleicht aus dem

Keller, und ging dorthin. Noch einmal blies mir eine Staubwolke ins Gesicht, ich musste niesen.
Was ist los, fragte ich mich, wo bin ich denn? Ich sah einen Strassenkehrerbesen, da traf mich schon eine Staubwolke. Träume ich? Nein, ich träumte nicht, ich sah den Karren meines Vaters, hörte das Hupen und die Motorengeräusche der Autos, in der Morgensonne sah ich die Häuser um den Platz herum. Also war ich wach! Der Strassenkehrer war nun an mir vorbeigelaufen. Staubwolken hinter ihm. Sein Besen hatte einen breiten Streifen auf den Bürgersteig gezogen. Also doch! Ich hatte alles geträumt. Das kann nicht sein! Aber klar! Mein Vater beugte sich über den Karren und fragte mich, ob ich noch schlafe. „Nein ... nein ...", antwortete ich. „Mit wem redest du denn? Komm rauf zu mir!"
Ich kletterte auf den Karren, mein Vater legte seinen Arm unter meinen Kopf, aber ich konnte nicht einschlafen. Ich hatte Hunger und presste meinen Bauch gegen die Seite des Karrens. Mein Vater merkte, dass ich nicht schlafen konnte. „Du bist gestern sehr spät gekommen", sagte er, „ich war sehr müde und schlief ein, bevor du kamst." „Kann ein Kamel sprechen oder fliegen?", fragte ich dann. „Natürlich nicht", sagte mein Vater. „Natürlich nicht", sagte auch ich, „schliesslich hat ein Kamel keine Flügel."
„Was ist mit dir los, mein Junge", fragte er, „jeden Morgen, wenn du aufwachst, redest du von Kamelen." Ich war mit meinen Gedanken schon woanders und sagte: „Es ist schon wunderbar, Geld zu haben! Alles kann man essen und sich kaufen, alles, was man sich wünscht!"
„Sei nicht undankbar", sagte mein Vater. „Gott weiss, wer arm und wer reich sein soll." Das sagte mein Vater sehr oft. Als die Sonne ziemlich hoch stand, nahm mein Vater seine Schuhe, die er sich zum Schlafen unter den Kopf gelegt hatte, und zog sie an. Dann sprangen wir von unserem Karren herunter. „Gestern konnte ich die Kartoffeln nicht loswerden!" sagte mein Vater, „über die Hälfte ist noch da."
„Warum hast du nicht etwas anderes verkauft?" fragte ich.

Mein Vater sagte nichts. Er öffnete das Schloss, mit dem der Karren abgeschlossen war, zog unter dem Karren zwei volle Säcke hervor und leerte sie in den Karren. Er holte die Waage und die Gewichte und stellte sie nebeneinander auf, dann zogen wir los. „Zuerst gehen wir einen Eintopf essen", sagte mein Vater. Jedesmal, wenn mein Vater morgens von Eintopf redete, wusste ich, dass er am Abend vorher nichts gegessen hatte.

Wir liefen in Richtung Stadtpark, wie immer sass der alte Eintopfverkäufer an der Bordkante, mit dem Rücken zur Fahrbahn. Vor sich hatte er einen grossen Topf, der auf einem Petroleumkocher stand. Die Suppe kochte. Drei Kunden, eine Frau und zwei Männer, sassen um ihn herum und assen aus Aluminiumschüsseln. Mein Vater wechselte ein paar freundliche Worte mit dem alten Mann, wir assen zwei kleine Schüsseln Eintopf mit einem halben Brot und gingen dann weiter. Mein Vater gab mir zwei Rial und sagte: „Ich gehe jetzt. Mittags treffen wir uns hier zum Essen."

Zuerst sah ich Zivars Ältesten. Er lief neben einem Mann her und drängte ihn, ein Los zu kaufen. „Sie werden ganz bestimmt gewinnen, mein Herr! Kaufen Sie bitte ein Los." Der Mann hatte alle Mühe, ihn loszuwerden. Zivars Sohn fluchte so gut er konnte und wollte weitergehen. Ich rief herüber: „Na, bist du nichts losgeworden?" Zivars Ältester sagte: „Der war wütend. Wahrscheinlich hatte er Streit mit seiner Frau!"

Wir machten uns beide auf den Weg. Zivars Ältester hielt dauernd das Bündel mit den Losen den Leuten entgegen und rief: „Mein Herr, meine Dame! Kaufen Sie ein Los und Sie sind ein gemachter Mann!" Für jedes verkaufte Los erhielt Zivars Ältester von seiner Mutter einen Rial. Sobald er seinen Teil verdient hatte, den er für den Tag brauchte, ging er spielen, streiten oder auch ins Kino. Von uns allen war er der reichste. Mittags legte er sich meistens unter eine Brücke und schlief ein bis zwei Stunden. Morgens war er sehr früh, schon vor Sonnenaufgang, auf den Beinen, holte von seiner Mutter zehn bis zwanzig Lose, um die Kunden noch am frühen Morgen zu erwischen und schon mittags mit der Arbeit fertig zu sein.

Ein paar Läden hatten schon aufgemacht, das Spielzeuggeschäft war noch geschlossen. Mein Kamel stand noch nicht draussen. Ich brachte es nicht fertig zu klopfen, womöglich würde ich es wecken. Ich lief weiter, immer weiter in den Norden. Die Strassen waren jetzt voll mit Schulkindern. In jedem Auto sassen ein oder zwei Kinder neben ihren Eltern und fuhren zur Schule. Um diese Zeit konnte ich nur mit Hossein etwas anstellen, wenn ich nicht allein sein wollte. Ich lief immer weiter und kam in Strassen, in denen kein Schmutz mehr zu sehen war. Kinder und Erwachsene waren sauber angezogen. Ihre Gesichter glänzten. Die Mädchen und Frauen dufteten wie Blumen. Im Sonnenlicht sahen die Fensterscheiben und die Schaufenster wie Spiegel aus. Jedesmal, wenn ich in diese Gegend kam, war es für mich wie im Kino. Ich konnte mir nie vorstellen, wie die Menschen in diesen hohen und sauberen Häusern essen, schlafen, sich unterhalten und sich ausziehen würden.

Vor einem Geschäft standen drei Kinder mit ihren Schulranzen. Sie schauten sich die Auslagen an. Ich stellte mich neben sie. Von ihren gekämmten Haaren ging ein wunderbarer Duft aus. Aus Versehen ging ich ganz dicht mit der Nase an einen von ihnen heran und roch an seinem Hals. Die Kinder drehten sich um, sahen mich an und entfernten sich mit einem verächtlichen Blick. „Wie furchtbar der riecht!" hörte ich einen von weitem sagen. Mir blieb nur noch kurze Zeit, um das Spiegelbild, das ich im Schaufenster vor mir sah, zu betrachten. Meine Haare hingen wirr über meine Stirn. Mein Leinenhemd war so lange nicht gewaschen worden, dass es schon eine ganz andere Farbe bekommen hatte. Durch den kaputten Kragen sah man meine schwarzverbrannte Haut. Meine nackten Füsse hatten die Farbe der Strassen und der Erde angenommen, über die ich lief, in den Fussohlen hatten sich schwarze Risse gebildet. Den Kindern der Reichen hätte ich am liebsten die Köpfe eingeschlagen. Waren sie daran schuld, dass es mir schlecht ging?

Ein Mann kam aus einem Geschäft heraus und jagte mich mit einer Handbewegung fort. "Verschwinde, Junge", sagte er, "es ist noch früh am Morgen, und wir haben noch nichts verkauft. Also gibt es auch nichts zu betteln!" Ich blieb stehen und sagte keinen Ton. Der Mann scheuchte mich zum zweitenmal weg und sagte: "Hau ab, frech ist er auch noch!" Ich blieb trotzdem stehen und sagte: "Ich bin kein Bettler!"

"Dann entschuldigen Sie, junger Mann", sagte er ironisch. Ich lief weiter. Der Mann ging in seinen Laden zurück. Einen schönen runden Stein sah ich in der Bordsteinrinne. Ich zögerte nicht, nahm den Stein und warf ihn mit ganzer Kraft gegen die Schaufensterscheibe. Es gab einen herrlichen Knall, und das Schaufenster fiel in tausend Stücke. Ich hatte das Gefühl, als wäre mir eine Last von den Schultern genommen. Ich fühlte mich sehr frei. So schnell ich konnte, rannte ich davon.

Ich weiss nicht, durch wieviele Strassen ich gerannt war, als ich Hossein traf. Das Geschäft jedenfalls war am anderen Ende der Welt. Hossein strich wie immer vor einer Mädchenschule herum und bettelte die Schulmädchen an, die aus den Limousinen ihrer Eltern stiegen. Das machte er jeden Morgen. Nie habe ich herausfinden können, bei wem Hossein eigentlich wohnte. Ghassem erzählte mir einmal, Hossein habe nur eine Grossmutter und die würde auch betteln gehen. Er selbst sprach nie ein Wort darüber. Als es in der Schule klingelte und die Kinder in die Klassenzimmer gingen, liefen wir weg. "Heute habe ich nicht viel eingenommen", sagte Hossein. "Alle kommen mit diesem dummen Spruch, dass sie kein Kleingeld hätten!"

"Was machen wir jetzt?" fragte ich.

"Wir laufen einfach herum."

"Einfach so, ohne zu wissen wohin? Find ich nicht gut! Lass uns den Ghassem suchen und bei dem ein Glas Joghurt trinken!"

Ghassem verkaufte am Ende der Simetristrasse Joghurt. Ein Glas zu einem Rial. Wenn wir ihn besuchten, kriegten wir

jedesmal ein Glas umsonst. Sein Vater hatte in der Abdolmahmudstrasse ein An- und Verkaufsgeschäft für alte Kleider. Am Strassenrand hing und lag aller möglicher Trödelkram, dessen Besitzer die Kunden durch langgezogene Rufe anzulocken versuchten. Ghassems Vater hatte einen sehr kleinen Laden, in dem er auch wohnte, zusammen mit seiner Frau und seinem Sohn. Ghassems Mutter wusch den ganzen Tag die schmutzigen und zerrissenen Kleider, die sein Vater einkaufte. Sie wusch entweder hinter dem Laden oder in der Wasserrinne, die zwischen Bordstein und Fahrbahn der Simetristrasse entlangfloss. Wenn die Kleider trocken waren, flickte sie sie. Die Abdolmahmudstrasse war nicht asphaltiert und hatte auch keine Wasserrinne. Kein Auto verirrte sich dorthin.
Nach einem Fussmarsch von zwei Stunden kamen wir endlich bei Ghassems Verkaufsstelle an, aber Ghassem war nicht da. Wir gingen zum Kleiderladen. Sein Vater sagte uns, Ghassem habe seine Mutter ins Krankenhaus gebracht. Die Mutter habe ständig Schmerzen im Magen und in den Beinen gehabt.
Gegen Mittag sassen dann Hossein, Zivars Ältester und ich neben meinem Kamel in der Naderistrasse auf der Bordsteinkante und knabberten Melonenkerne. Wir unterhielten uns über den Preis des Kamels. Schliesslich entschlossen wir uns, in den Laden hineinzugehen und den Verkäufer einfach zu fragen. Der Verkäufer dachte, wir wollten betteln. Wir waren kaum drinnen, das sagte er schon: „Raus! Wir haben kein Kleingeld!" Ich sagte: „Wir wollen kein Geld! Wieviel, bitteschön, kostet das Kamel?" Mit der Hand zeigte ich nach draussen. „Das Kamel?" fragte ungläubig der Verkäufer. „Was denn sonst!" riefen Hossein und Ghassem von hinten, „was soll's denn kosten?" „Verschwindet!" sagte der Verkäufer, „dieses Kamel ist unverkäuflich." Wir machten bedauernde Gesichter, als hätten wir das Geld für das Kamel in der Hosentasche gehabt, und gingen raus. Das Kamel stand ganz ruhig da. Wir dachten, es könnte uns ohne Mühe zu dritt auf den Rücken nehmen. Hosseins ausgestreckte

Hand reichte kaum bis zum Bauch des Kamels. Als Zivars Ältester es auch gerade versuchen wollte, kam der Ladenbesitzer heraus, packte ihn am Ohr und schrie: „Idiot! Siehst du nicht, was da drauf steht: Berühren verboten!" Er zeigte auf den Zettel, der mit einer Stecknadel an der Brust des Kamels befestigt war. Keiner von uns konnte lesen. Wir gingen weiter, trödelten herum, knabberten Melonenkerne.

Nach einer Weile sagte Zivars Ältester, er sei müde. In einer ausgetrockneten Wasserrinne unter einer Brücke suchte er sich einen ruhigen Platz. Hossein und ich gingen zum Stadtpark. Es war heiss und schwül. Wir schwitzten. Keiner von uns beiden brachte einen Ton heraus. Ich wünschte mir, bei meiner Mutter zu sein. Noch nie hatte ich mich so allein gefühlt. Vor dem Eingang zum Stadtpark kaufte sich Hossein für zwei Rial ein Eier-Sandwich, mich liess er auch mal beissen. Dann gingen wir zu unserem alten Platz und legten uns in eine breite Wasserrinne, unser Schwimmbad. Einige Schritte weiter oben waren ein paar andere Kinder, sie bespritzten sich gegenseitig. Wir liessen sie, legten uns ins Wasser und wollten uns ausruhen.

Plötzlich kam die Parkaufsicht. Schnell nahmen wir unsere Sachen und rannten davon. An einer anderen Stelle setzten wir uns auf die Kieselsteine in die Sonne. Hossein und ich zeichneten gerade mit Steinen ein Kamel in den Boden, da hörte ich die Stimme meines Vaters. Hossein verabschiedete sich, mein Vater und ich assen in einer Kneipe gebratene Leber. Mein Vater merkte, dass ich still war und fragte: „Was ist mit dir?"

„Nichts", sagte ich.

Wir gingen in den Park zurück und legten uns unter einen Baum, um etwas zu schlafen. Mein Vater merkte, dass ich nicht schlafen konnte. Ich wälzte mich immer von einer Seite auf die andere. Er fragte: „Hast du Streit gehabt oder hat dich jemand beleidigt? Was hast du denn, sag schon!" Ich hatte überhaupt keine Lust zu reden, meine Sorgen wollte ich für mich behalten.

Mein grösster Wunsch in diesem Augenblick war, meine

Mutter zu riechen, ihre Stimme zu hören, sie zu umarmen und zu küssen. Auf einmal musste ich losheulen, ich legte meinen Kopf meinem Vater auf die Brust. Mein Vater setzte sich auf, nahm mich in seine Arme und liess mich weinen. Trotzdem sagte ich kein Wort. Nur, dass ich zu meiner Mutter möchte. Dann schlief ich ein. Als ich die Augen öffnete, sass mein Vater neben mir. Er hatte seine Arme um die Knie gelegt und schaute sich die Passanten an. Ich packte ihn am Bein, zog daran, rief: „Vater!" Er schaute mich an, streichelte mir über den Kopf und sagte: „Na, aufgewacht, mein Junge?" Ich nickte. „Morgen fahren wir nach Hause", sagte er. „Wir gehen wieder nach Hause zu Mutter. Ich werde eine Arbeit finden, wir werden uns schon über Wasser halten. Wenn nicht, haben wir Pech gehabt. Auf jeden Fall ist das besser, als so allein in einer fremden Stadt zu sein."

Auf dem Weg ins Reisebüro wusste ich nicht, ob ich über diesen Entschluss froh sein sollte oder nicht. Nur ungern würde ich mich von meinem Kamel trennen. Wenn wir es nur mitnehmen könnten, dann hätte ich nichts mehr in Teheran verloren.

Im Reisebüro kauften wir unsere Fahrkarten, dann liefen wir zu unserem Karren. Mein Vater wollte den Karren auf jeden Fall an diesem Nachmittag verkaufen. Ich wollte mein Kamel wenigstens noch einmal sehen. Wir verabredeten uns für den Abend vor dem Reisebüro, wo wir am Strassenrand schlafen wollten.

Es war schon Abend, und ich weiss nicht, wie lange ich vor dem Kamel gestanden und es angeschaut hatte. Ganz in unserer Nähe hielt ein Cabriolet. Ein Herr und ein kleines hübsches Mädchen sassen darin. Das Mädchen schaute auf das Kamel und schien ganz aufgeregt. Sie zerrte ihren Vater aus dem Auto und sagte: „Mach schnell, Papi, gleich kommt ein anderer und kauft es!" Als Vater und Tochter in den Laden hineingehen wollten, merkten sie, dass ich in der Tür stand und ihnen den Weg versperrte. Ich weiss nicht, wie mir zumute war. Hatte ich Angst? Wollte ich heulen? Ich weiss nur, dass ich die beiden nicht hinein liess und ständig wieder-

holte: „Herr, das Kamel ist unverkäuflich! Ich habe das heute morgen erfahren. Glauben Sie es mir, es ist unverkäuflich." Der Mann gab mir einen kräftigen Stoss und schleuderte mich zur Seite. „Aus dem Weg!" schimpfte er. Dann betraten sie den Laden, der Mann begann mit dem Verkäufer zu sprechen. Das Mädchen drehte sich ständig nach meinem Kamel um. Es sah so glücklich aus, als ob es nie in seinem Leben eine Sorge gehabt hätte. Ich war ganz stumm, meine Füsse konnte ich nicht rühren. Ich stand in der Tür des Ladens und passte auf. Die Affen, die jungen Kamele, die Bären, die Hasen und alle andern schauten mich an, als hätten sie Mitleid mit mir. Vater und Tochter wollten den Laden verlassen. Der Vater hielt mir eine 2-Rial-Münze hin. Ich hielt die Hände hinter dem Rücken fest und starrte ihn an. Ich weiss nicht, wie stark ihn mein Blick traf. Jedenfalls steckte er die Münze schleunigst in die Tasche und ging vorbei. Dann jagte mich der Ladenbesitzer weg. Zwei Verkäufer kamen heraus und gingen auf das Kamel zu. Das Mädchen sass bereits im Cabriolet und schaute sich von dort aus das Kamel an. Es verschlang es geradezu mit den Augen.
Als die beiden Verkäufer das Kamel in den Wagen tragen wollten, sprang ich plötzlich dazwischen, fasste das Kamel am Bein und schrie: „Das Kamel gehört mir. Wo wollt ihr es hinbringen? Ich lass das nicht zu!"
„Bist du verrückt geworden, Junge", sagte ein Verkäufer, „verschwinde!"
„Ist das ein Bettler?" fragte der Vater des Mädchens den Ladenbesitzer. Mehrere Passanten hatten sich um uns gesammelt. Ich liess das Bein nicht los. Schliesslich stellten die Verkäufer das Kamel wieder auf den Boden und rissen mich mit Gewalt weg. Ich hörte die Stimme des Mädchens aus dem Auto: „Er soll es nicht mehr anfassen, Papi!" Der Vater setzte sich ans Steuer, das Kamel wurde auf den Rücksitz gestellt.
Als das Auto anfuhr, riss ich mich los und rannte auf den Wagen zu. Ich hielt mich am Auto fest und schrie: „Wohin bringt ihr mein Kamel. Ich will mein Kamel haben!" Nie-

mand hat meine Stimme gehört, glaube ich. Ich war völlig starr und nicht fähig, irgendeinen Laut von mir zu geben. Ich bildete mir nur ein, dass ich schreien würde. Das Auto setzte sich in Bewegung, jemand packte mich am Rücken. Meine Hände wurden vom Auto weggerissen, ich fiel auf den Asphalt. Ich hob meinen Kopf und sah zum letztenmal mein Kamel. Es weinte und bimmelte wütend mit den Halsglöckchen. Mein Gesicht fiel auf das Blut, das mir aus der Nase floss. Ich schlug mit Armen und Beinen auf die Strasse und weinte wütend. Wenn mir doch das Maschinengewehr gehören würde, da in dem Schaufenster!

Worterklärungen

Bichdiwari	Ein Münzspiel, bei dem die Münzen gegen eine Wand geworfen werden. Der Spieler, dessen Münze der ersten Münze am nächsten liegt, gewinnt die anderen, weiter wegliegenden Münzen.
Rial	Währung im Iran. 100 Rial = Fr. 1.15, Kurswert vom September 1984. (Zum Vergleich: Kurswert im Mai 1976: 100 Rial = Fr. 3.50) 10 Rial = 1 Tuman

Bangla Desh (Ostbengalen)

Einführung

Die Geschichte von Djoinal handelt in Ostbengalen, dem heutigen Bangla Desh, und spiegelt den tragischen Konflikt zwischen den beiden grossen Religionsgemeinschaften des indischen Subkontinents – Hindus und Moslems – wider. Als sich die englische Kolonialmacht Mitte der vierziger Jahre anschickte, Indien zu verlassen, kam es immer wieder zu blutigen Kämpfen zwischen Hindus und Moslems, da Vertreter beider Religionsgemeinschaften ihren Einfluss in dem nun unabhängig werdenden Staat geltend machen wollten. Diese bittere Zwietracht war einer der Gründe zur Teilung des indischen Subkontinents in Indien und Pakistan. Pakistan wurden die Gebiete mit einer Moslem-Mehrheit zugewiesen, das heisst ein grosses Gebiet im Westen gegen Afghanistan hin und ein kleineres, jedoch sehr dicht besiedeltes im Osten: das Ganges-Delta. Ost- und Westpakistan waren über 1'500 Kilometer voneinander entfernt.

Ostbengalen war von jeher ein sehr fruchtbares und daher reiches Land, es wurde einst die Kornkammer Indiens genannt. In Bengalen fassten die Engländer zuerst Fuss, dieser Teil des indischen Subkontinentes war also am längsten kolonisiert. In dem Masse, in dem England von Bengalen profitierte, verarmte das Land. Nachdem Ostbengalen eine Provinz Pakistans geworden war, wurde seine Entwicklung weiterhin behindert: Westpakistan verstand es, seine eigene Entwicklung auf Kosten Ostpakistans voranzutreiben. Im bengalischen Volksmund hiess es, sogar die Strassen Karachis seien mit Gold gepflastert, das man aus Ostbengalen herausgezogen habe.

Ostpakistaner stiegen kaum in höhere Posten der Armee und der Verwaltung auf. Westpakistan blieb das Zentrum der politischen, administrativen, ökonomischen und militärischen Macht. Den Ostpakistanern schien es, als ob Westpakistan an die Stelle der ehemaligen Kolonialherren und Hindu-Herren getreten sei, und sie begannen, mehr Autonomie und bald die Trennung von der Westprovinz anzustreben. Die Opposition der Ostprovinz organisierte sich in der Awami-Liga unter der Führung Mujibur Rahmans und proklamierte im April 1971 die Unabhängigkeit. In einem Meer von Blut versuchten die westpakistanischen Truppen, den Aufstand der Ostprovinz zu ersticken. Indische Truppen eilten Bangla Desh zu Hilfe, und Anfang 1972 musste sich Westpakistan geschlagen geben. Ein neuer Staat war entstanden, unter dem „Schutz" Indiens, das dadurch seinen Einfluss auf dem Subkontinent vergrössern konnte.
Hinter der Feindschaft zwischen Indien und Pakistan verbargen sich nicht nur die religiösen Gegensätze und die Machtansprüche der beiden Staaten auf dem Subkontinent, sondern auch diejenigen der Grossmächte USA und Sowjetunion. Während die USA Westpakistan mit Geld und Waffen versorgten, unterstützte die Sowjetunion Indien, um dadurch den eigenen Einfluss in jenem Teil der Welt zu erhalten.
Die Hoffnung, dass sich mit der Unabhängigkeit das Schicksal der Armen und Ausgebeuteten im neuen Bangla Desh ändere, erwies sich als Illusion. Nach dem grauenhaften Bürgerkrieg war das Land am Boden zerstört. Die Wirtschaft funktionierte nicht mehr, Hungersnöte und Seuchen drohten, über zehn Millionen Flüchtlinge irrten umher. Doch die neuen, populären Führer des Landes, Präsident Mujibur Rahman und die Politiker der erfolgreichen Awami-Liga, trachteten vor allem danach, endlich ihren Teil vom Kuchen der Macht und des Einkommens zu ergattern, den ihnen Westpakistan so lange vorenthalten hatte. Die Awami-Liga sperrte sich gegen eine grundlegende Agrarreform – das

einzige Mittel, das es den verarmten Kleinbauern, den abhängigen Pächtern und den unzähligen Landlosen erlaubt hätte, einen Weg aus Hunger und Verschuldung zu finden. Sie war eine konservative, nationalistische Bewegung, die die Privilegien der Oberschicht zu erhalten suchte.

Die Preise stiegen an, die Korruption nahm immer groteskere Formen an, der Versuch von über hundert verschiedenen Hilfsorganisationen, der Bevölkerung beizustehen, trug zum Chaos, zur Korruption und zur Apathie bei. Es kam zu mehreren Militärputschen, 1975 wurde Mujibur Rahman, der „Vater der Unabhängigkeit", ermordet. Sein Nachfolger, der General und spätere Präsident Zia-ur-Rahman, der sich von Indien und der Sowjetunion lossagte und ausländische Privatinvestitionen förderte, erlitt im Mai 1981 dasselbe Schicksal. Nach seiner Ermordung ging es mit Bangla Desh innenpolitisch rasch bergab. Seit 1982 ist wieder die Armee an der Macht. General Ershad, selbsternannter Präsident von Bangla Desh, geniesst nicht dieselbe Achtung im Volk wie Zia-ur-Rahman. Ihm ging es vor allem darum, seine eigene Macht und diejenige seiner Clique zu zementieren. Seine Verbesserungspläne scheiterten an der Korruption der Offiziere und Beamten. Das Volk ist des andauernden Gezänks machthungriger Politiker müde geworden. „Die Bengalen, die jedes Jahr mit Fluten und Dürren, mit kaputten Reisernten und vertrockneten Feldern konfrontiert sind, glauben an keine Versprechen mehr, sie nehmen, was gerade vorhanden ist", schrieb der Chefredaktor der grössten Tageszeitung in Dacca im Sommer 1984. Bangla Desh bleibt ein Spielball machtgieriger Militärs und Politiker und der Mächte, die hinter ihnen stehen.

*

Wie ist es möglich, dass aus dem reichen Kornspeicher des indischen Subkontinents das „Armenhaus der Welt" geworden ist? Der Hauptgrund liegt in der ungerechten Verteilung

des Bodens. 85 Prozent der Bevölkerung von Bangla Desh lebt von der Landwirtschaft. Aber die Hälfte der bebaubaren Fläche ist im Besitz von weniger als zehn Prozent Grossbauern. Über 80 Prozent der bäuerlichen Betriebe sind sehr klein, sie umfassen weniger als zwei Hektaren. Kleinbauern können sich nicht einmal einfache Bewässerungsanlagen leisten. Während nur fünf Prozent der Kulturflächen bewässert sind, glauben Spezialisten, dass man mit Hilfe von Bewässerung die Nahrungsmittelproduktion des Landes verdoppeln könnte. Statt von diesem natürlichen Reichtum profitieren zu können, leiden die Kleinbauern immer wieder unter den massiven Überschwemmungen des Ganges-Deltas und ebensosehr unter todbringenden Perioden der Trokkenheit.
Bangla Desh ist der viertgrösste Reisproduzent der Welt, doch genügt diese Ernte nicht, um die 85 Millionen Bewohner zu ernähren. Die Hälfte der Importe sind Nahrungsmittel. Der wichtigste Exportartikel, die Jute, ist starken Preisschwankungen auf dem Weltmarkt ausgesetzt und steht in harter Konkurrenz mit den Kunstfasern.
Viele Kleinbauern verschulden sich beim Versuch, die Erträge zu steigern und müssen ihr Land verkaufen. Andere tun es, um dem Hungertod zu entgehen. Über die Hälfte aller Bauernfamilien hat kein Land mehr, die Industrie kann ihnen keine Arbeitsplätze bieten. Sie versuchen ihr Glück in den Städten, wo sie in den Slums enden oder sie arbeiten als Pächter. Diese werden von den Landbesitzern aufs übelste ausgebeutet. Ein Pächter muss für alle Kosten aufkommen – Saatgut, Dünger, Werkzeug – und er muss die Hälfte oder mehr seiner Ernte dem Besitzer abliefern. Was ihm bleibt, reicht kaum in „normalen" Zeiten für die Ernährung seiner Familie. Kommen Naturkatastrophen, Krankheiten etc. dazu, ist er schnell gezwungen, Kredite zu Wucherzinsen (30 bis 100 Prozent/Jahr) aufzunehmen. Er verschuldet sich immer mehr, gerät in immer grössere Abhängigkeit vom Besitzer. – Dasselbe System wird auch im Fischfang angewandt.

Das Ergebnis ist offenkundig: immer mehr Menschen verarmen, die Reichen aber haben kein Interesse, das System zu verändern, denn sie profitieren ja davon. Nicht die starke Zunahme der Bevölkerung ist schuld am Hunger in Bangla Desh, wie immer wieder behauptet wird, sondern vor allem die ungerechte Bodenverteilung und die Korruption unter den Reichen. Es wäre auch töricht anzunehmen, die Kampagne zur Geburtenbeschränkung könne Erfolg haben in einem Land, in dem die Kinder die einzige Altersversicherung ihrer Eltern und oft ihre einzigen Arbeitskräfte sind und wo zudem der „Wert" einer Frau von der Zahl ihrer Kinder abhängt.

Ausländische Investitionen und Hilfe ändern nichts an der zunehmenden Verarmung grosser Bevölkerungsteile, im Gegenteil: Oft können nur die reicheren Bauern und Grundbesitzer davon profitieren, und die Gegensätze verschärfen sich weiter. Nur eine grundlegende Bodenreform könnte einen Ausweg bieten – eine Situation, wie sie für die meisten Agrarstaaten der Dritten Welt zutrifft.

*

Unsere Geschichte spielt in den vierziger Jahren, als im ganzen indischen Subkontinent Religionskämpfe stattfanden. Samaresh Bose, der Verfasser, wurde 1923 in einer Hindu-Familie in Ostbengalen geboren, das damals wie das ganze übrige Indien noch unter englischer Herrschaft stand. Er wurde durch seinen Roman „Bhuli nai" (Nicht vergessen) bekannt. Darin schildert er den Kampf der Bevölkerung gegen die englische Kolonialmacht. Wie viele andere Hindus wanderte Bose nach der Teilung des Subkontinents aus seiner Heimat, die nun eine pakistanische Provinz geworden war, nach Westbengalen in Indien aus. Umgekehrt zogen zu dieser Zeit (1947) viele Moslems aus Indien nach Ostpakistan. Moslems fühlten sich in Indien und Hindus in Pakistan nicht mehr sicher, und es kam bei diesen Völkerwanderungen zu vielen blutigen Zusammenstössen zwischen Angehörigen der beiden Religionsgemeinschaften, die unzählige Tote forderten. Noch besteht dieser Konflikt auf dem indischen Subkontinent und immer wieder flammt da und dort Streit auf.

Samaresh Bose

Djoinal

Djoinal war mein Freund. Er wohnte östlich vom Bahnhof Dolaigojo, drei Meilen entfernt. Dieses Gebiet war zur Regenzeit immer überschwemmt, deswegen kam er sechs Monate im Jahr zu Fuss und sechs Monate mit dem Boot.
Kam er zu Fuss, musste er volle drei Meilen zurücklegen, kam er mit dem Boot, so schmolz diese Entfernung auf anderthalb Meilen zusammen.
Wenn man zur Regenzeit auf dem trockenen Bahndamm der Eisenbahnlinie von Dolaigonjo stand, sah man vor sich die weiten Wassermassen die Horizonte überfluten. Hier und da spreizte sich Wasserpest, dort neigten sich Schilfhalme, an anderen Stellen wieder fiel der Schatten des Himmels auf das leicht gekräuselte Wasser, daneben streckten Kolmi und Helentscha weithin ihre vielen Arme über das Wasser, oder reckten sich plötzlich unzählige junge Jutesprosse empor. Durch all dieses Gewirr hindurch bahnte sich Djoinal mit seinem Dingi den kürzesten Weg zu seinem Dorf, das sich in der Ferne dunkel abzeichnete. Dort, wo man ein Stück von der Kuppel eines Hindutempels und dahinter die verschwimmende Silhouette der Türme zweier Moscheen sehen konnte, war Djoinal zu Hause. Über diese bei Überschwemmung so gerade Strecke führte zur Trockenzeit ein drei Meilen langer umständlicher Weg, bergauf, bergab über roten Lehmboden.
Diese Wasserfläche, von der ich spreche, ist kein Strom, auch kein Fluss; über ein Netz von Gräben und Kanälen vereinigen sich auf dem überschwemmten Gebiet die Dholeschori und Schitolakkar, deren sanfte Strömung die Ufer überspült. Nach ihrer Vereinigung haben beide einen Geschmack, einen Geruch und eine Farbe. Die empfindliche Wasserober-

fläche, die von Zeit zu Zeit ein Zittern überläuft, der Wald, die Fischreiher, die ihr Nest verlassen haben, die zahllosen Heuschrecken, das Aufblitzen der Fische, die mit ihren Schwänzen an der Oberfläche auftauchen und sofort wieder in die Tiefe hinabgleiten, der grenzenlose, wolkenbedeckte Himmel – dass sich all dies immer wieder in meine Erzählung drängt, das liegt an Djoinals Gestalt.
Denn da war kein Unterschied zwischen der Natur ringsumher und den schwarzen Augen Djoinals, die in die Weite gerichtet waren, seiner schimmernden dunklen Haut, seinem nicht zu bändigenden Haar von der Farbe der Schlingpflanzen, seinen starken blendendweissen Zähnen, seinem grossen kräftigen Körper und dem Klang seiner wenigen, ernsten Worte, die tief in die unendliche Stille eintauchten. Diese Landschaft und Djoinal waren eins.
Djoinal kam über Dolaigonjo nach Gendariya, wo er die Oberschule besuchte. Jeden Morgen erschien er mit einer Last Gemüse auf dem Kopf, auf der er mit einer Schnur seine Schulbücher befestigt hatte. Wenn er dieses Gemüse auf dem Markt von Schutapar verkauft hatte, setzte er sich an den Stand eines reichen Moslems und bereitete sich auf den Unterricht vor. Nach dem Baden und Frühstücken ging er in die Schule, und von der Schule eilte er dann nach Hause. Ich lernte ihn in der Schule kennen, aber wir schlossen Freundschaft ausserhalb der Schulmauern und der Stadtgrenze Dolaigonjos, in der freien Natur, auf den Feldern und auf dem Wasser. Wir steuerten das Boot in ein Jutefeld, rauchten Tabak, bis wir den ätzenden Qualm nicht mehr ertragen konnten und unser Lachen und Husten das Wasser und den Himmel erschreckten.
Djoinal lernte sehr ernsthaft in der Schule, danach eilte er rasch ostwärts, nach Hause.
Ich wäre am liebsten fast nie in die Schule gegangen, und schon der Gedanke an Zuhause liess in meinem Bubenherzen bittere Auflehnung hochsteigen.
Djoinal wäre es nie in den Sinn gekommen, von zu Hause wegzulaufen, mich dagegen liess dieser Gedanke nie los.

Niemals sah ich, dass Djoinal geschlagen wurde. An meinem Körper waren die Spuren der Erniedrigung noch nicht ausgelöscht, da pflegte schon die nächste grosse zu folgen. Djoinal war beherrscht, ich unbeherrscht, er ernsthaft, ich unbeständig. Er war überlegt, ich hingegen voreilig. In unserer Freundschaft war er bescheiden, ich fordernd. Dass trotz unserer so entgegengesetzten Naturen mich, einen Hindujungen, und ihn, einen Moslemjungen, solch eine tiefe Freundschaft verband, ist erstaunlich; und wie die Dholeschori und die Schitolakkar bei ihrem Zusammenfluss das Land überschwemmten, so überflutete diese Freundschaft unsere Seelen.
Jener Tag damals fiel in die Regenzeit, aber es regnete nicht. Am blauen Himmel standen hier und dort gleissend weisse Wolken, wie Schwäne, die ihre Flügel ausbreiten. In den feuchten Ostwinden lag Sturm. Der Wind trug die Töne der Bambusflöte eines Bauls herüber, in dem die Kunst von Generationen ihre Vollendung gefunden hatte. In der Melodie schwang der Ruf, das Haus zu verlassen.
Auch Djoinal hielt es nicht in der Schule. Selbst ihn hatte wohl der Klang der Bambusflöte berührt. Ich hatte schon auf ihn gewartet.
Er kam mir zuvor und sagte: „Komm, Modhu, heute kann man einfach keine Lust zum Lernen haben. Los, gehen wir irgendwohin!"
Irgendwohin, das hiess zu Djoinal nach Hause. Genau das hatte ich erhofft! „Komm!" sagte ich.
Aber zu diesem Zeitpunkt wussten wir noch nicht, dass der Wind heute in der Stadt das Rasen eines anderen Feuers entfacht hatte. Überall waren Unruhen aufgeflammt. Das Wasser der Dolai in Schutrapur war rot von Blut. Wir wussten nicht, dass zu dieser Zeit in der Stadt Raub, Mord und Kopfjägerei tobten.
Wir stiegen ins Boot. Das kleine, leichte Dingi hüpfte auf den Wellen. Ein Dingi ist wie ein unruhiges junges Mädchen. Beim leisesten Wind und der geringsten Bewegung fängt es zu tanzen an. Im Boot war der Bauch einer Wasser-

pfeife, die Djoinals Vater gehörte, dazu ein Aufsatz fürs Feuer. In einer Bambusschachtel lagen Tabak und Holzkohle.
Ich nahm die Bootsstange, er ergriff die Ruder. Mit der Stange versuchte ich, das Boot in die verkehrte Richtung zu lenken, durch die Kraft seines Ruderschlages brachte er es wieder auf den richtigen Kurs. Dieses Hin- und Hertreiben dauerte eine Weile, unser Lachen verlor sich in der Himmelsweite.
Aus dem vom Lachen aufgeweckten Schilf und durch Ketten von Kolmi hindurch tauchten die Köpfe einiger Männer auf. In ihren Händen blitzten scharfe Fischspeere, Lachen strahlte auf ihren Gesichtern.
Diese Leute gehörten einer Gruppe von Fischern an, die mehr auf dem Wasser als auf dem Lande zu Hause ist. Man sieht sie nicht, und selbst die Fische spüren nicht, wo in diesem Wasser der Todesbote wie ein Reiher im Hinterhalt liegt. Ich sagte: „Djoinal, wenn es regnet, kommen die Fische heute hoch, nicht wahr?"
In diesen Dingen war Djoinal sehr erfahren. Er antwortete: „Fische kommen doch nicht so einfach an; da braucht es schon die Flut in Vollmond- oder Neumondnächten, die sie nach oben zieht. Warum denn, willst du etwa Fische fangen?"
„Ob es sich heute lohnt?"
Djoinal erwiderte nichts. Wir blickten einander an und brachen in Gelächter aus. Wenn man im Dunkel der Nacht auf dem Wasser umherfuhr und Fische fing, konnte es leicht jeden Augenblick geschehen, dass eine fischgierige Wasserhexe auftauchte, dass man ihren Atem im Nacken spürte und dass eine Stimme um Fisch bettelte. Das gehörte zu unserem romatischen Kinderglauben.
Heute schlugen die Wellen hoch, das Röhricht rauschte. Ich liess meiner Rede freien Lauf und erzählte, was sich wieder alles in der Stadt zugetragen hatte. Einiges stimmte, einiges war erfunden. Djoinal war schon fünfzehn, aber er hatte noch nicht einmal den Palast des Nawabe von Dakka gese-

hen. So schilderte ich ihn Djoinal.
Er nahm schnell aus einem Baumwollsäckchen Amtschur und Amschotto heraus. „Nimm, das habe ich zum Essen mitbekommen."
„Gib her." Er behielt für sich nur eine Messerspitze voll übrig und schüttete alles andere in meine Hand. Ich nahm es und steckte es wortlos in den Mund.
Djoinal lachte auf, wobei er seine grossen Zähne zeigte: „Isst du Saures und Süsses auf einmal?"
Tatsächlich schmeckte mir beides zusammen jetzt unangenehm. Ich lachte nur.
Ich erinnere mich, dass Djoinal kurz nach Beginn unserer Freundschaft eines Tages mit einem Beutel ankam, der vollgestopft war mit allen möglichen Früchten, Süssigkeiten, Gurken, Kokosnüssen, Latkan, Doiya, süssen Reisfladen, Puffreisflocken, Kokossüssigkeiten und iranischen Datteln, die er auf dem Markt gekauft hatte. Er sagte: „Wir halten jetzt unser Freundschaftsmahl. Du steckst mir was in den Mund und ich dir, so ist das Gesetz."
Im Schilf verborgen, hatten wir dann unser Freundschaftsmahl genossen.
Nachdem wir uns eine Weile umgesehen hatten, lenkten wir das Dingi in ein Jutefeld. Es war ein undurchdringliches Dickicht. Zudem tanzten die Halme heute wieder wild im Wind, als ob sie das Boot emporheben wollten.
Jetzt kam das Tabakrauchen an die Reihe. So gelassen wie Djoinal konnte ich nie an der Huka ziehen. Rauchen hatte für mich den Geschmack grenzenloser Freiheit, so als hätte ich ein gewaltiges, schwieriges Hindernis überwunden. Bei Djoinal zu Hause hatte niemand etwas dagegen, dass er rauchte. Während Djoinal wie ein Alter an der Huka sog, sagte er: „Modhu, mein Vater hat gesagt, dass ich nach dem Abitur Assessor beim Gericht werden soll."
„Assessor?" Wir lachten beide aus vollem Hals. Vor unseren Augen stieg sofort das Bild eines schnurrbärtigen, hässlichen Alten mit runden Augen und verschlagenem Blick auf. Je länger wir daran dachten, desto mehr lachten wir.

„Weisst du, was er noch gesagt hat", fuhr Djoinal fort, wischte sich den Mund an seinem Lungi ab, blinzelte und lachte dabei.
„Was denn?" fragte ich, weil ich den Sinn dieses Lachens nicht begriff.
Djoinal wollte kaum heraus mit der Sprache. „Er sagt, wenn das Jahr um ist, wird er mich wohl verheiraten."
„So?"
„Hm."
Mir platzte fast der Bauch vor Lachen. Dieses Bürschchen Djoinal und heiraten? Wenn ich mich mit ihm verglich, hätte ich vor Lachen beinahe so wild werden können wie der Ostwind um uns. An Rauchen war nicht mehr zu denken.
Aber so seltsam und lächerlich wie für mich war die Sache für Djoinal gar nicht. Sein Vater und seine Brüder hatten im selben Alter geheiratet.
Warum also er nicht?
„Aber ich sage Vater, dass ich nicht Assessor werden will. Nach dem Abitur werde ich einen gutbezahlten Posten in Kalkutta annehmen. Und mit dem Heiraten ..."
Im Rauschen des Jutefeldes ging seine Stimme unter.
„Was sagst du?" fragte ich.
Er erwiderte: „Wenn du meinst, Modhu, dann heirate ich eben."
Das musste sehr genau überlegt werden. Das war kein Spass mehr wie vorhin. Wir zwei Freunde setzten uns nachdenklich mitten ins Jutefeld. Endlich kam ich zum Schluss, dass es mein Ansehen erheblich steigern würde, der Freund eines Verheirateten zu sein.
So sagte ich: „Nun, dann heirate doch einfach."
„Aber wenn die Frau nun was dagegen hat, wenn wir uns treffen?"
Schwere Sorgen trübten Djoinals Blick.
„Warum denn?"
Mit vorgestülpter Unterlippe sagte Djoinal: „Was weiss ich. Die Weiber zerstören die Freundschaft, sagt man. Dann heirate ich lieber nicht."

In diesem Moment drang aus der Richtung des Bahnhofs von Dolaigonjo Lärm zu uns herüber. Wir ruderten unser Dingi schnell weiter. Wir sahen zwei Boote gegen den Wind auf uns zukommen. Am Bahnhof von Dolaigonjo war ein grosser Menschenauflauf. Viele sprangen ins Wasser und schwammen in unsere Richtung.
Als Djoinal das gesehen und das Geschrei gehört hatte, riss er blitzschnell das Boot nach Osten herum und ruderte mit kräftigen Schlägen.
Wie aus einem Mund riefen wir: „Hindu-Moslem-Kampf!"
Mein Herz fing wild zu klopfen an. „Tod", zischte der Ostwind. Mit einemmal durchfuhr mich das Bewusstsein, dass ich Hindu war und dass die, die in wilder Hast durchs Wasser kamen, und auch die, die zum Fischen unterwegs waren, alle Moslems waren. Gleich würden sie mich mit ein paar Speerstichen erledigen und unter die grossblättrigen Wasserpflanzen schieben.
Ich drehte mich nach Djoinal um. Sein Gesicht war hart, seine Augen fest auf mich gerichtet. Warum nur?
Schlagartig begriff ich zum erstenmal in meinem Leben: „Djoinal ist Moslem." Um seine Mundwinkel schien jetzt das verhohlene Lachen des verkappten Feindes zu spielen.
Da wollte ich rufen: „Djoinal!"
Ich rief, aber kein Ton kam aus meiner Kehle.
Gegen den Wind klangen die Todesschreie herüber und mit ihnen die „Bande-Mauram"-Rufe der Hindus und das „Allah-ho-Akbar" der Moslems!
An der äussersten Grenze meines Zweifels angelangt, schrie ich, dem Weinen nah: „Djoinal, ich will nach Hause!"
„Nein."
„Nein?" Auf einmal fiel mir die Geschichte vom Krokodil ein, das den Affen unter Vorwänden auf das Wasser hinausgelockt hatte, um ihn zu fressen. Ich, der ich immer von zu Hause fortgewollt hatte, fing in meiner Herzensangst bei dem Gedanken an Vater und Mutter zu wehklagen an.
Mit einem Satz sprang ich auf und wollte ins Wasser springen.

„Was machst du denn da?" fragte Djoinal.
„Ich will nach Hause!"
„Schau mal nach hinten!"
Hinter uns sah ich einen Schwarm von Menschen auf uns zuschwimmen, die das Wasser aufpeitschten. Da waren auch einige Boote. Die würden mich nicht entwischen lassen. Djoinal liess das Dingi in eine von Schilfgestrüpp verdeckte Durchfahrt gleiten und hielt es jäh an. Er machte es fest, fasste mich an der Hand und rannte mit mir, ohne Atem zu schöpfen, zu sich nach Hause.
„Vater!" rief er.
„Bist du da, mein Sohn?" fragte der Vater herbeieilend. Sein Gesicht war vom Bart fast verdeckt.
„Bist du da, mein Schatz, bist du da?" Mit baumelndem Nasenring, die Huka in der Hand, kam jetzt auch seine Mutter aus dem Haus gelaufen. Seine zwölfjährige Schwägerin blieb schweigend im Türrahmen stehen. Sie hatten also bereits von den Unruhen gehört.
Keiner hatte einen Blick für mich. Djoinals Mutter fing vor Erregung an zu schluchzen: „Wie soll nur mein Modjid durchkommen?"
Modjid war Djoinals grosser Bruder. Er arbeitete in der Glasfabrik von Tikatuli.
Djoinals Vater sagte: „Ich nehme das Boot und schau mal in Dolaigonjo nach."
„Nein, Vater, dort ist ein grosses Blutbad im Gange", sagte Djoinal und hielt seinen Vater an der Hand fest. „Er wird draussen in der Fabrik bleiben können. Soll er die Nacht dort verbringen."
Nach einem Augenblick des Schweigens sagte der Vater: „Das ist besser. Was meinst du, Modjids Mutter?"
„Wie du denkst", antwortete die Mutter und setzte sich ins Gras des Hofes.
Modjids zwölfjährige Frau löste sich von der Tür und verschmolz mit dem Dunkel im Hause.
Danach fielen alle Blicke plötzlich auf mich. Doch der gewohnte Willkommensgruss, das freundliche, liebevolle La-

chen blieb aus.
In diesem Moslemdorf fühlte ich mich verlassen, hilflos, gefangen im Lager des Feindes. Ich konnte nicht weglaufen, und auch weinen konnte ich nicht. Aber solange man zweifelt, ist noch nicht alles verloren.
Djoinals Vater versuchte zu lächeln. Er sagte: „Bring deinen Freund zu dir ins Zimmer."
Wie oft hatte ich diese Aufforderung gehört, aber nie hatte sie für mich einen solchen Misston gehabt wie heute. In meinem Kopf hämmerte es: „Sicher um mich zu töten, jetzt wollen sie mich wohl als Pfand für Modjid dabehalten!"
Es verging die Nacht, ein Tag und noch ein Tag. Der feuchte Wind schwoll zu einem Sturm an, der durchs Röhricht fegte, den Bananengarten peitschte und am Bambuszaun rüttelte. Ich sass im geschlossenen Zimmer in der dunklen Erwartung des Todes, dessen Drohen mir aus dem Wind entgegendröhnte.
Am nächsten Morgen erspähte ich, wie der Vater irgend etwas zu Djoinal sagte und dabei auf mich deutete. Von da an legten sie eine Kette vor meine Tür.
Ich rief: „Djoinal, was soll die Kette?"
„Wenn du nun wegläufst?" erwiderte er.
Die passen auf, dass ich nicht weglaufe! Keine Minute blieb Djoinal bei mir.
Zu essen gaben sie mir. Aber wer konnte da noch essen.
„Iss, mein Schatz", sagte die Mutter. „Wenn die Unruhen erst vorbei sind, gehst du nach Hause, zu Vater und Mutter."
Ihr sanftes Zureden klang mir wie listige Verstellung. „Lasst mich raus! Lasst mich doch frei!"
Durch die Türritze sah ich, dass auch sie nicht assen. Sie sassen nur vor ihrem Reis. Ich konnte sehen, wie Modjids junge Frau unterm Djenhaus stand und mit hochgehobenem Schleier nach Westen spähte, als ob irgend etwas nahe. Ich sah, dass Djoinals Vater vom unablässigen Beten ganz erschöpft war.
Viele Leute aus diesem Dorf waren wie immer nach Schutra-

pur gegangen, um Grünzeug und Gemüse zu verkaufen. Viele von ihnen kehrten nicht zurück, und von manchen drang eine Todesnachricht durch.
Tag und Nacht trug der Wind das Weinen mit sich. Mitunter hörte man den Kampfruf der Moslems, und mit einemmal flammte der Himmel an mehreren Stellen auf.
Ich hatte jegliches Zeitgefühl verloren.
Nach ungefähr vier Tagen kam Djoinal plötzlich zu mir. Sein Haar war zerwühlt, seine Augen lagen tief in ihren Höhlen, er sah schlecht aus. Er sagte: „Modhu, ich gehe nach Tikatuli, meinen Bruder suchen. Wenn ich wieder zurück bin, bringe ich dich nach Hause." Danach nahm er plötzlich aus einem Krug Amtschur. „Nimm, iss", sagte er, „dein geliebter Amtschur."
Dann ging er hinaus. Es klang mir wie ein Wort aus längst vergangenen Zeiten. Ich liess den Amtschur auf den Tisch fallen, und meine Augen flossen über von Tränen: „Lasst mich raus, lasst mich raus!"
Einige Tage später spürte ich selbst in meinem Zimmer, dass sich die Lage weitgehend beruhigt hatte. Aber keiner kam, weder Djoinal noch Modjid.
Während ich darüber nachdachte, fingen plötzlich alle zu rufen an: „Er kommt, Modjid ist da!" Von meinem Zimmer aus sah ich, dass Modjid mit einem kleinen Bündel unterm Arm auf dem Hof stand. Sein Gesicht war von Bartstoppeln bedeckt, seine eingefallenen Augen blickten stumpf. Seine staubbedeckten, struppigen Haare wehten im Wind.
„Dass du da bist, Junge, mein Schatz, dass du da bist!" Die Eltern schlossen Modjid in ihre Arme.
Seine zwölfjährige Frau vergass sogar ihr vor Freude strahlendes Gesicht mit dem Schleier zu bedecken.
„Gott hat mir meinen lieben Jungen wiedergegeben! Aber, kommt denn Djoinal nicht?" fragte die Mutter.
Modjid nahm aus seinem Bündel ein blutbeflecktes Hemd und einen Lungi und brach in Schluchzen aus. „Sie haben Djoinal umgebracht."
Laut weinend riefen die andern: „Umgebracht?"

Schluchzend setzte sich Modjid auf die Erde und verbarg sein Gesicht in den Händen. „Soldaten haben ihn erschossen, als er in das abgesperrte Viertel wollte. Gerade auf dem Weg zu mir ..." Das Weinen drang nur halb in mein Bewusstsein. Mir war, als ob der starke Wind alles umdrehen würde.

Auf dem Tisch lag noch immer verstreut der Amtschur, den Djoinal mir gegeben hatte.

Djoinals Vater fuhr mit dem Dingi los, um mich nach Hause zu bringen.

Das Wasser war friedlich. Von Zeit zu Zeit liess der Wind den Kolmi und die Wasserrosen erzittern. Im klaren Wasser spielten Tjaagu- und Punit-Fische Verstecken, unbewegt lag das Jutefeld. Ein Vogelruf ertönte: „Oho, oho ..." Die Töne verhallten im weiten Himmel. In meinem Herzen war kein Raum zu ermessen, ob ich in meiner Todesangst mit meinem Verdacht jemandem Unrecht getan hatte oder nicht, und zu unterscheiden, was gut und böse war. Nur von Zeit zu Zeit presste ich die Hand, in der ich den zusammengesuchten Amtschur barg, an meine Brust. Mein stummes Herz war am Zerspringen, und das einzige, was ich herausbrachte, war: „Djoinal ... Djoinal!"

Worterläuterungen

„Allah-ho-Akhbar"	„Ehre sei Gott"
Amschotto	Getrocknete reife Mangofrüchte
Amtschur	Getrocknete grüne Mangofrüchte. Mangobäume sind immergrüne, mittelhohe Bäume aus Ostasien, die auch in Afrika und Lateinamerika verbreitet sind. Ihre gelben Steinfrüchte schmecken herrlich.

Assessor	Beisitzer in einer Behörde. Anwärter der höheren Beamtenlaufbahn.
„Bande-Matasam"	„Gegrüsst seist Du, Mutter Heimat!"
Baul	Volkssänger, der von Dorf zu Dorf zieht
Dingi	Kleines, leichtes Boot
Helentscha	Essbare Wasserpflanze mit Blüten
Hindu	Bekenner der Religion des Hinduismus in Vorderindien. Der Hinduismus ist eine der grossen Weltreligionen. Rund 330 Millionen Menschen bekennen sich dazu. Eine Grundlage des Hinduismus ist die Seelenwanderung. Jedem Wesen ist der Platz in der Gesellschaft vorbestimmt auf Grund seines Verhaltens in seiner früheren Existenz. Die Lehre von der Seelenwanderung ist auch eine Rechtfertigung für das Kastenwesen. Eine Kaste ist ein gesellschaftlicher Stand, der weiter vererbt wird. Es gibt hohe und niedere Kasten. Der Hinduismus verlangt von seinen Anhängern, dass sie sich streng an die kulturellen und sozialen Regeln der Kaste halten. Die Hindus haben deshalb sehr ungleiche Chancen in der persönlichen Entwicklung.
Huka	Wasserpfeife
Jute	Bastfaser einer indischen Staude, die bis drei Meter hoch wird (Lindengewächs). Neben der Baumwolle der wichtigste Faserstoff. Jute dient zur Herstellung von Säcken, Stricken, Gurten, Teppichen, Dekorationsstoffen, zur Isolierung von Kabeln und zur Herstellung von Papier. Bangla Desh ist das wichtigste Erzeugungsland von Jute.
Kolmi	Essbare Wasserpflanzen mit Blüten
Lungi	Hüfttuch, das bis zu den Fersen reicht
Moslem	(oder Muslim), Anhänger des Islam. Der Islam, ebenfalls eine der grossen Weltreligionen, wurde zwischen 610 und 632 vom Kaufmann und späteren Propheten Mohammed begründet. Sein Geburtsort Mekka (Saudiarabien) wurde zum Wallfahrtsort der Moslems. Mohammed betrachtete sich als Fortsetzer und Vollender der jüdischen und christlichen Religionen. Die Hauptquellen der islamischen Glaubens- und Gesetzeslehre sind der Koran und die Überlieferung der Taten und Aussagen des Propheten. Der Islam fordert den Glauben an einen Gott (Allah), an die Auserwähltheit Mohammeds als seines Propheten, die Vorherbestimmung des menschlichen Schicksals, an die Vergeltung der guten und bösen Taten in Paradies und Hölle, an die Auferstehung der Toten und an den Jüngsten Tag. Der Islam ist in Asien, Afrika und Südosteuropa verbreitet. Er zählt rund 465 Millionen Anhänger.
Wasserpest	Im Wasser schwimmende Süsswasserpflanze aus Südamerika, mit einem bis drei Meter langen Stengel.

LATEINAMERIKA

Peru

Einführung

Vor mehr als 150 Jahren wurde Peru zu einem unabhängigen Staat erklärt. Doch heute wie zur Kolonialzeit versuchen Grossmächte, dieses arme Land mit seinen vielen Bodenschätzen und seinen Landreserven zu beherrschen und auszubeuten. Die USA, die Sowjetunion und einige europäische Industrieländer haben schwächere Staaten wirtschaftlich an sich gebunden. Dieser Neokolonialismus bestimmt auch die Politik der peruanischen Regierungen. Im Oktober 1968 setzten progressive Militärs unter General Juan Velasco die korrupte, im Parteien-Zwist hoffnungslos verhedderte Zivilregierung ab und begannen ihr Experiment einer sozialpolitischen Revolution, die ein paar Jahre lang eine grosse Hoffnung für Lateinamerika war. Velasco wollte sein Land aus der Abhängigkeit vor allem der USA und der grossen Konzerne lösen, welche Politik und Wirtschaft in Peru weitgehend kontrollierten, er wollte den Reichtum im Land gerechter verteilen und alle Peruaner an den Entscheidungsprozessen beteiligen.
An erster Stelle stand die Landreform: Grossgrundbesitzer mussten ihre Ländereien dem Staat abtreten; daraus entstanden überall landwirtschaftliche Genossenschaften. Jeder Landarbeiter konnte als Mitglied seiner „Cooperativa" mitbestimmen und hatte Anteil an der Produktion. Doch nur langsam wurden sich die Bauern ihrer neuen Situation bewusst. Sie sind zu lange von fremden Herren ausgenützt worden und hegen grosses Misstrauen gegenüber allen Neuerungen. Viele Landarbeiter mussten erst lesen und

schreiben lernen; der Staat führte bis in die entlegensten Gebiete Alphabetisierungsprogramme durch. Man hoffte, dadurch die seit Jahrhunderten unterdrückten Volksschichten für ihre neue Aufgabe als Staatsbürger und als Mitglieder ihrer Genossenschaften zu befähigen. 1975 wurde die indianische Sprache Ketschua zweite Landessprache Perus.
Auch in der Industrie, die in starkem Mass vom Ausland abhängig war und deren hohe Gewinne ins Ausland, vor allem in die Vereinigten Staaten, abflossen, wurden entscheidende Neuerungen eingeführt. Die Schlüsselindustrien, zum Beispiel die Kupfergewinnung, wurden verstaatlicht, ebenso die grossen Banken. In sämtlichen Betrieben, ausser in den ganz kleinen, wurden Strukturen obligatorisch erklärt, welche den dort Arbeitenden Mitbestimmung und Gewinnbeteiligung sichern sollten.
Peru galt als Musterbeispiel eines Staates, der sich innerhalb von wenigen Jahren eine grössere wirtschaftliche Selbständigkeit erwerben konnte. Aber auch Fehleinschätzungen, Fehler, neue Missstände unterblieben nicht. Es ist immer schwierig, etwas Neues zu machen, zumal unter dem Druck allzu grosser Erwartungen des armen Volkes und der linken Revolutionäre in aller Welt. Die neuen Strukturen brachten einen schwerfälligen bürokratischen Apparat hervor, Nährboden für Misswirtschaft und Korruption, die internationalen Geldquellen flossen spärlicher, die Ölkrise und die fallenden Preise für Perus Export-Produkte (vor allem Kupfer, Baumwolle, Zucker) verschärften die ökonomische Krise. Juan Velasco vereinsamte. 1975 stürzte sein eigener Ministerpräsident, Morales Bermudez, den kranken und verbitterten General. Zwei Jahre später starb Velasco.

*

Unter Morales wurden die Reformen der peruanischen Revolution verwässert, bis schliesslich praktisch nichts mehr davon übrig blieb. Für das Volk wurde die Lage immer verzweifelter. Dazu trug auch der Internationale Währungsfonds bei. Wie immer in solchen Fällen wurden der Regierung Kredite zur Deckung des Aussenhandels-Defizites nur unter der Bedingung gewährt, dass sie drastische Sparmassnahmen vornehme. Solche Sparmassnahmen betreffen in erster Linie die sozialen Aufwendungen eines Staates, Leidtragende sind die ohnehin Benachteiligten. Die Folgen waren Streiks der Bergarbeiter und der öffentlichen Angestellten und zunehmende soziale Spannungen. Die Kaufkraft nahm ständig ab, während die Arbeitslosigkeit stieg, und kein einziges soziales Problem wirklich angegangen, geschweige denn gelöst werden konnte. Im Juli 1980 bekam das Land wieder eine Zivilregierung mit Fernando Belaunde Terry an der Spitze, der bereits von 1963 bis 1968 Präsident Perus gewesen war, vor seiner Absetzung durch die Militärs. Seine Herrschaft gab den demokratischen Errungenschaften den Todesstoss. Die Agrarreform wurde durch eine Gegenreform abgelöst, die mit Steuerbefreiung und Krediterleichterungen die Auflösung der Genossenschaften anstrebt. Die vielen Selbsthilfe-Organisationen, eine Folge der Mobilisierungskampagne unter der Regierung Velasco, wurden von den Behörden schikaniert oder gar zerstört. Die Wirtschafts- und Sozialpolitik wurde vom Internationalen Währungsfonds diktiert, mit dem Ergebnis, dass heute über die Hälfte aller Peruaner mehr oder weniger hungert, dass 60 Prozent arbeitslos oder unterbeschäftigt sind und die Teuerung 140 Prozent beträgt.

Auf dem Hintergrund des sozialen Elends gewinnt die Guerilla-Organisation „Sendero Luminoso" (Leuchtender Weg) immer mehr Unterstützung im Volk. Seit 1980 verbreitern die Guerillas − unter der Führung des Philosophen und Juristen Guzman − von Ayacucho im peruanischen Hochland aus mit Terroranschlägen ihre Basis. Ziel ist ein allgemeiner Volkskrieg. Die Regierung reagierte schliesslich äusserst hart: Sie erklärte den Notstand und setzte Militär ein gegen die Untergrundkämpfer; Gefangene wurden gefoltert und hingerichtet, Hunderte sind verschwunden. Amnesty International sprach wiederholt von schweren Menschenrechtsverletzungen seitens der Regierung. Die Wahlen vom Frühling 1985 brachten wieder einen politischen Umschwung. Die sozialdemokratische APRA (Alianza Popular Revolucionaria Americana) errang einen klaren Sieg, und zum erstenmal kann sie ihre Macht auch ausüben. Bei früheren Wahlsiegen war die APRA stets vom Militär daran gehindert worden. Der neue Präsident heisst Alan García Perez. Auch vom Alter her vertritt er deutlich eine jüngere Generation Peruaner als die bisherigen Präsidenten.

*

Die peruanische Kultur-Revolution, die von ihren Führern unter der Devise „weder kapitalistisch noch kommunistisch" gestartet worden war, ist eine von oben nach unten diktierte Bewegung gewesen. Trotz den politischen Veränderungen hatten sich die Lebensbedingungen des peruanischen Volkes unter dem Regime Velasco noch kaum gebessert. Denn dazu bräuchte es viel mehr Zeit und einen langen Prozess der Bewusstseinswerdung und der Ausbildung. Es war der revolutionären Militär-Regierung Velasco nicht gelungen, eine breite Unterstützung der Massen für ihre Ziele zu mobilisieren. Misstrauisch und abweisend blieb vor allem die indianische Bevölkerung der Anden, die seit Jahrhunderten die Erfahrung gemacht hatte, dass von den Weissen nichts Gutes kommt. Die Zeit hat nicht ausgereicht, die Rechten haben es nicht zugelassen, und die Armen der Dritten Welt sind um eine Hoffnung ärmer.

*

In der peruanischen Hauptstadt Lima gibt es viele Quartiere, wo man als Aussenstehender selten oder nie hinkommt. Es sind dies die Elendsviertel, welche flächenmässig den grössten Teil des städtischen und vorstädtischen Bodens einneh-

men. Da reihen und häufen sich kilometerweit die gleichen baufälligen Häuser aus rohen Backsteinen, aus Blech, aus Karton oder aus Strohmatten. Weil es an der peruanischen Küste fast nie regnet, muss das nötige Wasser von höher gelegenen Gebieten hergeholt werden. Die Leute von den Barrios oder „Pueblos Jovenes", wie die Armenviertel dort genannt werden, sind gezwungen, das Wasser vom Zisternenwagen zu kaufen und sehr sparsam damit umzugehen.
Selten genug reicht es für die Bewässerung eines winzigen Blumenbeetes vor dem Haus. Wo nicht bewässert wird, wächst weder Baum noch Strauch. Es fehlt den Bewohnern dieser Einöde nicht nur an Wasser, sondern auch an andern lebenswichtigen Einrichtungen. Die Menschen verrichten ihre Notdurft im Freien, hinter Schutthaufen oder entlang der Eisenbahnlinie. Überall liegen Abfälle herum, die zusammen mit den Exkrementen einen unerträglichen Gestank verbreiten. Zwar bemühte sich die Stadtverwaltung während der Regierungszeit Velascos, auch in diesen Stadtteilen Wasser- und Abwasserleitungen zu legen, die Strassen zu asphaltieren und die Elektrizität einzurichten, doch vermochte sie niemals Schritt zu halten mit dem rasenden Tempo, in dem diese Siedlungen täglich wachsen. Warum? Weil immer mehr Menschen aus der Provinz in die Stadt abwandern. Diese Abwanderung oder Landflucht findet seit Beginn der Industrialisierung in fast allen Ländern der Welt statt. Die Landbewohner fühlen sich den Städtern gegenüber benachteiligt, sie möchten auch teilhaben an den politischen und wirtschaftlichen Veränderungen. Es liegt aber noch ein weiterer Grund zu dieser Massenflucht vor: In den abgelegenen Andentälern wird die Landwirtschaft nach völlig veralteten Methoden betrieben und dabei viel zu wenig produziert. Die Ernte reicht nicht aus für die kinderreichen Familien. Somit packen die Indios ihre wenige Habe zusammen, verlassen ihr Heimatdorf und ihre kargen Äcker und kommen nach tagelanger Fahrt in Lima an, in der Hoffnung, bald eine Arbeit zu finden. Die meisten dieser Zugewanderten werden enttäuscht. Anstatt auf freie Arbeitsplätze stos-

sen sie auf ein Heer von Arbeitslosen. Sie bereuen ihre Abwanderung aus dem Dorf bald, doch der Weg zurück bleibt ihnen versperrt. Das wenige Bargeld, das sie besassen, haben sie für die Reise und den Kauf von billigem Baumaterial für ihre neue Behausung ausgegeben.

Heute leben weit über drei Millionen Menschen in den Randsiedlungen von Lima. Nur ein Drittel der Behausungen verfügt über elektrischen Strom, ein Viertel über eine Trinkwasserversorgung, ein Fünftel gar nur über sanitäre Einrichtungen. In der Innenstadt Limas gibt es Zehntausende von Indios und Mischlingen (sogenannte Mestizen), Kinder, Halbwüchsige oder erwachsene Männer — alle auf der Suche nach Verdienstmöglichkeiten. Sie tragen Lasten, putzen Autos, reinigen Schuhe, verkaufen Zeitungen, Romanhefte, Zitronen, Strumpfbänder, Plastikblumen. Oder sie hüten ein parkiertes Auto oder eine Marktware. Die Kinder müssen mit diesen Gelegenheitsarbeiten nicht nur sich selbst durchbringen, sondern sie tragen damit auch für den Unterhalt ihrer Eltern und Geschwister bei. Da bleibt keine Zeit für Schulbesuche, vielmehr werden sie von frühester Jugend an vor die Tatsache gestellt, dass sie sich irgendwie selbst durchkämpfen müssen. Manche Kinder haben kein Zuhause oder sind von dort davongelaufen. Sie schlafen in Hinterhöfen und Schuppen, auf Lastwagen oder in Kartonschachteln und auf Zeitungen. Es entstehen Banden, wobei sich der stärkste und furchtloseste der Jungen zum Chef erklärt. Ahnungslose Neulinge wie Esteban, der Kleine von „Fast-Schon-Im-Himmel", werden zuerst ausgenützt und missachtet, doch bald sind ihnen die rauhen Gesetze der Bande vertraut und sie lernen, wie man „Geschäfte macht".

Die Tageseinkünfte der Bandenmitglieder werden untereinander verteilt. Was nicht durch Arbeit erworben werden kann, wird eben gestohlen. Die Einnahmen von Diebstählen und vom Verkauf der gestohlenen Waren sind grösser als die Erträge der Gelegenheitsarbeiten. Dennoch bringen die Jungen nie genug zusammen für ihren Lebensunterhalt. Sie halten sich gerne in der Nähe des Mercado Mayorista auf, dem riesigen Grossistenmarkt Limas. Menschen wie sie, die nie genug zu essen haben, suchen mit Vorliebe jene Orte auf, wo Esswaren umgesetzt werden.

Zum Mercado Mayorista werden täglich auf vielen Lastwagen tonnenweise Lebensmittel hergebracht und danach versteigert. Gleich neben den grossen Markthallen blüht der Detailhandel. Die ausgelegten Waren — Berge von Kartoffeln, Orangen, Melonen, Maniok usw. — bedecken die Trottoirs, und man weiss kaum, wo man die Füsse hinsetzen soll. Ein Heer von Händlern schreit durcheinander. Das Menschengewühl ist unbeschreiblich! Hier treffen sich Indios und Mestizen aus allen Provinzen des Landes, alle jene „Decamisados" (Hemdlosen), welche hoffen, hier Arbeit zu finden oder wenigstens etwas Essbares aufzutreiben. Mit der Geschichte von Enrique Congrains Martin erhalten wir Einblick in das Leben eines Jungen, der mit seiner Familie aus den Anden nach Lima gezogen ist.

Enrique Congrains Martin

Der Kleine von „Fast-Schon-Im-Himmel"

Aus einem unbekannten Grund war Esteban genau an diese Stelle gekommen, an ganz genau die einzig mögliche Stelle ... Aber, war's nicht eher so, dass „das da" auf ihn zugekommen war? Er sah hin und sah noch mal hin. Doch, da war's immer noch, das orangefarbene Papier, schon fast vor seinen Füssen, schon fast in seinem Leben.
Warum? Warum er?
Seine Mutter hatte gleichgültig mit den Achseln gezuckt, als er sie um Erlaubnis bat, die Stadt kennenlernen zu dürfen, aber hinterher hatte sie ihn doch gebeten, auf die Autos zu achten und vorsichtig mit den Leuten zu sein. Vom Berg war er bis zur Autostrasse hinuntergegangen, und da, nach wenigen Schritten, sah er nun „das da", fast schon beim Pfad, der parallel zur Strasse lief.
Zögernd, ungläubig bückte er sich und nahm es in die Finger. Zehn, zehn, zehn, es war ein Zehn-Sol-Schein, ein Schein, der ungeheuer viele Reales, unzählige halbe Reales bedeutete. Genau wie viele Reales, wie viele halbe? Estebans Kenntnisse reichten für so komplizierte Dinge noch nicht aus; andererseits genügte ihm aber das Wissen, dass es sich um ein orangefarbenes Stück Papier handelte, auf dessen beiden Seiten „zehn" stand.
Er ging auf dem Pfad weiter, in Richtung auf die Gebäude, die jenseits des andern von Hütten überzogenen Berghanges zu sehen waren. Nach einigen Metern blieb Esteban stehen und zog den Geldschein aus der Tasche, um sich von seiner jetzt unerlässlichen Existenz zu überzeugen. War der Schein auf ihn zugekommen, fragte er sich, oder war er es, der auf den Schein zugegangen war?
Er überquerte die Autostrasse und betrat ein Feld, das von

Abfällen, Überresten des Maurerhandwerks und Exkrementen übersät dalag, erreichte eine Strasse und erblickte von da aus den berühmten Markt, den Mercado Mayorista, von dem er soviel hatte erzählen hören. Das war Lima, Lima! Lima? Das Wort kam ihm hohl vor. Er erinnerte sich: Sein Onkel hatte gesagt, Lima sei eine grosse Stadt, so gross, dass eine Million Menschen in ihr lebte.
Eine Bestie mit einer Million Köpfen? Davon hatte Esteban, schon vor einigen Tagen, vor der Reise, geträumt: von einer Bestie mit einer Million Köpfen. Und jetzt geriet er mit jedem Schritt, den er machte, tiefer ins Innere der Bestie ...
Er blieb stehen, blickte sich um und überlegte: die Stadt, der Mercado Mayorista, die drei- oder vierstöckigen Gebäude, die Autos, die unendlich vielen Menschen – einige wie er, andre nicht wie er –, und der orangefarbene Geldschein, still, gefügig, in seiner Hosentasche. Auf beiden Seiten des Scheins stand „zehn", und darin war er Esteban ähnlich. In seinem Gesicht und seinem Bewusstsein stand auch „zehn". Dieses „zehn Jahre" machte ihn sicher und selbstbewusst, aber nur bis zu einem gewissen Punkt. Früher, als er erst angefangen hatte, eine Vorstellung von den Dingen und den Tatsachen zu bekommen, war das Ziel, der Horizont, das Alter von zehn Jahren gewesen. Und jetzt? Nein, leider nein. Zehn Jahre war nicht alles. Esteban kam sich immer noch unvollkommen vor. Wenn er zwölf wäre vielleicht, oder vielleicht wenn er fünfzehn erreichte. Vielleicht aber auch jetzt schon, mit Hilfe des orangefarbenen Scheins.
Er wanderte ein wenig umher, blickte ins Innere der Bestie, bis er sich als ein Teil von ihr fühlte. Eine Million Köpfe, und, jetzt, noch einer mehr. Die Leute hasteten hin und her, und er, Esteban, mit dem orangefarbenen Schein, befand sich immer im Zentrum des Ganzen, in der Mitte.
Einige Jungen seines Alters spielten auf dem Trottoir. Esteban blieb einige Meter von ihnen entfernt stehen und sah dem Hin und Her der Murmeln zu. Nur zwei spielten, die andern standen drum rum. Na ja, er war einige Strassen weit gelaufen, und jetzt traf er Wesen, die wie er selber waren,

Menschen, die nicht unaufhörlich von einer Strassenseite zur andern eilten.
Wie lange hat er ihnen zugesehen? Eine Viertelstunde? Halbe Stunde? Eine Stunde, gar zwei? Die Jungen waren alle gegangen, alle bis auf einen. Esteban betrachtete ihn, während seine Hände in der Tasche den Schein liebkosten.
„Hola, Mensch!"
„Hola ...", antwortete Esteban fast flüsternd.
Der Junge war mehr oder weniger gleich alt und hatte eine Hose und ein Hemd von der nämlichen Farbe, einstmals musste sie Khaki gewesen sein, jetzt aber gehörte sie der Kategorie vager und undefinierbarer Farben an.
„Bist du von hier in der Gegend?" fragte er Esteban.
„Ja, das heisst ..." Er blieb stecken und wusste nicht, wie er erklären sollte, dass er oben auf dem Berg wohnte, und dass er sich auf einer Forschungsreise durch die Bestie mit den Millionen Köpfen befand.
„Von wo, hm?" Der Junge kam näher und blieb vor Esteban stehen. Er war grösser, und die unruhigen Augen musterten Esteban von oben bis unten.
„Von wo, hm?" fragte er noch einmal.
„Von da drüben, vom Berg", und Esteban deutete in die Richtung, aus der er gekommen war.
„San Cosme?"
Esteban schüttelte den Kopf, nein.
„Vom Agustino?"
„Ja, von dem", rief er lächelnd. So hiess der Berg, jetzt fiel es ihm wieder ein. Seit Monaten, seit er vom Entschluss seines Onkels wusste, dass sie alle nach Lima gehen und sich dort niederlassen würden, hatte er Einzelheiten über die Stadt ausgekundschaftet. So hatte er erfahren, dass Lima sehr gross war, zu gross vielleicht; dass es einen Ort gab, der Callao hiess, und dass dort Schiffe aus andern Ländern ankamen; dass es sehr hübsche Orte gab, riesige Läden, schrecklich breite Strassen ... Lima! ... Sein Onkel war zwei Monate vor ihnen gefahren, in der Absicht, eine Wohnung aufzutreiben. Eine Wohnung. „Wo wird sie sein?" hatte er seine

Mutter gefragt. Sie wusste es auch nicht. Die Tage vergingen, und nach vielen Wochen war der Brief gekommen, der den Aufbruch befahl. Lima! ... Der Agustino-Berg, Esteban? Aber er nannte ihn nicht so. Für ihn hiess der Ort anders. Die Hütte, die sein Onkel aufgerichtet hatte, stand im Barrio „Fast-Schon-Im-Himmel". Und Esteban war der einzige, der das wusste.
„Ich habe kein Zuhause", sagte der Junge nach einer Weile. Er schleuderte eine Murmel auf die Erde und rief: „Hab' ich nicht, verdammt!"
„Wo wohnst du denn?" fragte Esteban schliesslich mutig.
Der Junge hob die Murmel auf, rieb sie zwischen den Fingern und antwortete dann:
„Am Markt, ich pass aufs Obst auf, dazwischen schlaf ich ..." Freundschaftlich und lächelnd legte er Esteban eine Hand auf die Schulter und fragte ihn: „Wie heisst du denn?"
„Esteban ..."
„Ich heisse Pedro." Er warf die Murmel in die Luft und fing sie in der Handfläche auf. „Wollen wir drum spielen, Esteban?"
Die Murmeln kullerten auf dem Trottoir, verfolgten einander. Die Minuten vergingen, Männer und Frauen gingen an ihnen vorbei, auf der Strasse fuhren Autos vorüber, die Minuten vergingen, weiterhin.
Das Spiel war zu Ende gegangen. Esteban konnte es mit der Fertigkeit Pedros nicht aufnehmen. Sie steckten die Murmeln in die Tasche und standen unentschlossen auf dem grauen Zement des Trottoirs. Wohin jetzt? Sie gingen nebeneinander her. Esteban fühlte sich wohler in der Gesellschaft Pedros als allein.
Sie wanderten durch die Gegend. Immer mehr Häuser. Immer mehr Menschen. Immer mehr Autos auf der Strasse. Und der orangefarbene Schein war immer noch in der Tasche. Da fiel er Esteban ein.
„Schau, was ich gefunden hab!" Er hielt ihn zwischen den Fingerspitzen, und der Wind brachte ihn leicht zum Flattern.

„Verdammt!" rief Pedro aus, nahm ihn und prüfte ihn genau.
„Zehn Soles, verdammt! Wo hast du denn die gefunden?"
„Neben der Autostrasse, beim Berg", erläuterte Esteban.
Pedro gab ihm den Schein zurück und dachte eine Weile angestrengt nach. Dann fragte er:
„Was wirst du damit machen, Esteban?"
„Weiss nicht, aufheben wahrscheinlich ...", und er lächelte scheu.
„Verdammt, ich, mit zehn Soles, ich␣␣tät Geschäfte machen, Ehrenwort!"
„Wie?"
Pedro machte eine ungenaue Handbewegung, die zahllose Möglichkeiten auf einmal andeutete. Die Geste liess sich als völlige Unbesorgtheit bezüglich der zu machenden Geschäfte auslegen oder als Überfluss an Möglichkeiten und Chancen. Esteban begriff nicht.
„Was für Geschäfte, hm?"
„Irgendwelche, Mensch!" Pedro stiess eine Orangenschale beiseite, die vom Trottoir auf die Strasse rollte; fast augenblicklich fuhr ein Autobus darüber und walzte sie in den Asphalt. „Geschäfte gibt's mehr als genug, Ehrenwort. Und in zwei Tagen hätte jeder von uns leicht noch mal zehn Soles in der Tasche."
„Noch zehn Soles?" fragte Esteban verblüfft.
„Aber klar, Mensch, klar!" Er sah Esteban genauer an und fragte ihn: „Bist du von Lima?"
Esteban errötete. Nein, er war nicht am Fuss der grauen Mauern aufgewachsen, hatte nie auf dem rauhen und gleichgültigen Asphalt gespielt. Nichts von all dem während seiner zehn Jahre, ausser heute.
„Nein, ich bin nicht von hier, bin aus Tarma; gestern bin ich angekommen ..."
„Ah!" rief Pedro aus und betrachtete ihn flüchtig. „Von Tarma, was?"
„Ja, von Tarma ..."
Sie hatten den Markt hinter sich gelassen und waren schon

fast an der Autostrasse. Einen halben Kilometer weiter weg ragte der Agustino empor, das Viertel „Fast-Schon-Im-Himmel", wie Esteban es nannte. Vor der Reise, noch in Tarma, hatte er sich gefragt: Werden wir in Miraflores wohnen, in Callao, in San Isidro, in Chorillos, in welchem von diesen Stadtvierteln ist wohl das Haus meines Onkels? Sie hatten den Omnibus genommen, und nach mehreren Stunden anstrengender und ermüdender Reise waren sie in Lima angekommen. Miraflores? La Victoria? San Isidro? Callao? Wo, Esteban, wo? Sein Onkel hatte die Gegend genannt, und es war das erstemal, dass Esteban davon gehört hatte. Muss ein neues Viertel sein, dachte er. Sie nahmen ein Taxi und fuhren durch Strassen und noch mehr Strassen. Alle waren verschieden, aber, seltsam, auch alle einander ähnlich. Das Auto setzte sie am Fuss eines Berges ab. Hütten unten am Berg, Hütten auf halber Höhe des Berges, Hütten auf dem Gipfel des Berges. Sie waren hochgeklettert, und als sie oben angelangt waren, schon fast bei der Hütte, die sein Onkel aufgerichtet hatte, hatte Esteban hinuntergeblickt auf die Bestie mit der Million Köpfe. Das „Ding" erstreckte sich weit und dehnte sich aus, bedeckte die Erde mit Häusern, Strassen, Dächern, Gebäuden, weiter als sein Blick reichte. Und dann hatte Esteban in die Höhe gesehen, und ihm war gewesen, als stünde er so hoch über allem, dass er gedacht hatte, er befände sich im Viertel „Fast-Schon-Im-Himmel".
„Hör zu, möchtest du mit mir zusammen ein Geschäft machen?" Pedro war stehengeblieben, betrachtete ihn und harrte der Antwort.
„Ich ...?" fragte er stotternd. „Was für ein Geschäft? Hätt' ich da morgen noch mal einen Schein?"
„Klar, Mensch, und ob!" bestätigte Pedro entschlossen.
Estebans Hand liebkoste den Schein, und er dachte daran, dass er noch einen haben könnte, und noch einen, noch viele mehr. Schrecklich viele Scheine mehr wahrscheinlich. Dann wäre das „zehn Jahre" doch das Ziel, von dem er immer geträumt hatte.
„Was für Geschäfte zum Beispiel, hm?" fragte Esteban.

Pedro lächelte und erklärte es ihm:
„Da gibt es viele ... Wir könnten alte Zeitungen kaufen und sie in Lima verkaufen; wir könnten Illustrierte kaufen, Abenteuerhefte ..." Er machte eine Pause und spuckte heftig aus. Seine Begeisterung wurde immer grösser, und er sagte: „Schau, jetzt kaufen wir für zehn Soles Abenteuerhefte und verkaufen sie gleich, noch heute nachmittag, und dann haben wir fünfzehn Soles, Ehrenwort."
„Fünfzehn Soles?"
„Klar, fünfzehn Soles! Zweieinhalb für dich und zweieinhalb für mich. Was meinst du, hm?"
Sie vereinbarten, sich in einer Stunde unten am Berg zu treffen; vereinbarten, dass Esteban nichts zu seiner Mutter sagen würde, weder zu seiner Mutter noch zu seinem Onkel; vereinbarten, dass sie Abenteuerhefte verkaufen würden und dass aus dem Zehn-Sol-Schein Estebans noch schrecklich viel mehr werden würden.
Esteban hatte hastig zu Mittag gegessen und dann seine Mutter um Erlaubnis gebeten, noch mal in die Stadt hinuntergehen zu dürfen. Sein Onkel kam zum Mittagessen nicht nach Hause, denn da, wo er arbeitete, bekam er das Essen frei, ganz und gar umsonst, wie er hervorgehoben hatte, als er es ihnen erklärte. Esteban blieb am Rand der Autostrasse stehen, genau am selben Fleck, wo er am Morgen die Zehn-Sol-Note gefunden hatte. Wenig später tauchte Pedro auf, und zusammen machten sie sich auf den Weg, hinein in die Bestie mit der Million Köpfe.
„Wirst sehen, wie leicht es ist, Illustrierte zu verkaufen, Esteban. Wir legen sie einfach irgendwo aus, die Leute sehen sie, und schon ist's soweit, sie kaufen sie für ihre Kinder. Wenn wir wollen, können wir sie auf der Strasse auch ausrufen, dann kommen die Leute schneller ... Wirst schon sehen, wie toll das ist, Geschäfte machen ...!"
„Ist's noch weit bis dahin?" fragte Esteban, als er feststellte, dass die Strassen immer länger wurden, fast bis ins Unendliche reichten. Wie weit weg war all das, woran er bis vor wenigen Tagen noch gewöhnt gewesen war.

„Nein, nicht mehr. Jetzt sind wir gleich bei der Strassenbahn, und da fahren wir schwarz mit bis ins Zentrum."
„Wieviel kostet die Strassenbahn?"
„Nichts, Mensch!" Und Pedro lachte laut auf. „Wir steigen einfach aufs Trittbrett und sagen zum Schaffner, er soll uns bis zur Plaza San Martin mitfahren lassen."
Immer noch ein Häuserblock. Und die Autos, einige alt, andere unglaublich neu und wie zum allererstenmal gefahren, schossen vorüber, Gott weiss wohin.
„Wohin fahren die Leute in den Autos?"
Pedro lächelte und sah Esteban an. Aber – wohin fuhren sie eigentlich? Pedro fand keine zufriedenstellende Antwort und beschränkte sich darauf, den Kopf zu wiegen. Ein Häuserblock nach dem andern. Endlich hörte die Strasse auf, und sie kamen zu einer Art Anlage.
„Lauf!" schrie ihm Pedro plötzlich zu. Die Strassenbahn fuhr eben an. Sie rannten hinterher, überquerten mit zwei Sätzen die Autostrasse und sprangen aufs Trittbrett.
Als sie darauf standen, sahen sie sich grinsend an. Esteban verlor allmählich seine Angst und kam zu dem Schluss, dass er nach wie vor der Mittelpunkt von allem war. Die Bestie mit der Million Köpfe war gar nicht so grauenhaft, wie er geträumt hatte, und es bedeutete ihm nichts mehr, jetzt, hier oder woanders, mitten im Zentrum vom Ganzen, mitten im Nabel der Bestie zu sein.
Nach einer Reihe von Haltestellen schien es, dass die Strassenbahn endgültig zum Stillstand gekommen war. Alle Leute erhoben sich von ihren Plätzen, und Pedro stiess Esteban an.
„Los, worauf wartest du denn?"
„Hier?"
„Klar, steig ab."
Sie stiegen ab, und wieder hiess es, auf der Zementhaut der Bestie dahinwandern. Esteban sah hier mehr Leute und sah sie – Gott weiss wohin – in grösserer Eile dahineilen als vorher. Warum gingen sie eigentlich nicht ruhig, gemütlich, geniesserisch wie die Leute in Tarma?

„Nachher kommen wir hierher zurück, und genau hier verkaufen wir die Abenteuerhefte."
„Schön", nickte Esteban. Der Ort war das wenigste, sagte er sich, das Wichtigste war, die Hefte zu verkaufen und dass der Zehn-Sol-Schein sich in weitere verwandelte. Das war wichtig.
„Hast du auch keinen Papa?" fragte ihn Pedro, während sie in eine Strasse einbogen, durch die Strassenbahngeleise führten.
„Nein, ich hab' keinen ..." Und er senkte traurig den Kopf. Und dann, nach einem Moment, fragte Esteban: „Und du?"
„Auch nicht, keinen Papa, keine Mama." Pedro zuckte die Achseln und ging schneller. Danach fragte er wie zufällig: „Und der 'Onkel', wie du ihn nennst?"
„Ah – der wohnt bei meiner Mutter, ist als Chauffeur nach Lima gekommen ..." Er verstummte, aber gleich darauf sagte er: „Mein Papa ist gestorben, da war ich noch klein ..."
„Ah, verdammt! ... Und dein 'Onkel', wie behandelt dich der?"
„Gut; redet mir nie drein."
„Ah!"
Sie waren angekommen. Hinter einer grossen Haustür sah man einen ziemlich grossen Patio, Türen, Fenster und zwei Schilder mit der Aufschrift „Zeitschriftengrosshandel".
„Los, komm rein!" befahl Pedro.
Dann waren sie drinnen. Vom Boden bis zur Decke waren Zeitschriften aufgestapelt, und einige kleine Jungen wie sie selber, zwei Frauen und ein Mann wählten aus, was sie kaufen wollten. Pedro ging auf eines der Gestelle zu und klemmte immer mehr Zeitschriften unter den Arm. Er zählte sie und traf eine engere Auswahl.
„Zahl!"
Esteban zögerte einen Augenblick. Sich von dem orangefarbenen Schein zu trennen, war unangenehmer, als er angenommen hatte. Es war erfreulich, ihn in der Tasche zu haben und ihn, so oft man wollte, liebkosen zu können.
„Zahl!" wiederholte Pedro und hielt die Zeitschriften einem

dicken Mann hin, der den Verkauf überwachte.
„Macht's genau zehn Soles?"
„Ja, genau. Zehn Zeitschriften zu je einem Sol."
Er umkrampfte den Schein verzweifelt, aber schliesslich zog er ihn doch aus der Tasche. Pedro riss ihn ihm schliesslich aus der Hand und gab ihn dem Mann.
„Komm", sagte er und zog ihn hinter sich her.
Sie stellten sich auf der Plaza San Martin auf und legten die zehn Hefte nebeneinander auf eine der Steinbalustraden, die die Grünanlagen einfassten. Abenteuerhefte, Abenteuer, Abenteuer, der Herr, Abenteuerhefte, die Dame, Abenteuer, Abenteuerhefte. Jedesmal, wenn eine der Zeitschriften mit einem Käufer verschwand, atmete Esteban erleichtert auf. Es blieben noch sechs, und bald, wenn es so weiterging, würde wohl keine mehr übrigbleiben.
„Na, was sagst du jetzt, hm?" fragte Pedro und lächelte stolz.
„Toll, toll ...", und er war seinem Freund und Partner enorm dankbar.
„Abenteuerhefte, Abenteuer, wollen Sie kein Abenteuerheft, mein Herr?" Der Mann blieb stehen und betrachtete die Titelbilder. Wieviel? Bloss ein Sol fünfzig ... Die Hand des Mannes schwebte unentschlossen über zwei Zeitschriften. Welche, welche sollte er nehmen? Endlich entschied er sich. Da ist das Geld. Und die Münzen verschwanden klimpernd in Pedros Tasche. Esteban beschränkte sich darauf zuzusehen, überlegte und zog seine Schlüsse: Träumen, droben in Tarma, von einer Bestie mit einer Million Köpfe, das war eine Sache; eine andre war's, in Lima zu sein, mitten im Zentrum des Universums, das Leben mit Genuss einzuatmen und zu schmecken.
Er hatte das Geld gegeben, und das Geschäft ging allerbestens. „Abenteuer, Abenteuerhefte", schrie sein Partner, und dann verschwand wieder ein Heft in ungeduldigen Händen. „Beeil dich mit dem Wechselgeld!" rief der Käufer. Und alle Welt hastete unaufhörlich vorbei. Wohin gehen die nur, dass sie's so eilig haben? dachte Esteban.

Na ja, immerhin, die Bestie war eine gutmütige Bestie, freundlich, wenn auch ein wenig schwierig zu verstehen. Das machte aber nichts; mit der Zeit würde er sich bestimmt daran gewöhnen. Es war eine herrliche Bestie, die da zuliess, dass sich der Zehn-Sol-Schein vervielfachte. Jetzt blieben nur noch zwei Hefte auf der Balustrade. Nur zwei, und acht waren in unbekannten Winkeln der Bestie verschwunden. „Abenteuer, Abenteuerhefte, Abenteuer, ein Sol fünfzig ..." Da, jetzt waren alle bis auf eines weg, und Pedro verkündete, dass es halb fünf sei.
„Verdammt! Ich sterb fast vor Hunger, hab nicht zu Mittag gegessen", stiess er hervor.
„Nicht zu Mittag gegessen?"
„Nein, da gab es nichts zu essen ..." Er beobachtete mögliche Käufer unter den Passanten, dann schlug er vor: „Könntest du nicht gehen und ein Brötchen oder ein Stück Kuchen kaufen?"
„Sofort", sagte Esteban, „klar."
Pedro holte ein Solstück aus der Tasche und erläuterte: „Das ist von den zwei fünfzig aus meinem Verdienst, verstehst du?"
„Ja, ich weiss schon."
„Siehst du das Kino?" fragte Pedro und deutete auf eins an der Ecke. Esteban nickte. „Gut, du gehst die Strasse entlang, und in der Mitte des Blocks ist ein kleiner Laden von Japanern. Da gehst du hinein und kaufst mir ein Schinkenbrot. Oder bring mir lieber eine Banane und Zwieback, irgend etwas, Esteban, ja?"
„Ja."
Er nahm den Sol, überquerte die Strasse, ging zwischen zwei geparkten Autos hindurch und bog in die Strasse ein, die Pedro ihm bezeichnet hatte. Ja, da war der Laden. Er ging hinein.
„Geben Sie mir ein Schinkenbrot", sagte er zu dem Mädchen, das bediente.
Sie nahm das Brot aus dem Schaufenster, wickelte es ein und gab es ihm. Esteban legte die Münze auf den Ladentisch.

„Macht einen Sol zwanzig!" sagte das Mädchen.
„Einen Sol zwanzig!" Er gab das Brot zurück und stand einen Augenblick unentschlossen da. Dann entschied er sich: „Geben Sie mir Zwieback für einen Sol."
Das Paket mit dem Zwieback in der Hand, ging er langsam zurück. Er kam am Kino vorbei und blieb stehen, um die lockenden Anzeigen zu betrachten. Er schaute sie an, solange es ihm Spass machte, dann ging er weiter. Ob Pedro das letzte Heft schon losgeworden war?
Später, auf dem Heimweg nach „Fast-Schon-Im-Himmel", würde er glücklich sein, ganz und gar glücklich. Er dachte weiter darüber nach, ging schneller, überquerte die Strasse, wartete, bis einige Autos vorbeigefahren waren, und erreichte den Bürgersteig. Zwanzig oder dreissig Meter weiter vorn war Pedro zurückgeblieben. Oder hatte er sich geirrt? Denn Pedro war nicht mehr an der Stelle, auch sonst nirgends. Er erreichte den Ort, und nichts, kein Pedro, kein Heft, keine fünfzehn Soles, kein ... Wie hatte er sich so verirren oder verlaufen können? Aber, war denn das nicht hier, wo sie vorhin die Zeitschriften verkauft hatten? War's oder war's nicht hier gewesen? Er schaute sich um. Doch, da in der Anlage hinter der Balustrade lag noch die leere Schokoladenpakkung. Das Papier war gelb mit roten und schwarzen Buchstaben darauf, und es war ihm aufgefallen, als sie sich dort aufgestellt hatten, vor mehr als zwei Stunden. Ja dann – dann hatte er sich doch nicht verlaufen? Und Pedro, die fünfzehn Soles, und die Zeitschrift?
Wahrscheinlich hatte er zu lange gebraucht, und Pedro suchte ihn jetzt. Das war's, so musste es gewesen sein, klar. Die Minuten verstrichen. Nein, Pedro war nicht auf der Suche nach ihm, sonst wäre er schon zurück. Vielleicht war er mit einem Käufer zum Geldwechseln gegangen. Immer mehr Minuten verstrichen. Nein, Pedro war nicht zum Geldwechseln gegangen, sonst wäre er schon zurück. Dann ...?
„Herr, wissen Sie, wieviel Uhr's ist?" fragte er einen jungen Mann, der vorüberging.

„Ja, Punkt fünf."
Esteban senkte den Blick, versenkte ihn in die Haut der Bestie und zog es vor, nicht weiter zu überlegen. Er wusste, wenn er weiter überlegte, würde er weinen müssen, und das ging nicht. Er war schliesslich schon zehn Jahre alt, und zehn Jahre waren nicht acht, auch nicht neun. Es waren zehn Jahre!
„Wissen Sie, wieviel Uhr 's ist, Fräulein?"
„Ja." Sie lächelte und sagte mit hübscher Stimme: „Zehn Minuten nach sechs" und ging hastig weiter.
Und Pedro, und die fünfzehn Soles, und die Zeitschrift? Wo waren sie? In welchem Winkel dieser Bestie mit der Million Köpfe waren sie denn? Leider wusste er es nicht, und es blieb nur eins: warten und weiter warten.
„Wieviel Uhr ist's, Herr?"
„Viertel vor sieben."
„Danke."
Ja, dann? ... Dann würde Pedro also nicht mehr zurückkommen? ... Weder Pedro noch die fünfzehn Soles noch die Zeitschrift würden wiederkommen ... Hunderte von Leuchtreklamen waren angeschaltet worden. Leuchtreklamen, die angingen und wieder ausgingen; und immer mehr Menschen auf der Haut der Bestie. Und die Leute gingen jetzt noch hastiger. Schnell, schnell, beeilt euch noch mehr, es muss immer noch sehr viel schneller gehen. Und Esteban harrte reglos, stand an die Balustrade gelehnt, das Paket Zwieback in der Hand und die Hoffnung in der Tasche Pedros ... Unbeweglich, angestrengt, um nicht in lautes Weinen auszubrechen.
Dann – hatte Pedro ihn also betrogen? ... Pedro, sein Freund, hatte ihm den orangefarbenen Schein gestohlen? ... Oder war nicht vielmehr die Bestie mit einer Million Köpfe die Ursache? ... Und war Pedro vielleicht nicht Teil der Bestie?
Ja und nein. Aber jetzt war nichts mehr wichtig. Er verliess die Balustrade, knabberte an einem Zwieback und ging, untröstlich, zur Strassenbahn.

Worterläuterungen

Sol	Währung in Peru (Mehrzahl: Soles) 100 Soles = 13 Rappen, Kurswert vom September 1984. (Zum Vergleich: Kurswert vom Mai 1976: 1 Sol = 5 Rappen) 1 Sol = 100 Centavos, 10 Centavos = 1 Real
Hola	Hallo auf spanisch. Der übliche Ausdruck zur Begrüssung.
Maniok	Tropisches amerikanisches Wolfsmilchgewächs, das auch in Afrika und Asien angebaut wird. Die Wurzelknollen dienen nach dem Auskochen des Blausäuregiftes als Nahrungsmittel. Maniok ist in der Dritten Welt weit verbreitet und stellt an vielen Orten ein Grundnahrungsmittel dar.

Brasilien

Einführung

Brasilien ist der fünftgrösste Staat der Erde, er ist 16 mal so gross wie Frankreich und bedeckt allein 47 Prozent des Südamerikanischen Kontinents. Mit einer Bevölkerungszahl von 120 Millionen steht er unter den Ländern der Erde an siebenter Stelle. Dieses riesige Territorium zerfällt in fünf Regionen:
Der *Norden* wird vor allem durch das grosse Amazonasbekken bestimmt. Der Amazonas ist mit 6'518 Kilometern der längste Fluss der Erde. Das brasilianische Amazonasgebiet nimmt fast die Hälfte des Landes ein, zählt aber nur sechs Millionen Einwohner. Der Boden des dichten tropischen Urwaldes ist reich an Bodenschätzen. Die Transamazonia, eine Strasse quer durch den Urwald, sollte den Abbau der Bodenschätze ermöglichen; Rodungen im grossen Stil sollten billiges Weideland für Rinderhaltung hergeben. Multinationale Konzerne sicherten sich riesige Ländereien. Die Ausbeutung des Amazonasgebietes geht vor allem auf Kosten der dort ansässigen Indianervölker, die rücksichtslos vertrieben werden. Das Abholzen und Besiedeln weiter Waldgebiete gefährdet das ökologische Gleichgewicht, bedroht Flora und Fauna und kann sogar das Wetter ungünstig beeinflussen.
Dinalva, die Autorin und Heldin unserer Geschichte, und ihre Familie wohnen im *Nordosten* (ca. 35 Millionen Einwohner), der ärmsten Region des Landes. Nur das Küstengebiet hat genug Niederschläge. In seinem Innern, dem Sertão, regnet es sehr selten, und es gibt Zeiten absoluter Trok-

kenheit, die Jahre andauern können. Um gigantische „Erschliessungsprojekte" wie zum Beispiel die Errichtung des grössten Wasserkraftwerkes der Erde in Itaipù voranzutreiben, wurden Hunderttausende von Kleinbauern von ihren kleinen, mageren Feldern verjagt. Es gibt heute 15 Millionen Bauern ohne Land. Täglich ziehen zahllose verarmte Bauern in die Städte, wo sie auch keine Arbeit finden und sich unter schlechtesten Bedingungen in riesigen Elendsquartieren einrichten. Mit Geduld, Phantasie und Zähigkeit überleben sie fast ohne Einkommen.

Schon bevor die ausländischen Multis, deren Projekte zum Teil mit Geldern der Weltbank mitfinanziert werden, den Nordosten Brasiliens entdeckten, litten die Bewohner unter den seit 400 Jahren kaum veränderten Feudalstrukturen, in denen die Mehrheit der Bevölkerung als rechtlose Landarbeiter dahinvegetiert. Von dem landwirtschaftlich nutzbaren Boden, der zu einem grossen Teil brach liegt, befinden sich 90 Prozent im Besitz von nur zehn Prozent der Bevölkerung. Praktisch alle Landarbeiter verdienen unter dem Mindestlohn (1980 rund 100 Franken im Monat im Nordosten, gegenüber 140 Franken in São Paulo), sie müssen sich verschulden, um überleben zu können und geraten in sklavenähnliche Abhängigkeit von ihren Arbeitgebern. Hunderttausende, vor allem junge Leute zwischen 15 und 25 Jahren, sind arbeitslos. Auf den Grossfarmen wird vor allem für den Export produziert und, neuerdings, Zuckerrohr als Benzinersatz angepflanzt. Den agrarischen Grossunternehmen und den Fabriken kommen die Stauwerke in erster Linie zugute. Pläne für eine grundlegende Agrarreform, die viele Probleme lösen könnte, sind bisher nie realisiert worden.

Der *Zentrale Westen* ist ein riesiges Gebiet, das mit 7,5 Millionen Einwohnern nur dünn bevölkert ist. Hier, mitten in der Gegend, die fast einer Wüste gleicht, wurde die neue Hauptstadt Brasilia erbaut. In der künstlichen Atmosphäre der Betonhauptstadt Brasilia, weitab von den Nöten der

Landarbeiter, der Kleinbauern und dem Elend der städtischen Slumbewohner, regieren und planen die Minister, die Militärs, die Funktionäre und Technokraten.

Im *Südosten* beginnt ein anderes Brasilien, das industrielle Brasilien, das den Industriezonen Europas ähnlich ist. Auf einer Fläche von nur 11 Prozent des ganzen Landes lebt fast die Hälfte aller Brasilianer, darunter weit über 20 Millionen in den beiden Städten São Paulo und Rio de Janeiro. Allein die Region um São Paulo bringt 40 Prozent der gesamten Industrieproduktion Brasiliens hervor. 14 Millionen Einwohner zählt São Paulo heute, man schätzt, dass sich die Bevölkerung in den nächsten zwanzig Jahren verdoppeln wird. Immer weiter dehnen sich die riesigen Vorstädte der Arbeiter aus. Immer mehr Menschen ziehen in die Region von São Paulo, vor allem aus dem verarmten Nordosten.

Etwas weiter nördlich liegt Rio de Janeiro, die Stadt des Karnevals und des Nachtlebens, bunt schillernd, wie wir sie aus dem Reiseprospekt kennen. (Bis 1960 war Rio die Hauptstadt Brasiliens gewesen.) Aber das Bild der Reiseprospekte trügt. Hinter den hell beleuchteten Fassaden des Zentrums, hinter den Hotels, Banken, und den prächtigen Villen der Reichen dehnen sich kilometerweit die Favelas, die Wellblechsiedlungen der Armen. Ihre Lebensbedingungen sind katastrophal: ständige Überbelastung durch Überstunden, steigende Zahl von Arbeitsunfällen, teilweise drei bis vier Stunden Fahrzeit zum Arbeitsplatz, steigende Arbeitslosigkeit, chronische Unterernährung, hohe Kindersterblichkeit, minimale ärztliche Versorgung, Unterkünfte ohne Wasser, Elektrizität und ohne Toiletten ... Hoffnungslosigkeit und Verzweiflung steigern die Kriminalität, Polizeieinheiten, offizielle, aber auch private der Reichen, die ausserhalb jeder Legalität agieren, kämmen regelmässig die Satellitenstädte des Elends durch und erhöhen das Klima der Unsicherheit. Gegen 3'000 Menschen sind 1980 in Rio ermordet worden.

Im gleichen Südosten, wo die Industrie auf Kosten der Armen produziert und täglich Menschen am Hunger und seinen Folgen sterben, liegen auch die riesigen Plantagen mit tropischen Agrarprodukten für den Export: Kaffee, Orangen und Bananen, Soja als Nahrungsmittel für das Vieh der reichen Länder (damit wir unseren unersättlichen Hunger nach immer besseren Fleischstücken befriedigen können).

Im *Süden* schliesslich dehnen sich riesige Weidegebiete aus, auf denen grosse Rinderherden herumwandern. Der Süden, bis Ende des 19. Jahrhunderts praktisch unbewohnt, hat eine grosse Zahl europäischer Siedler angezogen, vor allem Italiener, Deutsche, auch Schweizer. Neben der Rinderzucht gibt es Landwirtschaft, Getreide, Früchte, Reben, Soja. Heute leben hier etwa 20 Millionen Menschen.

*

Was in Brasilien auffällt, ist die bunte Zusammensetzung der Rassen. Nachkommen von Schwarzen, Weissen und Indianern vermischen sich wie in einem riesigen Schmelztiegel. Etwa 60 Prozent sind Weisse. Sie sind meist portugiesischer und italienischer Abstammung. 27 Prozent sind Mulatten (Mischlinge zwischen Schwarzen und Weissen) und Caboclos (Mischlinge zwischen Weissen und Indianern), zehn Prozent sind Schwarze und Cafusos (Mischlinge zwischen Schwarzen und Indianern). Dazu kommt ca. eine halbe Million Asiaten.

Die Indianer machen heute nur noch einige zehntausend Menschen aus, während ihre Zahl bei der Ankunft der Portugiesen im 15. Jahrhundert auf ca. sechs Millionen geschätzt wird. Sie leben in kleinen Gemeinschaften vor allem im Amazonasgebiet. Krankheiten der Europäer, eine Politik der Regierung, die darauf abzielte, die Indianer zu „integrieren", und neuerdings die „Erschliessung" des Amazonasurwaldes liessen ihre Zahl zusammenschrumpfen. Lange bestand ihre Abwehr in aktivem und passivem Widerstand gegen die neuen Brasilianer. Heute verlangen die Indianer Brasiliens — und mit ihnen die ca. 30 Millionen Indianer der beiden amerikanischen Subkontinente — das Recht, in ihrem eigenen Land als Indianer leben zu können.

*

Nach dem Sturz der linksgerichteten Regierung Goulart im Jahr 1964, der das brüske Ende vieler sozialreformerischer Bestrebungen bedeutete, erzwang die Militärregierung mit scharfen Polizeimassnahmen „Ruhe" im Land, fror die Löhne ein, verbot die Arbeiter- und die Bauernorganisationen, verfolgte und verhaftete ihre Führer und setzte den Alphabetisierungskampagnen ein Ende. Gleichzeitig wurden ausländischen Investoren günstige Bedingungen angeboten (Steuererleichterungen, Subventionen, Gewinntransfer etc.). Dies machte sich auch die Schweiz zunutze, sie steht an dritter Stelle der auswärtigen Investoren (nach den USA und der Bundesrepublik Deutschland), alle grossen und viele mittlere und kleine Schweizer Betriebe haben in Brasilien eine Niederlassung. Heute leben ca. 5'000 Schweizer in Brasilien, viele sind Doppelbürger. Zusammen mit den niedrigen Löhnen und dem Heer Arbeitsloser, das heisst stets verfügbare Millionen Arbeitssuchende, und den reichen Rohstoffquellen wurde das Brasilien der Militärs zu einem Paradies für ausländische Konzerne. Auch die inländische Oberschicht profitierte. Dies führte auf der einen Seite zu einem spektakulären Aufschwung der Wirtschaft, zu Massenverelendung und unkontrollierter Ausbeutung der Natur auf der anderen Seite. Die Gegensätze vertiefen sich immer mehr. Heute verfügt ein Prozent der Brasilianer über ein Viertel des Gesamteinkommens, während die Hälfte der Bevölkerung mit zehn Prozent auskommen muss.
In diesem verfehlten Entwicklungsmodell, das immer mehr Menschen an den Rand der Gesellschaft drängt, nimmt als einzige organisierte Gegenkraft die Kirche die Interessen der

Armen, der Indianer, der Landlosen, der verjagten Kleinbauern, der rechtlosen Industriearbeiter und der Millionen arbeitsloser Slumbewohner wahr. In den Städten und auf dem Land setzen sich Priester und Bischöfe — unter ihnen Dom Helder Camara — unermüdlich für die Rechte und die Würde der Unterdrückten ein. Viele werden deswegen verfolgt und immer wieder bedroht. Sichtbarster Ausdruck der sozialreformerischen Tendenz sind die über 60'000 kirchlichen Basisgemeinschaften, die immer häufiger die Initiative ergreifen, um soziale Not zu lindern und konkrete Lösungen zu suchen.
Gross waren die Hoffnungen der Unterdrückten und der progressiven Brasilianer, als 1979 General Figueredo als Präsident die Regierung übernahm und sich eine „demokratische Öffnung" anbahnte. Doch die langjährige Fehlplanung war nicht mehr zu korrigieren. Das Wirtschaftswunder ist wie ein Ballon zusammengeschrumpft, die „Öffnung" gestorben, Erfolg und Zuversicht sind dahin. So fasste der Journalist Romeo Rey die Situation Brasiliens im Sommer 1984 zusammen: „Eine Inflation in der Rekordhöhe von 230 Prozent — ein Exportüberschuss von 6,5 Milliarden Dollar, mit einer drastischen Drosselung der Einfuhren erkauft, was die Rezession im vierten aufeinanderfolgenden Jahr verschärft — 11 Millionen Arbeitslose, die als Strassenhändler, Bettler und Taschendiebe die Städte belagern — eine Auslandschuld von 100 Milliarden Dollar, die Zinsleistungen von nahezu 13 Milliarden erfordert, 60 Prozent aller Exporterlöse des letzten Jahres — Korruptionsaffären, die Staat und Steuerzahler Unsummen kosten — tägliche Plünderungen von Nahrungsmittellagern und Geschäften im Nordosten, wo 20 Millionen Menschen der Dürre praktisch schutz- und wehrlos ausgeliefert sind — ständige Patrouillen des Internationalen Währungsfonds, der alle Bücher kontrolliert, noch schärfere Rezession vorschreibt, die Souveränität des Landes annulliert: Das sind die Eckdaten zum 20. Jahrestag der Machtergreifung des Militärs in Brasilien." — Auf den 1985 demokratisch gewählten zivilen Staatspräsi-

denten Tancredo Neves setzten wieder viele Brasilianer alte und neue Hoffnungen. Sein Tod, wenige Wochen nach den Wahlen, bescherte dem geplagten Land eine unerwartete politische Situation, in der wieder alles offen ist.

*

Zur Zeit der Veröffentlichung von Dinalvas Tagebuchheften war der von der Regierung festgesetzte Mindestlohn 144 Cruzeiros pro Monat. Die finanzielle Lage einer durchschnittlichen Familie, in der der Mann eine feste Stelle hatte, sah damals folgendermassen aus: Der Mann dieser Familie arbeitete in der Verwaltung und verdiente 144 Crs im Monat. Die Frau verkaufte Obst und Getränke und verdiente 100 Crs im Monat. Sie hatten 10 Kinder im Alter von eins bis zwölf. Der Älteste bewachte die Wagen der Touristen und erzählte den Fremden die Geschichte des Viertels. Ausserdem schnitzte er und verkaufte seine Arbeiten an diese Touristen. Mit seinem Verdienst konnte die Familie mit rund 300 Crs im Monat rechnen, um zwölf Personen zu ernähren, unterzubringen und anzuziehen. Die Kosten für eine bescheidene Haushaltung waren:
— Frühstück: 1 Kilo Brot, Kaffee und Milch = 3.10 Crs
— Mittagessen: 1 Kilo Trockenbohnen, Mandiokamehl, Reis, Fleisch (5.00) und Brot = 9.05 Crs
— Abendessen: Suppe, Brot und Kaffee = 3.90 Crs
— für Kinder: Zucker und Bananen = 1.20 Crs
  total täglich = 17.25 Crs
— Miete (80) und Kleider (15) monatlich = 95 Crs

Das ergibt 612.50 Crs im Monat; es fehlten also 312 Crs. Damals wie heute begann man damit, das Fleisch von der Speisekarte zu streichen (150), dann die Milch (24), dann das Obst (21) und schliesslich noch den Reis (16.50). Dennoch blieb jener Familie ein Loch von 100 Crs im Monat. An diesen Verhältnissen hat sich nichts geändert, im Gegenteil, sie verschlechtern sich zusehends zuungunsten der armen Massen. Brasilien gehört zu den Ländern mit der grössten Anzahl von absolut Armen.

Man kann sich leicht die Folgen dieser Armut vorstellen: der Hunger regiert. Ein Mädchen schilderte diesen Zustand so: „Jeden Morgen trinke ich Salzwasser, das stärkt; ich habe den ganzen Tag Durst, ich trinke Wasser, das füllt den Bauch und hilft mir, auf die einzige Mahlzeit, die ich am Tag habe, zu warten." Und ein Arbeiter: „Wenn man dreimal am Tag essen kann, ist das wunderbar; wenn man es nicht kann, gewöhnt man sich daran, nur zweimal oder sogar nur einmal zu essen!"

*

Die folgenden Texte stammen aus einer Übersetzung von zwei Heften zu 100 Seiten, in denen Dinalva, ein junges brasilianisches Mädchen, aufgeschrieben hat, was sie im Alter von elf bis dreiundzwanzig Jahren erlebte – als Kind in der Familie, als Hausangestellte und als Fabrikarbeiterin.

Dinalva Ramos da Silva

„Damals hatten wir den ganzen Tag Hunger"

Meine Kindheit

Ich heisse Dinalva Ramos da Silva und bin dreiundzwanzig Jahre alt. Mein Vater ist Julio Ramos da Silva, meine Mutter ist Maria Pereira da Silva. Ich habe zwölf Geschwister gehabt, vier davon sind ganz klein gestorben, wir blieben zu neunt.
Die beiden ersten — es waren Buben — starben gleich nach der Geburt. Mama sprach manchmal darüber. „Damals", sagte sie, „war das Leben so hart, dass es für sie besser war zu sterben."
Wir wohnten in Maceio, im Arbeiterviertel Bom Parto. Unser Haus gehörte der Aktiengesellschaft „Cotonificio Alexandria", einer Weberei, wo mein Vater seit achtzehn Jahren arbeitete. Sie lag fünf Minuten von uns entfernt. Alle Bewohner unserer Strasse waren Arbeiter dieser Fabrik, der in dem Viertel an die fünfzig Häuser gehörten. In keinem davon gab es Wasser. Man musste es beim „Charafiz" holen, der Verteilungsstelle des Viertels. Wir gingen mit unseren Büchsen hin und warteten manchmal sehr lange, weil es nur zwei Wasserhähne für alle fünfzig Häuser gab.
Schlafzimmer hatten wir zwei. In einem waren drei Betten: Zwei grosse und ein kleines — in dem einen grossen schliefen meine drei Brüder, im anderen die jüngeren Mädchen; Tereza und ich schliefen in dem kleinen Bett. Im zweiten Schlafzimmer waren Papa und Mama.
Ausser den beiden Schlafräumen gab es eine Küche, zwei grössere Zimmer und den Hof. In dem einen Zimmer, das an der Vorderseite des Hauses lag, hatte mein Vater einen kleinen Laden eingerichtet. Im anderen Raum lebten wir

tagsüber. Hier kamen alle zusammen, die Familie und die Nachbarn.
Mit dem Familienleben war es schwierig. Meine Mutter war sehr nervös. Es gab oft Streit zwischen ihr und meinem Vater, was manchmal kaum zu ertragen war. Einmal, ich war neun Jahre alt, hat mich meine Mutter geprügelt — ich erinnere mich noch genau daran. Mein Vater hat mich nie geschlagen. Aus Angst vor Schlägen hielt ich mich in den Ekken auf und habe mir angewöhnt, nicht viel zu reden, besonders nicht mit Mutter. Wenn ich krank war, legte ich mich ins Bett, ohne darüber viele Worte zu verlieren. Ich hatte oft Kopfschmerzen und musste erbrechen. Wegen des Hungers. Damals hatten wir den ganzen Tag Hunger. Er überfiel mich meistens, wenn ich aus der Schule kam. Erst mit etwa neun Jahren hatte ich mit der Schule begonnen.
Mein Alter weiss ich übrigens nicht genau. Die Geburtsurkunde ist falsch.
Eines Tages habe ich meinen Vater und meine Mutter darüber streiten gehört. Vater meinte, dass meine Eintragung berichtigt werden müsse, damit mir das keine Schwierigkeiten mache, wenn ich grösser sei. Damals habe ich erfahren, dass ich nicht seine Tochter bin. Seit diesem Tag habe ich viel gegrübelt.
Meine Eltern sind bis zu meinem elften Jahr zusammengeblieben. Die Nachbarn sagen, dass sie sehr eins gewesen sind, als wir ganz klein waren. Deshalb ist kaum zu verstehen, warum es gekommen ist, dass sie immer streiten. Zweimal schon hatten sie sich getrennt. Das dritte Mal geschah es am 31. März 1950. Den ganzen Tag schon hatten mein Vater und meine Mutter gestritten. Am Abend — ich weiss nicht mehr, wie spät es war — verliess Vater das Haus. Er ging für immer.
Meine Grossmutter väterlicherseits lebte in einem anderen Viertel, fern von unserem, im Pinheiro. Mein Vater hatte ihr dort ein kleines Haus gebaut. Immer schlief einer der Enkel bei ihr. Ich ging am häufigsten hin. An dem Abend, an dem Vater uns verlassen hat, ging ich auch zu ihr. Hier habe ich

ihn wieder getroffen. Er weinte, als er meiner Grossmutter erklärte, dass er soeben das Haus verlassen, meine Mutter zurückgelassen hätte, weil es unmöglich sei, mit ihr zu leben. Ein einziges Mal noch ist er in unser Haus gekommen. Einen Augenblick hoffte ich, er würde bleiben ... Er war nur gekommen, um seine Sachen zu holen, seine Wäsche. Schon an der Tür, drehte er sich noch einmal nach mir und meinen Geschwistern um: „Wer will mit mir kommen?" Ich war damals elf Jahre alt, was sollte ich tun — bei Mama bleiben oder mit Papa gehen? Ich hatte die Grossmutter sehr gern, oft blieb ich bei ihr und half ihr. Deshalb ging ich mit Papa. José und Maria José sind auch mitgegangen.
Die Trennung machte mir sehr zu schaffen, vor allem nachts fehlten mir die anderen und auch Mama. Ich weinte leise in meine Hängematte, damit mich niemand dabei sah oder hörte.
Papa und Mama konnten sich nicht einmal mehr sehen ... Jedesmal, wenn sie sich sahen, stritten sie. Wir Kinder wurden als Boten verwendet: „Sag deiner Mutter, dass ich es satt habe ...", „du wirst deinem Vater sagen, dass das nicht so weitergehen kann ..."
Ich muss gestehen, dass ich — als ich das alles mit ansah — einen Hass in mir aufsteigen fühlte. Hass auf meinen Vater, Hass auf meine Mutter, weil jeder dem andern die Schuld zuschob.
An einem Januarabend kam ein Polizist zu uns und fragte nach Vater.
Unsere Geschichte wurde vor dem Richter erzählt, der entschied, dass wir bei Papa bleiben sollten — ausser meinem älteren Bruder Mario, der nicht zu Papa kommen wollte. Mama musste das Protokoll, in dem sie erklärte, ihre Kinder aus freien Stücken dem Vater überlassen zu haben, unterschreiben. Da sie weder lesen noch schreiben konnte, unterzeichneten zwei Zeugen für sie.
Schwierigkeiten gab es jedoch wegen meiner Schwester Tereza. Sie war dreizehn und schwanger von einem Jungen, mit dem sie schon lange ging. Papa wollte sie nicht mehr im

Haus haben: „Sie ist die Schande des Hauses!" Grossmutter jedoch machte sich Sorgen um Terezas Zukunft. Schliesslich brachte das Vormundschaftsgericht Vater dazu, sie im Haus zu behalten und ihre Hochzeit mit dem Jungen vorzubereiten.
Ende März heiratete Tereza Geraldo. Nach zwei Monaten zogen sie dann in ein kleines Haus im Viertel. Nun übernahm ich Terezas Platz im Haus – ich wurde das „Hausmütterchen", wie eine Nachbarin sagte.
Ich war zwölf Jahre alt und noch recht klein, konnte noch nichts und war verantwortlich für ein ganzes Haus und meine Geschwister. Die Grossmutter zeigte mir alles – kochen, Wäsche waschen, flicken ... und vor allem Vana versorgen, die erst elf Monate alt war. Sie wachte nachts oft auf und weinte. Auch Dilva, damals vier Jahre, und Neru, er war erst fünf, wachten oft noch auf und riefen nach ihrer Mutter. Die anderen waren schon grösser und riefen nicht mehr nach Mama. Sie wussten, dass sie nicht kommen würde.
Grossmutter blieb einige Zeit bei uns. Schliesslich wurde sie krank und ging eines Tages zu einem meiner Onkel.
In einer anderen Strasse, nicht weit von uns, wohnte auch eine Schwester meines Vaters. Ihr Mann hatte sie verlassen, und sie war allein. Sie kam oft in unser Haus, half mir, badete Vana, nähte für uns alle und lehrte mich die Hausarbeit. Eines Tages fragte Papa sie, ob sie nicht mit ihren drei Söhnen zu uns ziehen wollte, das Haus wäre ja gross genug. Sie war einverstanden, und das war für uns alle viel besser. Nun war es mir möglich, wieder ein wenig in die Schule zu gehen – nur vormittags; nachmittags und abends half ich meiner Tante im Haus.
Die Zeit damals war sehr hart, aber die Anwesenheit meiner Tante Francine und meiner Cousins half mir viel, bis sie mir eines Tages eröffneten, dass auch sie wieder fortziehen würden. Diese neuerliche Trennung war bitter für uns alle, doch besonders für mich. Nun musste ich wieder die ganze Verantwortung für das Haus übernehmen. Ich habe oft in der Schule gefehlt und das Spielen ganz sein lassen – ich hatte

einfach keine Zeit mehr, ein Kind zu sein.
Zwei Jahre vergingen. Manchmal ging ich in die Schule, aber nicht immer. Ich hatte keine Zeit dazu. Deshalb bin ich auch bei den Prüfungen nicht durchgekommen, obwohl ich gerne lernte, aber Papa meinte: „Es ist unmöglich, mein Kind, wir haben kein Geld ... und du musst dich um deine Geschwister kümmern."
Eines Abends sagte Papa bei Tisch, dass ich arbeiten gehen müsse, ich sei jetzt alt genug, und er verdiene zu wenig, um uns alle zu ernähren, er schaffe es einfach nicht mehr, und ich sei die Älteste im Haus. Ich verstand Papa gut, da ich täglich das Essen zubereitete; oft bekamen wir nur getrocknete Bohnen und Maniokmehl, kein Fleisch, keinen Reis, das war alles zu teuer für uns. Ich merkte, dass Papa Hunger hatte. Manchmal hatten wir alle Hunger, aber wir sagten es nicht. Wir wussten wohl, Papa tat alles, um genug zu verdienen.
Ich träumte Tag und Nacht davon, einmal nach Rio zu gehen, wo meine andere Grossmutter lebte, die mir versprochen hatte, mich zu sich zu nehmen. Und mein Traum war wunderschön: Einmal in Rio, würde ich arbeiten, viel Geld verdienen und nachts in die Schule gehen. Aber vor allem wäre ich reich, ich würde meine Geschwister holen, dann auch Papa, dann würde ich noch, ohne es Papa zu sagen, Mama holen ... so wären wir wieder alle zusammen und glücklich!
Mein Traum half mir, mein oft mühseliges Leben zu ertragen. Endlich kam der ersehnte Brief aus Rio. Grossmutter liess mir schreiben, dass ich mich bereit machen sollte, dass sie mich holen würde. Sie hatte jemanden gebeten, mir das zu schreiben. Am Abend zeigte ich glückstrahlend Papa den Brief. Er sagte: „Nimm eine Seite aus dem Heft und antworte der Grossmutter." Aufgeregt wartete ich, dass mir Papa sagte, was ich schreiben sollte. Es hiess: „Mama! Ich antworte auf den Brief, den Du an Deine Enkelin Dinalva hast schreiben lassen: Dinalva wird nicht zu Dir nach Rio gehen, weil sie der Kopf meines Hauses hier ist. Jetzt, da sie vierzehn Jahre alt ist, kann sie mir helfen ... sie wird arbeiten ge-

hen ..." Ich fühlte, wie mir die Tränen hochstiegen und die Zeilen vor meinen Augen verschwammen. Verbittert schrieb ich weiter — weil Papa da war, der es mir befahl.
Ich war voll Widerwillen und Hass. Sollte ich von daheim fortlaufen? Hatte Papa meine Grossmutter nur täuschen wollen, als er ihr versprach, dass ich nachkommen würde? Mein ganzer Traum, den ich mir so schön ausgemalt hatte, fiel in sich zusammen. Warum hatte Papa mich so getäuscht? Warum hatte er mich monatelang auf ein Glück hoffen lassen, das er mir nicht geben wollte? Meine Verbitterung wuchs. Damals war es auch, dass ich von Nachbarn erfuhr, dass Mama mit einem andern Mann lebte, einem Witwer namens Pedro. Ich wusste, nun war alles verloren. Schon ein paar Tage darauf brachte Papa eine andere Frau ins Haus: „Das wird eure Mutter sein." Seltsam, sie hatte denselben Namen wie Mama: Maria Pereira. Ich glaube, Papa hat diese Frau genommen, um Mama nicht nachzustehen. Sie hatte schwarze Augen, sehr schönes Haar und einen dunklen Teint.
Ich lernte „meine neue Mutter" kennen. Diese Frau, die Papa ins Haus gebracht hatte, war verheiratet gewesen und von ihrem Ehemann verlassen worden. Sie hatte einen dreijährigen Sohn: Armando, mit ihm richtete sie sich bei uns ein. Neun Monate später gebar sie ein Mädchen: Lindinalva. Diese Kleine hatte die Hautfarbe Papas — weiss — und blaue Augen und kastanienbraunes Haar. Ein Jahr später bekam Maria einen Buben: João, auch er sah Papa ähnlich. Er starb mit zwei Monaten.
Ich nannte unsere neue Mutter beim Vornamen, es war mir einfach nicht möglich, sie mit „Madrasta" (Stiefmutter) anzureden, wie es eigentlich üblich gewesen wäre. Bald begannen die Schwierigkeiten zwischen Armando und meinen Brüdern. Wir verstanden uns überhaupt nicht. Maria kümmerte sich nur um ihre Kinder. Papa wurde schwach, für ihn gab es nur sie. Meine kleinen Geschwister, ja wir alle schienen nicht mehr seine Kinder zu sein.
Eines Abends rief mich Vater zu sich ins Zimmer, er war ge-

rade aus der Fabrik gekommen. Ich hatte zuerst Angst, weil er seit langem nicht mehr mit mir sprach — wegen Maria. Er schrie nur noch hinter uns her, hatte nie mehr ein liebes Wort für uns, auch für mich nicht. Als ich neben ihm im Zimmer stand, sagte er: „Dinalva, du gehst jetzt arbeiten." — „Wohin?" Ich erfuhr, dass ich zuerst im Haus von Herrn Carlos, dem Leiter der Fabrik, arbeiten sollte, aber nur während der Festlichkeiten für seine Schwiegermutter. Sie hatte Geburtstag, und es sollte viele Gäste geben. Nach dem Fest würde ich in die Fabrik gehen.
Ich ging ohne ein Wort aus dem Zimmer. Mich bewegte nur eine Frage, und bei Tisch rückte ich damit heraus: „Papa, werde ich in diesem Haus zur Schule gehen können?" Darauf er: „Frauen brauchen nicht zu lernen. Du fragst nur, weil du keine Lust hast, etwas zu arbeiten. Du Faulpelz." Nun hielt ich den Mund, ich wollte keine Schläge riskieren ... Aber es fiel mir in solchen Situationen sehr schwer, meinen Vater zu lieben. Er war gegen mich, ich konnte nichts von meinen Wünschen, meinen Kümmernissen oder meinen Gedanken sagen. Maria verstand mich auch nicht. Ich machte damals eine grosse Entdeckung: Man war allein, ganz allein, um dem Leben die Stirn zu bieten.
Ich wollte nicht arbeiten, ich wollte lernen! Währenddessen packte Maria meine Habseligkeiten ein. Sie war zufrieden, fast glücklich, und das tat mir am meisten weh.

Als Hausangestellte

Am 20. Februar, es war ein Freitag, um sechs Uhr früh, begann ich mein Leben als Hausangestellte. Ich war damals vierzehn Jahre alt. Vater stellte mich selbst meiner Dienstgeberin vor: „Gnädige Frau, das ist Dinalva, ich hoffe, sie wird sie ganz zufriedenstellen." Danach verliess er mich.
Es war eines der schönsten Häuser von Maceio, das schönste in der Strasse, auch das grösste. Es hatte zwei Veranden. Die rechte, sie lag auf der Gartenseite, war mit schönen Sesseln

und kleinen Tischen aus Rohr eingerichtet. Hier empfingen meine Herrschaften ihre Gäste. Die andere Veranda lag auf der linken Seite des Hauses und war für uns Dienstboten.
Der ganze linke Flügel des Hauses war den Herrschaften vorbehalten. Zuerst kam das Arbeitszimmer von Herrn Carlos, wo das Telefon stand. Oft blieb er hier, schrieb oder ordnete Papiere.
Hinter dem Arbeitszimmer war das grosse Schlafzimmer der Herrschaften, anschliessend das Bad, wie ich noch nie ein so schönes gesehen hatte. Danach kam der kleine Salon, in den zwei kleinere Zimmer für Gäste und Besucher mündeten, und ein zweites Badezimmer. Ganz hinten war ein grosser Garten und am Ende desselben die Garage, über der unsere Dienstbotenzimmer lagen. Wir mussten die Garage durchqueren und eine steile, schmale Treppe hinaufsteigen.
Alles schüchterte mich ein: das Haus, die kostbaren Möbel, das Leben der Herrschaften, ihre Art zu sprechen. Nie hatte ich das vorher gesehen. Ich kam mir ganz verloren vor. Neben mir gab es noch drei andere Angestellte: Carmelita, die bei Tisch bediente, Emilia, die Köchin, und Laura, die Waschfrau. Von nun an waren wir zu viert. Es war da noch Marisa, eine Frau von 32 Jahren, die lange in der Fabrik von Herrn Carlos gearbeitet hatte. Sie war „krank", wie es hiess, und mein Dienstherr hatte ihr angeboten, sie solle dableiben und sich pflegen. Sie war nett, aber an manchen Tagen war es schwierig, sie zu verstehen und mit ihr zu leben.
Das waren viele Leute, um drei Personen zu bedienen: den Gnädigen Herrn, die Gnädige Frau und deren Mutter, die wir unter uns Dona Mariquinha nannten.
Was würde meine Arbeit sein? Mein Lohn? Von alldem wusste ich noch nichts, auch mein Vater nicht.
Mein Dienstgeber, Herr Carlos, war ein sehr bekannter und angesehener Mann. Man sprach von ihm allgemein als einem sehr guten, grosszügigen Menschen, den jeder, der ihn kannte, mochte. Er war auch sehr reich. Mein Vater sagte, wenn er von ihm sprach, immer: „Dieser Mann besitzt alle guten

Eigenschaften." Die Arbeiter von der Fabrik sagten dasselbe. Wenn sie untereinander von ihm redeten, hiess es immer: „Er ist ein guter Dienstgeber, er zahlt gut, er ist gerecht und achtet das Personal und den Arbeiter." Freilich fügten manche hinzu: „Sicher ist niemand vollkommen, dem Guten ist immer etwas Schlechtes beigemischt", oder: „Wir haben alle unsere Fehler, nicht wahr?" Ich hatte keine Ahnung, was damit wohl gemeint sein könnte.

So habe ich also meinen Dienst angetreten. Ich stand um sechs Uhr früh auf und arbeitete bis spät abends: neun Uhr, zehn Uhr, oft sogar bis Mitternacht.

Am Abend nach dem Geburtstag der Schwiegermutter gab mir Herr Carlos eine Belohnung: einen halben Cruzeiro. Das war damals viel, und ich war glücklich.

Kurz darauf sagte Herr Carlos zu meinem Vater, dass er mit meiner Arbeit sehr zufrieden sei. „Sie ist flink und recht geschickt." Ich fragte Papa, wo er mich lieber arbeiten sehe: im Haus von Herrn Carlos oder in der Fabrik? Er meinte, dass für mich das Haus von Herrn Carlos am besten sei, denn da sei ich in Sicherheit.

Ein Jahr lang hatte ich nun in diesem Haus gearbeitet und war sehr zufrieden. Eines Abends sagte mir mein Dienstherr, dass er meinen Lohn erhöhen würde: Ich sollte einein-halb Cruzeiros im Monat verdienen. (Die Hausangestellten hatten damals Kost und Logis und sozusagen keinen Lohn.) Das war ganz schön. Ich war fünfzehn Jahre alt und glücklich. Ich hatte, was ich brauchte, ich verdiente genug, um mir ab und zu ein Kleid zu kaufen und von Zeit zu Zeit ins Kino zu gehen. Alle Angestellten des Hauses waren so gut behandelt und gut bezahlt. Viele andere Angestellte unserer Strasse, denen ich manchmal begegnete, hatten nicht dieses Glück. Ab und zu redeten wir darüber.

Mit einem Schlag aber wurde das alles anders. Es gibt ein altes Sprichwort: „Wenn du wissen willst, was ein Mensch wert ist, lebe oder mach eine Reise mit ihm." Ich aber sage: „Wohne mit ihm, und du wirst ihn wirklich kennenlernen."

Eines Abends brachte ich Marisa arglos das Essen aufs Zimmer, weil sie nicht aufstehen konnte. Mein Dienstherr war gerade bei ihr. Ich wollte mich mit Marisas Mahlzeit schnell wieder zurückziehen, aber er hatte mich bemerkt: „Sie können hereinkommen." Ich ging also hinein und stellte das Abendessen vor Marisa. Als ich gehen wollte, hielt er mich zurück: „Warten Sie doch, bis sie gegessen hat, dann können Sie das Tablett gleich wieder mitnehmen." Ich bin also geblieben und habe gewartet. „Übrigens, ich habe Ihren Vater gestern getroffen, und er hat mir gesagt, dass ich Sie schlagen könnte, wenn Sie mir nicht gehorchen", versuchte er mir Angst zu machen. Dann änderte er den Ton: „Dinalva, wissen Sie eigentlich, dass Sie hübsch sind? Sehr hübsch! Haben Sie einen Liebhaber?" Mein „Nein" schien ihn sehr zu beruhigen. „Wenn Sie einen haben, werde ich es Ihrem Vater sagen." Dann schloss er die Tür und drängte mich in eine Ecke von Marisas Zimmer. Er versuchte, mich mit Gewalt zu küssen und drückte seinen Körper gegen meinen ... Ich habe mich nach Kräften gewehrt, und es ist mir geglückt, ihm zu entkommen. Ich war entsetzt über sein Benehmen.
Von da an hat sich die Haltung meines Dienstherrn mir gegenüber völlig geändert. Er suchte mich und nützte jede Gelegenheit dazu. Wenn er allein im Speisezimmer ass, rief er mich und befahl mir, ein Glas Wasser zu bringen; er tat es, um die Möglichkeit zu haben, mit mir zu sprechen und mich angreifen zu können. Ich beschloss also, nicht erst zu warten, bis er mich rief, sondern das Glas gleich auf den Tisch zu stellen. Aber er liess mich trotzdem kommen, damit ich das Glas näher zu ihm stellte oder ihm in die Hand gab, und diesen Moment nützte er aus, um mich zu tätscheln.
Ich wusste nicht mehr, wie ich mich verhalten sollte. Am liebsten wäre ich auf und davon. Ich überlegte mir sogar, mit der Gnädigen Frau darüber zu reden, sie war so gut. Aber was würde ich ihr sagen? Wie würde ich es sagen? Ich kam zu dem Schluss, dass sie mir gar nicht glauben würde. Im Gegenteil, sie würde mich für eine Lügnerin, für eine lasterhafte Person halten, und das umso mehr, als sich der Gnädi-

ge Herr in ihrer Gegenwart ganz anders benahm – anspruchsvoll, tadelnd, sehr auf Abstand bedacht. Auch über meine Herkunft machte ich mir jetzt Gedanken. Ich hielt mir vor Augen, dass meine Mutter uns verlassen hatte, dass sie mit einem andern Mann fortgegangen war ... Ich war schliesslich ihre Tochter, alle konnten denken, dass ich wie sie würde, dass ich schon wie sie war.
Wem konnte ich mich anvertrauen? Mit wem sollte ich darüber reden? Mit meinen Arbeitskolleginnen? Nein, auch das traute ich mich nicht.
An manchen Tagen hasste ich dieses Haus und alle, die darin wohnten: die Herrschaften, ja sogar Carmelita, Emilia und Marisa. Ich redete mir ein, dass sie alle gegen mich wären. Mein Gott, war ich unglücklich. Auch die Arbeit freute mich nicht mehr, aber ich bemühte mich sehr dabei, damit man mir nichts vorwerfen konnte.
Zu dieser Zeit habe ich José getroffen, einen Jungen, den ich kannte. Er war aus unserem Viertel, wir hatten das eine oder andere Mal miteinander gesprochen, aber er war mir noch nie aufgefallen. Ich weiss nicht, warum ich mich zu ihm hingezogen fühlte. Ich fühlte mich bei ihm in Sicherheit. Wir haben angefangen, miteinander zu gehen. Mein Dienstherr erfuhr es und sagte, dass er mit meinem Vater darüber reden werde: „Sie verstehen, Dinalva, ich bin für Sie verantwortlich. Ich kenne diese Jungen nicht (es war nur einer), mit denen Sie befreundet sind ... wenn Ihnen etwas zustiesse ... ich kenne Sie gut und möchte nicht die Verantwortung dafür tragen ... entweder Sie hören auf, den Jungen nachzulaufen oder ich schicke Sie zu Ihrem Vater zurück! Solange Sie hier bei mir sind, bin ich verantwortlich!"
Mein Gott, was für eine Heuchelei! Ich hatte einen riesigen Wunsch: einmal mit jemandem über all das sprechen zu können.
Ich erkannte, dass er mich nie in Ruhe lassen würde, das beste wäre zu sterben. Ein paar Tage lang habe ich wirklich an Selbstmord gedacht, an die Vorteile des Todes, an die beste Weise zu sterben, und ich war entschlossen, es zu tun.

Warum ich es nicht tat? Wegen der Freundschaft mit den Mädchen.

Ich traf mich damals mit Mädchen, die ich von unserer Strasse her kannte, Hausangestellte wie ich. José konnte ich schwer sehen, aber er sprach manchmal von mir mit den Mädchen. Dank dieser Freundschaft habe ich schliesslich erkannt, dass Selbstmord keine Lösung wäre: Die Leute würden sich wundern, sie würden versuchen zu erfahren ... und sogar da würde es heissen, dass ich eine lasterhafte Person sei und Selbstmord begangen hätte, weil der Herr mich zurückgewiesen hatte. Es ist doch so, dass die Kleinen, die Armen, niemals recht haben.

Einmal stand ich vor der Haustür und redete mit den Mädchen des Viertels. Ich wusste nicht, dass der Gnädige Herr im Salon war und uns durch das offene Fenster zuhörte. Ich erzählte den Mädchen meinen grossen Wunsch: Ich wollte lernen. Dieser Wunsch verliess mich nicht, ich dachte oft daran und sprach mit ihnen darüber. Einige von ihnen wünschten es sich auch. Wir unterhielten uns gerade darüber, als sich plötzlich der Gnädige Herr am Fenster zeigte: „Dinalva, Sie können lernen, ich werde alles zahlen!" Er sagte das vor allen Mädchen. Die schauten mich an und waren gespannt auf meine Antwort. Da habe ich gesagt: „Nein, Gnädiger Herr, danke", weil ich wusste, dass ich den Dienst, den er mir erweisen würde, mit meinem Körper bezahlen müsste.

Eines Abends bei Tisch erzählte der Gnädige Herr seiner Frau von unserem Gespräch, das er durch das offene Fenster gehört hatte. Er sagte auch, dass ich sein Angebot ausgeschlagen hätte und schloss vor mir: „Dieses Mädchen ist schlecht erzogen!" Für ihn wäre ich nur dann gut erzogen gewesen, wenn ich auf seine Wünsche und Vorschläge eingegangen wäre! So ist es in diesen Kreisen! Das Geld gibt Vorrechte! Das hatte ich begriffen.

Was die Gnädige Frau angeht, sie war eine Heilige! Aber eine blinde Heilige. Ich weiss nicht, ob man zugleich heilig und blind sein kann, wie sie es war.

Ich wurde sechzehn Jahre alt, und ich war noch immer hier. Das ganze Jahr hatte ich unter diesen widerwärtigen Umständen zugebracht. Meinen Geburtstag beachtete niemand. Ich hatte nur einen Wunsch — dieses Haus zu verlassen. Jeden Augenblick wurde ich verfolgt. Wo immer ich hinging, der Gnädige Herr war hinter mir her. Dazu die Angst, dass uns jemand überraschen könnte. Jeden Tag fühlte ich seinen Hass auf mich wachsen, weil ich ihm nicht nachgab.
Es gab Tage, an denen der Gnädige Herr krank war. Ich glaube, man sollte eigentlich sagen, dass er alle Tage ein Kranker war.
An einem Morgen rief er uns alle vier — Carmelita, Marisa, Laura und mich — in sein Arbeitszimmer. Er teilte uns seinen Entschluss mit, in den Süden zu gehen, und fragte, wer von uns mitkommen wollte. Ich überlegte. Einerseits hatte ich Lust, nach São Paulo zu gehen, andererseits war das jetzt die Gelegenheit, um mich den Händen des Gnädigen Herrn zu entziehen, aus dieser Umgebung, die eine Hölle für mich war, zu entkommen. Ich antwortete also, dass ich nicht weggehen könnte, dass ich in Maceio, wo meine Familie lebte, bleiben müsse.
Einige Tage später kam Herr Carlos in den Salon, wo wir gerade das Geschirr einpackten, und sagte: „Dinalva, Sie werden in die Fabrik arbeiten gehen. Ich habe alles dafür getan, und es ist mir gelungen! Sie können ab Montag hingehen."
Am Samstag rief er mich in sein Arbeitszimmer, um mir meinen Lohn zu geben. Es war wenig, und ich war endlich frei. Noch am selben Abend ging ich nach Hause. Niemand verstand, warum ich so glücklich war ...
Ich hatte mich sehr verändert in der Zeit, in der ich bei Herrn Carlos gearbeitet hatte — ich war schüchtern geworden, ängstlich, verschlossen. Antonio, ein Junge aus der Nachbarschaft, der so alt war wie ich, wollte mit mir reden ... und ich bildete mir gleich ein, dass er mich haben wollte wie Herr Carlos! Ich hatte kein Vertrauen mehr zu Männern, ich nahm nichts an von ihnen, weder ein Lächeln noch einen

Dienst noch eine Aufmerksamkeit. Ich hatte die fixe Idee, es
wäre alles, um mich zu bekommen.
Wie oft bekam ich zu hören, welches Glück ich mit meinen
Herrschaften hätte, weil sie mir ausser dem Lohn noch von
Zeit zu Zeit ein Kleid, ein Paar Schuhe, Geld fürs Kino gaben ... Natürlich freute mich das alles, schliesslich bin ich ein
junges Mädchen wie jedes andere, ich freue mich über ein
schönes Kleid, ich gehe gern ins Kino – aber letzten Endes
war dies doch alles von untergeordneter Bedeutung. Es fehlte mir das Wichtigste: die Freiheit, die Würde, das Vertrau-
en. Ich wollte als ein Mädchen angesehen werden, das auch
ein Herz hat, das arbeiten konnte, lieben, sich schenken ...

In der Fabrik

Am 23. April habe ich in der Weberei angefangen, in der
„Fabrik", wie man im Viertel sagt. Es war das erste Mal, dass
ich eine Fabrik betrat. Alles setzte mich dort in Erstaunen:
die Leute, die Maschinen, der Lärm, alles war neu für mich.
Zwei meiner Schwestern arbeiteten schon dort, Neuza in der
Spinnerei und Maria José in der Baumwollwäscherei.
Ich sollte in die Endfertigung kommen; mein ehemaliger
Dienstgeber, Herr Carlos, hatte mir ein Empfehlungsschrei-
ben für meinen Abteilungsleiter, Herrn Paulo Moura, gegeben. Meine Schwestern begleiteten mich bis zu ihm, dann
verliessen sie mich, um an ihre Arbeit zu gehen. Mein Vorge-
setzter schaute mich kaum an, nahm meinen Brief, las ihn,
steckte ihn in die Tasche und ging hinaus, ohne etwas zu mir
zu sagen. Ich stand da – mitten im Saal, allein – und wusste
nicht, was ich tun sollte. Die Frauen und Männer, die hier
arbeiteten, schauten mich an, redeten miteinander und lachten. Ich fühlte mich fremd, verloren in einer unbekannten
Welt, die mir feindlich vorkam. Etwa eine halbe Stunde später kam der Vorgesetzte zurück, rief ein Mädchen und befahl
ihr, mir zu zeigen, wie man Servietten faltet. Das Mädchen
hiess Helena. Ich machte mich an die Arbeit, dabei fühlte ich

die Blicke der anderen auf mir, was mich ganz ungeschickt arbeiten liess. Dazu der ungewohnte Maschinenlärm. Unwillkürlich fragte ich mich, wo ich eigentlich war.

Die Fabrik beschäftigte 1 200 Arbeiter, wie ich später erfahren habe. Unter den Frauen gab es Mädchen, verheiratete Frauen, Witwen, viele waren auch ledige Mütter. 700 Arbeiter und Arbeiterinnen waren jünger als achtzehn Jahre.

Meine Arbeit konnte ich vom ersten Tag an, sie war sehr leicht; ich musste die Servietten auf bestimmte Weise falten, je nach Qualität und Bestimmung.

Allmählich lernte ich meine Arbeitskollegen kennen und entdeckte die Arbeitsbedingungen. Ich begann um 6 Uhr früh und arbeitete bis 10, dann war Mittagspause. Von 11 bis 17 Uhr wurde wieder gearbeitet. Essen musste ich in der Fabrik, weil ich keine Zeit hatte, um über Mittag nach Hause zu gehen. Es gab im Betrieb einen eigenen Speisesaal, doch musste man seine Mahlzeiten selbst mitbringen.

Meine beiden Schwestern hatten andere Arbeitszeiten als ich. Eine arbeitete von 6 bis 10 und von 14 bis 18 Uhr, die andere von 10 bis 14 und von 18 bis 22 Uhr. In der Woche darauf war es umgekehrt. So trafen sich Neuza und Maria José nur am Eingang der Fabrik, die eine ging, die andere kam.

Meine Arbeitszeit war fest. Zu Stosszeiten wurde ich auch von 18 bis 22 Uhr eingesetzt. Damals wurde ich erstmals zu einem Gruppenabend eingeladen. Es war eine Revolution in meinem Leben.

Zuerst wusste ich nicht, worum es ging. Rita, ein Mädchen aus der Fabrik, unterhielt sich gern mit mir. Als sie eines Tages nach Fabrikschluss mit Neuza und mir heimging, erzählte sie uns, dass sie in einer Mädchengruppe sei. Sie trafen sich und diskutierten miteinander. Sie nannten sich „Töchter Mariens". Sie lud mich ein, mit Neuza zu dieser Gruppe zu kommen. Ehrlich gesagt, mir passte das nicht. Ich hatte den Eindruck, dass so etwas für reiche Mädchen war; und ich war arm. Aber Rita war auch in der Fabrik, sie arbeitete wie ich und sie war sympathisch. Schliesslich ging ich doch mit

zu einem Gruppenabend. Um die Wahrheit zu sagen, ich fühlte mich etwas allein unter den andern. Von allen Mädchen, die anwesend waren, kannte ich nur Rita und noch eine andere: Sueli. Aber ich war glücklich, weil ich hier geachtet wurde: Ich war eingeladen worden, man hatte sich um mich gekümmert, man hatte mit mir über mich, mein Leben, über Christus gesprochen. Niemand hatte zu mir über meine Eltern geredet, man hielt mir nicht vor, dass sie getrennt waren, man redete nicht von meiner Mutter. Ja, ich hatte den Eindruck, dass niemand über meine Familienverhältnisse Bescheid wusste. Ich wurde sogar gefragt, was ich über dieses oder jenes Wort Christi dachte. Erstmals war ich „jemand". Ich fühlte, dass ich ein Mensch wurde.
Von Zeit zu Zeit kam ein Priester zu unseren Abenden: Pater Lima. Er war sehr nett zu uns, zu mir. Er sprach oft vor oder nach dem Gruppenabend mit mir, fragte, wie es in der Fabrik ginge und auch zu Hause. Ich merkte, dass er alles über meinen Vater, meine Mutter, meine Familie wusste. Und anstatt darunter zu leiden, war ich glücklich darüber, weil ich die Entdeckung machte, dass er mich trotz allem schätzte und mich als einen Menschen betrachtete. Das war für mich etwas Wunderbares: Sogar arm, ohne Bildung, ohne richtige Familie kann ein Mädchen einen Wert haben. Ich entdeckte noch mehr – sogar ich hatte einen Wert.
Eines Tages sagte Rita in der Fabrik zu mir: „Dinal, hast du heute abend Zeit?" – „Ja, warum?" – „Dann komm doch mit mir zu einem Abend der J.O.C." Ich wusste nicht, dass die J.O.C. die katholische Arbeiterjugend war, aber ich ging mit. Dort kannte ich mehrere Mädchen aus der Fabrik. Alle arbeiteten. Pater Lima war auch da. Der Abend wurde wunderbar: Man liess uns unser Leben in der Fabrik erzählen, die Arbeitsweise, das Verhältnis der Mädchen untereinander. Nie zuvor hatte ich Gelegenheit gehabt, über das alles zu sprechen, ausser mit Pater Lima, wenn er mir begegnete.
Eines Tages wurde Papa wegen meiner kleineren Brüder auf Maria böse. Da nützte sie den Augenblick, als Papa fort war, packte ihre Sachen und verliess mit ihren zwei Mädchen das

Haus. Neuza, Maria José und ich waren glücklich, weil wir nun mit Papa leben sollten. Nachdem wir drei Jahre lang ein glückliches Familienleben geführt hatten, wurde Papa zur Polizei gerufen. Der Beamte war ein Freund meines Vaters und Pate meines Bruder José.

Maria hatte ihn wegen der beiden Kleinen aufgesucht. Sie wollte, dass Papa monatlich etwas für sie zahle. Papa antwortete, dass er das nicht könne, weil sein Lohn es ihm nicht erlaube, am besten wäre wohl, Maria käme wieder in unser Haus und würde wieder mit uns leben. Der Beamte erwiderte, dass das viel schwieriger sei, weil wir – meine Schwestern und ich – auch etwas zu sagen hätten. „Sie sind keine Kinder mehr, niemand kann ihnen die Anwesenheit Marias aufdrängen." Er wolle zuerst mit uns reden, wenn wir einverstanden wären, würde er Maria sagen, dass sie wieder ins Haus kommen könnte.

Papa kam nach Hause und wusste offenbar nicht, wie er uns das sagen sollte. Er ging um uns herum, und wir trauten uns auch nicht zu fragen, was der Beamte gesagt hatte. Schliesslich fragte er nach dem Abendessen: „Kann Maria mit den Kleinen zurückkommen?" Einen Augenblick herrschte Schweigen, meine Schwestern und ich schauten uns an. Dann brach es aus uns heraus: „Nein, das ist jetzt zu Ende! Keine andere Frau wird mehr in unser Haus kommen!" Papa antwortete nichts darauf, er stand vom Tisch auf und ging fort. Drei Tage lang blieb er schweigsam.

Dann sah ich Papa eines Abends, als ich aus der Fabrik kam, seine Sachen und Möbel auf ein Lastauto laden. Er sagte zu mir: „Ich habe ein Haus gemietet, wo ich mit Maria und meinen beiden Töchtern wohnen werde!" Das war ein entsetzlicher Schlag für mich und meine Geschwister. Nie hatte ich gedacht, dass wir für ihn nicht mehr „seine Kinder" seien.

Nun waren wir allein, ich mit allen meinen Geschwistern. Ich dachte an jedes von ihnen und fühlte, wie sehr sie von Papas Haltung getroffen waren. Unser Haus war traurig, wir verlernten zu lachen. Arbeitsmässig ging es gut, wir teil-

ten uns die Hausarbeit, aber wegen des Geldmangels hatten wir Sorgen. Dazu fühlte ich mich schuldig an Papas Weggang. Die J.O.C. stand mir glücklicherweise bei. Meinen Schwestern und mir fiel es nicht leicht, zu den Treffen zu gehen, aber wir gingen gern hin, weil uns dort am meisten geholfen wurde.
Bald kam Maria Josés achtzehnter Geburtstag. Wir hatten zu Hause ein kleines Fest machen wollen, einen Kuchen, mit unseren engsten Freundinnen. Mit achtzehn ist man volljährig, es ist ein bedeutender Tag. All das wurde unmöglich. Fünf Tage vorher kam Maria José ganz traurig von der Arbeit: „Da haben wir es, der Patron hat mich heimgeschickt! Diesen Nachmittag hat der Chef zur mir gesagt: 'Maria José, der Patron lässt dich in sein Büro rufen.' Ich bin hingegangen, ich hatte Angst, dass ich etwas angestellt hätte. Da hat er mich gefragt: 'Wie alt sind Sie?' Ich habe geantwortet: 'In fünf Tagen achtzehn.' 'Das habe ich mir gedacht', hat er gemeint, 'ich kann Sie nicht in der Fabrik behalten! Wenn Sie volljährig sind, haben Sie Anrecht auf den Lohn eines Erwachsenen, verstehen Sie? Ich kann Sie nicht mehr behalten!'"
Das war ein harter Schlag. Wir hatten jetzt nur noch zwei Löhne für sieben Personen: Neuzas und meinen.
Maria José war jeden Tag auf der Suche nach Arbeit unterwegs. Sie war bereit, alles zu tun, überall hinzugehen. Wir konnten so nicht weitermachen. Da habe ich meiner Tante nach Rio geschrieben, um zu erfahren, ob Maria José dort mehr Möglichkeiten hätte. Sie antwortete uns, dass sie kommen soll. Einer meiner Cousins schickte etwas Geld für die Reise. Maria José nahm das Flugzeug in Real. Am Abend vor ihrer Abreise kamen die Mädchen der J.O.C. zu uns. Ich war sehr niedergeschlagen, es war einmal mehr eine Trennung: zuerst meine Mutter, dann Tereza, dann mein Vater, jetzt Maria José. Mit ihr hatte ich mich am besten verstanden, konnte ich am freiesten sprechen. Die Stunde der Abfahrt kam, alle Mädchen begleiteten Maria José auf den Flugplatz. Ich nicht, ich bin daheim geblieben und habe geweint.

Eines Abends kam Neuza sehr blass und mit einem Verband am Kopf nach Hause. Ein Mädchen aus der Fabrik, das in derselben Abteilung arbeitete, hatte sie begleitet: „Deiner Schwester ist es in der Fabrik schlecht geworden." Ich erfuhr, dass sie ohnmächtig geworden war und sich beim Hinfallen verletzt hatte. Der Doktor hatte ihr zwei Klammern am Scheitel gesetzt und gesagt: „Dir fehlt etwas, mein Kind, du musst zu einem Arzt gehen und deinen Allgemeinzustand überprüfen lassen." Sie schleppte sich seit mehreren Tagen herum.

Am nächsten Tag ging sie in die Sprechstunde der Pensions- und Rentenversicherungsanstalt (Eigentum der Unternehmer). Der Arzt sagte ihr, dass sie eine akute Blinddarmentzündung habe und so schnell wie möglich operiert werden müsse. Am Abend haben wir zu Hause gemeinsam überlegt, was wir tun sollten. Der Doktor hatte gesagt, dass sie acht bis zehn Tage im Spital bleiben müsse, dann noch einige Zeit zur Erholung zu Hause. Neuza war damals verlobt.

Es geschah, wie es der Arzt gesagt hatte. Nun begann eine sehr schwierige Zeit für uns. Wir mussten alle von einem einzigen Gehalt leben: von meinem. Neuza bekam nur für zwei Wochen den vollen Lohn, danach hatte sie Anspruch auf 75 Prozent, die von der Versicherungsanstalt gezahlt werden mussten.

Um es zu schaffen, begann ich abends, wenn ich aus der Fabrik kam, noch arbeiten zu gehen: Ich ging da und dort Wäsche waschen. Man bezahlte mich mit Bohnen und Reis. Auch nahm ich Wäsche zum Waschen und Bügeln mit nach Hause. So konnte ich neben dem Kochen für andere arbeiten. Bei dieser Lebensweise war ich immer müde. Wenn ich in die Fabrik kam, hatte ich nur einen Gedanken: mich hinzusetzen, und ich versuchte es bei jeder möglichen Gelegenheit.

Ich ging um Mitternacht schlafen und stand um vier Uhr früh auf.

Damals versetzte mich der Patron in eine andere Abteilung; er schickte mich in die Spinnerei. Kameradinnen sagten mir,

er tue es, weil wir in unserer Abteilung zu sehr eine Einheit waren. Wir diskutierten über unsere Arbeit und unsere Probleme. Die Mädchen kannten meine Schwierigkeiten zu Hause, und manchmal boten sie mir ganz selbstverständlich Bananen und Keks an. Ohne dass der Chef es merkte, ass die eine oder andere etwas und gab dabei auch mir etwas: „Ach, hab ich Hunger! Und du, Dinal?" Ich hatte immer Hunger. Es scheint, dass der Patron von der Freundschaft in unserer Abteilung Wind bekommen hatte, da wollte er sie brechen und versetzte uns in andere Abteilungen. Jetzt war ich mit Mädchen zusammen, die ich nur vom Sehen, manche gar nicht kannte. Dazu war die Arbeit für mich neu.
Unsere Lage in der Familie spitzte sich zu. Das Geld, das Neuza bekam, kam immer zu spät, und dazu war es wenig. Es deckte kaum die Kosten ihrer Diät. Wir hatten absolut nichts mehr zu essen. Ich wartete auf meinen Lohn, der noch nicht ausbezahlt worden war. Oft mussten wir vier oder fünf Tage, ja sogar länger warten, bis wir den Monat ausbezahlt bekamen. Um einen Kredit traute ich mich nicht mehr zu bitten. Ich war nervös und weinte. Den Kleinen erklärte ich, dass sie zu Papa essen gehen müssten. In ihrem Alter brauchten sie eine ordentliche Nahrung. Sie wollten nicht. Da zeigte ich ihnen die leeren Dosen – keine Bohnen, kein Geld, nur etwas Maniokmehl war noch da. Es war Vena, die sagte: „Wir gehen zu Papas Haus und bitten ihn, aber wir kommen hierher essen." So haben sie es auch gemacht. Neuza und ich haben nur etwas Mehl gegessen.
Diese Elendszeit dauerte Monate. Papa schaute von Zeit zu Zeit bei uns herein, aber er sah nichts. Er merkte nicht, dass wir Hunger hatten. Immer, von früh bis spät, war unser Hauptgedanke, etwas zu essen zu finden.
Schliesslich war Neuza wieder so weit: „Es geht mir besser, der Doktor von der Versicherung hat gesagt, dass ich bald wieder in die Fabrik gehen kann." Ich hatte ständig Kopfschmerzen, jeden Tag erbrach ich, ich fühlte mich krank und hätte mich gern hingelegt. In der Fabrik gelang es mir nicht, die Tagesleistung zu vollbringen, ich war einfach zu müde.

Ich war noch einmal in eine andere Abteilung versetzt worden und arbeitete jetzt in der Spulerei. Man wurde nach Tagesleistung bezahlt. Ich bemühte mich, das Maximum zu machen, aber es gelang mir nicht. Der Chef sagte: „Du tust besser daran, wieder dorthin zu gehen, wo du warst!" Mir war es recht und ich kehrte in die Spinnerei zurück. Die Kopfschmerzen wurden immer stärker. Ich sprach von Zeit zu Zeit mit dem Fabrikarzt darüber, der mir Tabletten gab und meinte: „Du hast nichts, jedenfalls nichts Schlimmes!" Ich glaube, dass er mich verstand. Ich fühlte eine sehr grosse allgemeine Müdigkeit. Oft überfiel mich Traurigkeit, unser Elend schien mir noch schwärzer. Ich sagte mir: „Du hast einen Vater und eine Mutter, aber es ist, als ob du sie nicht hättest", oder: „Wenn meine Mutter da wäre, würde ich ihr sagen, was ich fühle, und ich wäre beruhigt, weil sie mich verstünde." Vielleicht glaube ich das, weil sie nicht mit uns lebte; im Traum idealisierte ich sie. Die Wirklichkeit sah anders aus.

Und weil es nicht nur in der Dritten Welt Menschen gibt, die arm sind und die abseits vom Strom der Ereignisse leben oder die verachtet werden, weil sie anders sind, folgen hier noch zwei Geschichten von Kindern aus reichen Ländern.

USA (Texas)

Einführung

Viel ist im vergangenen Jahrzehnt von der Unterdrückung der Schwarzen in den Vereinigten Staaten bekannt geworden. Wenig oder gar nichts aber wissen wir von der spanisch sprechenden Minderheit in den USA, die von modernen Geschichtsschreibern als „die vergessenen Leute", als „die unsichtbare Minderheit" und sogar als das „am besten gehütete Geheimnis der Vereinigten Staaten" bezeichnet wird. Die Hispano-Amerikaner werden zwar als Weisse betrachtet, haben aber auch stark unter der Verachtung und der Geringschätzung der englisch sprechenden Mehrheit zu leiden.
Die Bevölkerung der USA beträgt ca. 232 Millionen Menschen. Davon sind über 14 Millionen Hispano-Amerikaner. Sie sind somit die grösste ethnische und kulturelle Minderheit, Spanisch ist nach Englisch die am meisten gesprochene Sprache in den USA. Dennoch sind nur ganz wenige Anglo-Amerikaner in der Lage, spanisch zu sprechen. Nur Englisch gilt als Landessprache.
Zu den Hispano-Amerikanern zählt man die Amerikaner mexikanischen Ursprungs, die „Chicanos" genannt werden, ferner die Puerto Ricaner, die Kubaner und alle übrigen Nord-Amerikaner lateinamerikanischer Herkunft. Die Chicanos machen 90 Prozent der Hispano-Amerikaner in den USA aus. Obwohl sie ein ganzes Jahrhundert vor den Anglo-Saxen, vor den Holländern, Iren, Italienern, Polen, Russen, Deutschen, Ungaren etc. auf nordamerikanischem Boden lebten, werden sie wie Ausländer im eigenen Land behandelt. Ihr Beitrag in der amerikanischen Geschichte wird unterschlagen oder verzerrt dargestellt; was in den offi-

ziellen Geschichtsbüchern zählt und was seit der Ankunft der Anglo-Saxen und der übrigen Europäer in den USA verherrlicht wird, ist nur die anglo-amerikanische Pioniertradition. In der Literatur, in der Geschichte, im Film und im Fernsehen werden die Chicanos entweder als hinterhältige, skrupellose, arbeitsscheue, Tequila-saufende Bösewichte oder aber als unterwürfige, demütige, einfache, in ihr Schicksal ergebene Bauern und Dienstboten dargestellt.
Die meisten Chicanos, nämlich rund neun Millionen, leben in den fünf Südweststaaten Texas, Neu-Mexiko, Colorado, Arizona und Kalifornien. Dieser Teil der USA gehörte ursprünglich zu Mexiko. 1845 annektierten die USA den mexikanischen Landesteil Texas, der sich kurz zuvor unabhängig erklärt hatte. In der folgenden kriegerischen Auseinandersetzung zwischen den USA und Mexiko verlor Mexiko mit Kalifornien, Nevada, Utah, Arizona, Neu-Mexiko und Teilen von Colorado fast die Hälfte seines Territoriums. Der nordamerikanische Beutezug wurde im Vertrag von Guadalupe Hidalgo 1848 sanktioniert. Arizona und Neu-Mexiko wurden aber erst 1912 als Bundesstaaten anerkannt; noch 1902 wurde dies vom Kongress auf Grund eines Kommissionsberichtes abgelehnt, der festhielt, dass „die Mehrheit der Bewohner Spanier seien und ein Grossteil der Bevölkerung nur ihre einheimische Sprache ('native tongue') spreche ..."!
Seit einem Jahrhundert, besonders aber seit Anfang dieses Jahrhunderts, kommen zu den seit jeher in Nordamerika lebenden Chicanos auch die Einwanderer und die Fremdarbeiter aus Mexiko, die ihr Land teils wegen der diktatorialen Regimes, die dort mit unvorstellbarer Grausamkeit herrschten, teils wegen der Arbeitslosigkeit verliessen und noch immer verlassen. Die Arbeitslosigkeit in Mexiko hängt unter anderem damit zusammen, dass mexikanische und nordamerikanische Grossgrundbesitzer und Konzerne die Kleinbauern verdrängten und weite Landflächen mit modernen Maschinen und chemischem Dünger bewirtschaften. Kleinbauern und Handwerker verloren ihre Existenzgrund-

lage, in den Fabriken gibt es nicht genug Arbeit für sie.
Aber auch die USA wollen sie nicht haben. Viele Mexikaner wandern illegal ein, weil sie keine Arbeits- und Aufenthaltsbewilligung bekommen haben. Der Grenzübertritt ohne Papier ist gefährlich. Wer entdeckt wird und nicht anhält, riskiert angeschossen zu werden. Illegale Einwanderer, die von den US-Grenzwächtern erwischt werden, müssen zurück nach Mexiko, ins Elend der Arbeitslosigkeit.
Viele mexikanische Einwanderer bleiben für immer im Norden, andere gehen nach einigen Jahren wieder zurück, einige kommen lediglich als Saisonarbeiter, zum Beispiel für die Baumwollernte im Norden von Texas, wo unsere Geschichte spielt. In dieser Geschichte stammen die „Fremdarbeiter" sogar aus dem Süden des eigenen Bundesstaates Texas; sie sind also rechtlich Nordamerikaner.
Aber alle, die zur spanisch sprechenden Minderheit gehören, müssen erfahren, dass das Anglo-Amerikanische etwas besseres ist als das Hispano-Amerikanische, dass sie eine verachtete Schicht von Menschen sind, die sich entweder anpassen oder mit der Stellung als Menschen zweiten Ranges abfinden sollen. Für viele englisch sprechende Nordamerikaner ist das Wort „Chicano" fast ein Schimpfwort, unserem „Tschingg" für die Italiener vergleichbar. Erst seit kurzem werden sich die Hispano-Amerikaner bewusst, dass sie eine eigene, gleichwertige Kultur haben und dass sie ihren eigenen Beitrag zur Geschichte Nordamerikas geleistet haben. Eine noch kleine Gruppe Hispano-Amerikaner möchte ihren spanisch sprechenden Mitbürgern dieses Bewusstsein ihres eigenen Wertes, ihrer eigenen, gleichwertigen Kultur und ihrer eigenen, gleichwertigen Identität vermitteln. Zu diesen Bestrebungen gehört auch die Verbreitung von hispanoamerikanischer Literatur, die bisher im anglo-amerikanischen Bereich so gut wie unbekannt war.

*

Der Held unserer Geschichte, Joey (ausgesprochen Dschooi), ein dreizehn Jahre alter Knabe, gehört zu jenen Chicanos, die als amerikanische Bürger seit jeher in Nordamerika lebten. Er wohnt in einer kleinen Stadt im Norden von Texas, wo zur Zeit der Baumwollernte Fremdarbeiter aus dem Süden kommen. Ein verhältnismässig geringfügiges Ereignis bewirkt, dass Joey sich schmerzlich bewusst wird, dass er „anders" ist und er fragt sich schliesslich, was er denn eigentlich sei und zu wem er gehöre.
Der Autor, Daniel Garza, lebt in Seguin, Texas. In seinen Kurzgeschichten schreibt er vor allem über seine eigenen Leute, die Chicanos, und über die mexikanischen Fremdarbeiter.
Zum besseren Verständnis unserer Geschichte, die anfangs der sechziger Jahre spielt, muss noch beigefügt werden, dass in Spanien und in Lateinamerika der samstägliche Gang der Männer zum Coiffeur eine weit verbreitete Gewohnheit ist. Der Coiffeur ist billig, und viele arme Spanier und Lateinamerikaner verfügen zu Hause nicht über fliessendes heisses Wasser oder Strom. Zudem ist der Gang zum Coiffeur, wo man oft lange warten muss, eine gute, für viele die einzige Möglichkeit für einen Meinungsaustausch und auch für einen gemütlichen Schwatz.

Daniel Garza

Jeder kennt Toby

Als ich dreizehn Jahre alt war, trug Toby, mein älterer Bruder, Zeitungen aus. Er hatte die Stadttour. Jedermann in der Stadt kannte ihn gut, denn er brachte seit anderthalb Jahren die Zeitung. Toby erzählte mir, dass seine Route die beste sei, weil seine Kunden jeden Monat prompt bezahlten, und manchmal prahlte er auch, dass die netten Leute ihm ein Trinkgeld von 25 oder sogar 50 Cents geben würden am Monatsende, weil er eben auch viele Treppen hinaufklettere, um die Zeitungen selber abzuliefern. Die anderen Zeitungsjungen hatten nicht soviel Glück wie Toby. Manchmal waren ihre Kunden, wenn das Geld fällig war, einfach nicht zu Hause, oder sie versuchten geradezu, den Boys aus dem Weg zu gehen, um nicht zahlen zu müssen.

Ja, Toby hatte es gut. Der grösste Vorteil aber, dachte ich, den mein Bruder gegenüber allen andern Zeitungsbuben hatte, war: Er kannte die Gringos in der Stadt so gut, dass er ohne weiteres in ein Gringo-Coiffeurgeschäft gehen und sich die Haare schneiden lassen konnte. Er brauchte keine Angst zu haben, dass der Coiffeur ihn zum mexikanischen Coiffeur unserer Stadt schickte oder ihn vor all den Gringo-Kunden im Laden in Verlegenheit bringen würde, wie es immer geschah, wenn die Chicano-Baumwollpflücker im Herbst in die Läden der Gringos kamen.

Die Gringo-Coiffeure passten nämlich gut auf, wen sie während der Baumwollernte in ihre Läden liessen. Im September und Oktober, während der Baumwollernte, kamen die Chicanos vom südlichen Texas in den nördlichen Teil des Staates, wo ich zu Hause war, und wo es viel und manchmal auch wenig Baumwolle gab. „Chicano" sagen wir in unserer Sprache, und es ist ein Slangwort unter uns. Es bezeichnet die

Mexikaner von Texas. Die Chicano-Baumwollpflücker kamen vom Rio-Grande-Tal in Südtexas, und manchmal waren unter ihnen sogar Leute aus Mexiko, die zur Ernte den weiten Weg nach dem Norden von Texas machten. Alle diese Chicanos kamen in meine kleine Stadt, wo viele Gringos lebten, und wo nur wenige Menschen beide Sprachen, englisch *und* spanisch, sprachen.

Die Chicanos kamen jeweils am Samstag in die Stadt, nachdem sie die ganze Woche hart auf den Baumwollfeldern gearbeitet hatten. Sie gingen dann zum Einkauf auf den Markt, und die Väter kauften Süssigkeiten und Eiscrème für ihre kleinen, schwarzhaarigen Kinder. Die jungen Burschen, die Jovenes, gingen ins Kino. Und jene, die zum allererstenmal hier im Norden von Texas waren, suchten vielleicht ein Gringo-Coiffeurgeschäft auf, nicht ahnend, dass man sie abweisen würde. Die Gringo-Coiffeure gaben acht, dass die Chicanos ihren Läden nicht zu nahe kamen, denn viele Gringo-Kunden wurden böse und fluchten über die Chicanos.

„Zum Teufel, wieder diese verdammten Pfefferfresser, scheint keine Möglichkeit zu geben, sie im Herbst loszuwerden", pflegten die einen Gringos in ihrem Vorurteil zu sagen. Andere, die zu den netteren Leuten gehörten, wurden lediglich unruhig beim Anblick von so vielen Chicanos, die mit ihren langen, schwarzen, fettigen Haaren zum Coiffeur kamen.

Die Coiffeure unserer Stadt mochten Toby, und sie luden ihn oft zum Haareschneiden in ihre Läden ein. Toby erzählte, dass die Coiffeure ihm gesagt hatten, sie würden seine Haare schneiden, weil er nicht zu jenen Leuten aus dem Süden gehöre. Toby verstand. Und er machte keine Einwände, denn er wusste, wie die Chicanos aus dem Süden waren und dass vielleicht die Gringo-Scheren fettig würden vom Haarschneiden.

Diesen Herbst ermunterte mich Toby, ich solle mir doch auch in einem Gringo-Laden die Haare schneiden lassen.

„Joey, wann wirst du endlich diesen Haarwust los?" fragte er mich.

„Nun, ich denke, wenn Mr Lopez lernt, wie man Bürstenschnitt schneidet."

„Du lieber Himmel, Joey, Mr Lopez ist ja ein guter alter Kerl, aber wenn er keine Bürstenschnitte schneiden kann, dann solltest du eben zu einem anderen gehen. Wirklich, Bruderherz, sieht scheusslich aus, deine Haartracht."

„Mmm, aber ich getrau mich nicht."

„Was getraust du dich nicht?"

„Ich habe Angst, ein anderer Coiffeur könnte mich für einen dieser Kerle aus dem Süden halten und mich aus seinem Geschäft wegschicken."

„Quatsch", sagte Toby, „Mr Brewer, weisst du, der Coiffeur, zu dem ich immer gehe, ist ein netter Mann, und er wird dir die Haare schon schneiden. Sag ihm einfach, du seist mein kleiner Bruder."

Ich dachte mehrere Tage über dieses neue Abenteuer nach, und dann, an einem Samstag, als wir keine Schule hatten, entschloss ich mich, zu Mr Brewer zu gehen. Schnell fuhr ich mit meinem Velo in die Stadt und stellte es in einer Strasse nahe beim Coiffeurgeschäft ab. Als ich in den Laden trat, merkte ich, dass die Gringos da drinnen plötzlich aufhörten, miteinander zu reden und mich ansahen. Im Geschäft war es einen Augenblick lang ganz still. Ich dachte, dass das vielleicht nicht gut sei, und dass ich lieber wieder verduften sollte. Dann fiel mir ein, dass Toby Mr Brewer einen netten Mann nannte und mir geraten hatte, ich solle ihm sagen, ich sei sein kleiner Bruder.

Ich sah einen leeren Stuhl und setzte mich, um zu warten, bis ich drankäme. Der Gringo neben mir stand auf und sagte dem Coiffeur, er habe etwas im Gericht zu tun. Ein anderer ging, ohne ein Wort zu sagen. Schliesslich stand auch einer auf, der einen schmutzigen Overall trug und bereits auf dem Stuhl von Mr Brewer sass; er sagte zu ihm: „Du, Tom, sieht ja ganz so aus, als ob du einen kleinen Tamale bedienen müsstest."

Mr Brewer lächelte nur.

Nun kam ich an die Reihe und ich hatte Angst. Aber wieder

rief ich mir in Erinnerung, dass ich schon richtig sei hier, denn ich war ja Tobys Bruder, und alle mochten Toby. Ich stand also auf und wollte mich auf den Stuhl von Mr Brewer setzen. Er sah mich an und lächelte wieder auf seine nette Art.

Dann sagte er: „Sorry, Kleiner, aber ich kann dein Haar nicht schneiden. Du gehst zu Mr Lopez, der wird dir's machen."

Er brachte mich zur Tür und zeigte mir den Weg zum Geschäft von Mr Lopez. Er streckte seine Hand aus und sagte: „Schau dort drüben, hinter der Garage, das ist sein Geschäft. Dort gehst du hin. Er wird dir deine Haare schneiden."

Tränen stiegen mir in die Augen. Ich fühlte einen dicken Klumpen in meinem Hals. Ich war zu verstört, um ihm zu sagen, dass ich doch Tobys Bruder sei und dass er mir die Haare ruhig schneiden könne.

Ich sah ihn nur an, während er mir den Weg erklärte. Er lächelte wieder und klopfte mir auf die Schultern. Als ich ging, sagte er noch: „Grüss Mr Lopez von mir, Kleiner, ja?" Ich sah nicht zurück und zog meinen Kopf ein, als ich zu Mr Lopez ging, denn Tränen schossen mir wieder in die Augen. Ich weinte, weil mein Stolz verletzt war und das Vertrauen, das ich langsam zu meiner Gringo-Stadt gefasst hatte.

Ich dachte an vieles, als ich langsam weiter ging. Vielleicht hatte ich etwas Dummes getan. Es gab zu viele Gringos in der Stadt und zu wenige von unserer Sorte, die das ganze Jahr hier lebten. Das war schlecht, denn die Gringos hatten das Recht, ja und nein zu sagen, und wir konnten nur tun, was sie sagten. Es war sinnlos, gegen sie anzugehen. Es war verrückt. Aber ich war doch verschieden von den Chicanos, die aus dem Süden kamen, jedenfalls ein bisschen anders. Ich lebte doch auch in den zehn Monaten hier, wenn die anderen Chicanos im Süden waren oder in Mexiko. Dann kam mir in den Sinn, was der Coiffeur meinem Bruder über die Leute aus Südtexas erzählt hatte, und warum die Gringos den Laden verlassen hatten, während ich in Mr Brewers Geschäft war. Ich begann zu verstehen. Aber es war hart für mich,

einzusehen, dass ich, der ich mein ganzes Leben unter Gringos verbracht hatte, für solche Sachen wie Haarschneiden immer noch zu meinen Leuten gehen musste. Wieso wollten die Gringos meine Haare nicht schneiden? Ich war sauber, meine Haare waren weder lang noch fettig.
Ich ging in den Laden von Mr Lopez. Viele Chicanos sassen auf den Stühlen längs der Wand und einige sogar am Boden. Mr Lopez unterbrach seine Arbeit, als er mich hereinkommen sah, und sagte: „Sorry, Joey, ausgebucht. Komm in ein paar Stunden wieder."
Ich zuckte mit den Achseln, sagte okay und wandte mich zum Gehen. Da fiel mir ein, was mir Mr Brewer aufgegeben hatte. „Mr Lopez", sagte ich, und alle Chicanos, die warteten, drehten sich um und sahen mich neugierig an. „Mr Brewer bat mich, Ihnen Grüsse auszurichten."
Mr Lopez nickte zustimmend, ohne zu merken, was sich hinter meiner Mitteilung verbarg. Aber die Chicanos guckten wieder zu mir hin und fingen untereinander an zu flüstern. Was sie sagten, hörte ich nicht, aber ich merkte, worum es ging.
Ich sagte Mr Lopez, dass ich später wieder kommen würde. Aber ich ging dann doch nicht, denn ich wusste, dass wieder andere Chicanos da sein würden, die sich am Samstag die Haare schneiden lassen wollten. Ich konnte während der Woche hingehen, wenn der Coiffeur mehr Zeit hatte und die Chicanos auf den Feldern arbeiteten. Ich ging weg und fühlte mich zurückgestossen, sowohl von den Gringos als auch von meinen eigenen Leuten, überhaupt von der ganzen Welt.
Zurück in der Strasse, wo mein Velo parkiert war, sass ich lange auf dem Sattel und dachte darüber nach, dass ich vielleicht nicht in diese Stadt passte. Vielleicht war mein Platz drunten im Süden, wo es mehr Leute meiner Art gab und mehr Chicano-Geschäfte als Gringo-Läden. Ja, dachte ich, ich möchte in einem Land leben, wo ich zu den Leuten gehören konnte, wo es nur eine Rasse gab. Ich war so mit meinen Gedanken beschäftigt, dass ich den älteren Chicano-Mann

gar nicht bemerkt hatte, der mich offenbar schon seit einiger Zeit beobachtete.
„Qué pasa, Chamaco — was ist los, Kleiner?" fragte er.
„Nada — nichts", antwortete ich.
„Ist etwa die Baumwollernte nicht gut gewesen für dich dieses Jahr?"
„No señor, ich lebe hier in dieser Stadt."
Daraufhin sagte der Chicano: „Ah so, ich habe dich für einen von uns gehalten." Er fand mich nicht länger interessant und ging weg.
Ich hätte ihm nicht erzählen können, dass ich mir in einem Gringo-Laden die Haare schneiden lassen wollte. Er hätte mich nur ausgelacht und einen „pocho" genannt, einen Chicano, der wie die Gringos sein will. Diese alten, erfahrenen Chicanos kennen die Gringos im Norden von Texas genau.
Nachdem der Chicano weggegangen war, dachte ich, dass diese Dinge, die mir in der Stadt passierten, vielleicht schon bald nicht mehr vorkommen würden. Die Baumwolle würde bald abgeerntet, in Ballen verpackt und verkauft sein. Die Chicanos würden unsere Gegend verlassen und heimreisen in das Rio-Grande-Tal und nach Mexiko.
Meine Stadt würde wieder zehn Monate sich selbst überlassen bleiben und alles würde wieder gut sein. Die Gringo-Coiffeure würden es sich vielleicht zweimal überlegen, bevor sie mich zu Mr Lopez schickten.
Zu Beginn des Novembers waren die letzten Baumwollfelder rund um meine Stadt abgeerntet. Die Leute aus dem Süden kletterten auf ihre grossen Lastwagen, die mit Segeltuch bespannt waren, um die Reisenden gegen die Hitze zu schützen. Und sie begannen ihre lange Reise in ihre Heimat im Grenzland.
Die Strassen der kleinen Stadt waren nun leer an den Samstagen. Zwar kamen immer noch ein paar Farmer an diesem Tag in die Stadt zum Einkaufen, und sie brachten ihre Frauen und Kinder mit. Trotzdem, die Strassen waren still und leer.

Bei mir zu Hause aber gab es neue Aufregungen für mich.
Toby wollte das Zeitungsaustragen wegen eines anderen,
einträglicheren Jobs aufgeben, und ich hoffte, er würde mir
seine Tour überlassen. Ich fand das eine gute Sache. Wenn
ich eine Tour bekäme, dann würde ich alle Gringos der Stadt
kennenlernen, und vielleicht ... vielleicht würden mich die
Coiffeure dann in ihre Geschäfte hereinlassen, wie sie Toby
hereingelassen hatten.
Beim Abendessen fragte ich Toby, ob er mich während der
nächsten Tage auf die Tour mitnehme und mich dann die
Zeitungen austragen lasse.
Toby sagte: „Nein, Joey, du bist zu jung, um mit Geld umzugehen. Auch wären die Zeitungen viel zu schwer zum
Tragen für dich. Ich glaube, ich gebe meine Tour Red."
Mein Vater hatte zuerst schweigend zugehört, dann aber
sagte er: „Toby, gib die Tour Joey. Er kann mit Geld umgehen, und es tut ihm gut, wenn seine Muskeln stark werden."
Damit war die Angelegenheit geregelt.
Am nächsten Tag nahm mich Toby mit in das Büro der Zeitungsverträger. Tobys Chef, ein netter älterer Mann mit einer Brille auf der Nase, sah mich lange an, kratzte sich in seinen weissen Haaren und fragte schliesslich Toby, was er
meine.
„Oh", sagte Toby, „ich hab ihm schon gesagt, er sei zu jung
dafür, aber er meint, er kann es."
„Ja, sicher", fiel ich begeistert ein.
Tobys Chef sah mich nochmals an und grinste: „Nun,
Mumm hat er." Wieder schien er zu überlegen.
„Er wird's schon recht machen, Boss", half Toby nach.
Eine kurze Stille folgte, während Tobys Chef etwas auf einen Notizblock schrieb.
Schliesslich meinte er: „Nun, wir wollen ihm eine Chance
geben, Toby." Und zu mir: „Du aber, Lausbub, sei vorsichtig mit dem Geld, du bist dafür verantwortlich."
„Ja, Sir", schluckte ich.
„Okay, das hätten wir", meinte der Boss.
Toby lachte und sagte: „Sir, ich nehme ihn während ein paar

Tagen auf die Tour mit, damit er draus kommt, und dann kann er allein weitermachen."
Der Chef war einverstanden. Ich schüttelte seine Hand und versprach, mein Extra-Bestes zu tun. Dann ging Toby, und ich hinter ihm her.
Nach wenigen Tagen brachte ich die „Daily News" allen Gringos der Stadt, darunter auch Mr Brewer. Aber ich gab stets acht, wenn ich am Nachmittag die Zeitungen austrug, dass mich Mr Brewer nicht zu Gesicht bekam. Ich öffnete sorgfältig die Tür und liess die Zeitung hineinfallen. Denn ich dachte, Mr Brewer könnte mich wiedererkennen, und das könnte uns in Verlegenheit bringen. Aber das ging nur wenige Male so, denn als ich an einem Nachmittag wieder vor sein Geschäft kam, stand Mr Brewer in der Tür. Er sah mich. Ich öffnete die Tür und gab ihm ganz schnell die Zeitung, aber bevor ich die Tür wieder schliessen konnte, fragte er: „Sag, Kleiner, bist du nicht der Bub, den ich vor kurzem zu Mr Lopez schickte?"
„Ja, Sir", versetzte ich.
„Warum bist du noch da? Sind deine Leute nicht letzte Woche wieder nach Hause gegangen? Du gehörst doch zu ihnen, oder?"
„Nein, Sir, ich lebe hier in der Stadt."
„Du meinst, du bist nicht einer von diesen ...?"
„Nein, Sir."
„Der Teufel soll mich ..." Er schwieg und dachte nach. „Hör mal, es gibt da so einen Meskinjungen, der jeden zweiten Samstag in meinen Laden kommt, um sich die Haare schneiden zu lassen. Er heisst ... zum Teufel, ich kann mich um alles in der Welt nicht an seinen Namen erinnern."
„Toby?"
„Ja, ja, genau, so heisst er. Ein netter Kerl. Kennst du ihn?"
„Ja, Sir. Toby ist mein älterer Bruder."
Mr Brewers Augen wurden gross vor Staunen. „Der Teufel soll mich doppelt ..." Er schwieg und schüttelte ungläubig seinen Kopf. „Und ich schickte dich zu Mr Lopez. Warum hast du denn nichts gesagt? Ich hätt' dich in jenen Stuhl ge-

setzt und dir eine wunderschöne Frisur geschnippelt."
„Ich glaube, ich habe vergessen, es Ihnen zu sagen", sagte ich.
„Nun, Kleiner, von jetzt an kommst du in diesen Laden, und ich stutz dir deine Haare."
„Und was ist mit Ihren Kunden? Werden die nicht bös?"
„Ach woher, ich erzähl' denen, du bist Tobys Bruder, und alles ist okay. Jeder in der Stadt kennt Toby, und jeder mag ihn."
In diesem Augenblick kam ein Kunde zur Tür herein. Er sah Mr Brewer an, dann mich und dann meine Zeitungstasche. Und dann lächelte der Gringo freundlich zu mir hin.
„Nun entschuldige mich, mein Kleiner, ich hab einen Kunden. Aber vergiss nicht, am Samstag, dann schneid ich dir die Haare."
„Okay, Mr Brewer, Wiedersehen."
Während ich die restlichen Zeitungen austrug, lachte ich zufrieden in mich hinein, weil Mr Brewer mich in sein Geschäft zum Haareschneiden eingeladen hatte, weil der Gringokunde mich angelächelt hatte und weil jetzt alle Gringos der Stadt mich kennen und vielleicht akzeptieren würden.
Alles übrige, was mir während der Baumwollernte in meiner Stadt passiert war, war unwichtig geworden: dass mich Mr Brewer zum Haareschneiden zu Mr Lopez geschickt hatte, dass der Chicano-Baumwollpflücker wegging, nachdem er gemerkt hatte, dass ich nicht einer der ihren war, und dass die Gringos Mr Brewers Coiffeurgeschäft meinetwegen verlassen hatten. Alles war unwichtig geworden. Ich spürte: dass ich die „Daily News" den Geschäftsleuten brachte, hatte mir einen Platz unter ihnen gegeben. Und dies nur, weil alle in der Stadt Toby kannten.

Worterläuterungen

Anglo-Amerikaner	Nordamerikaner, deren ursprüngliche Muttersprache englisch war oder die nach ihrer Einwanderung in die USA das amerikanische Englisch übernommen und sich der Art der englisch sprechenden Nordamerikaner angepasst haben.
annektieren	sich einverleiben, sich aneignen; meist auf widerrechtliche Art.
Anthologie	Eine Sammlung, Auswahl von Texten, Kurzgeschichten, Gedichten oder Prosastücken.
ethnisch	zu einem eigenen Volk gehörend, das eine gemeinsame Abstammung, eine gemeinsame Geschichte und eine gemeinsame Sprache hat
Gringo	In ganz Lateinamerika Spottname für Ausländer, besonders für Nordamerikaner. Für die letzteren wird in neuer Zeit in Lateinamerika häufiger das Wort „Yankee" gebraucht.
Immigration	Einwanderung
jovenes	jung, hier: die Jungen
La Raza Unida	die vereinte Rasse, das vereinte Volk
Meskinjunge	verächtlich-herablassende Verballhornung von Mexikanerjunge
Pioniere	Einwanderer aus Europa, die den „Wilden Westen" eroberten und urbar machten, oft indem sie den dort ansässigen Indianern das Land wegnahmen, sie vertrieben oder umbrachten.
tamale	Mexikanische Spezialität auf der Basis von Mais. Hier verächtlich-herablassend für Mexikaner.
Tequila	Ein aus Agaven gewonnener Schnaps, der in Mexiko viel getrunken wird.

Schweiz (Kanton Bern)

Einführung

Unterentwicklung ist etwas, das nicht nur weit weg von Europa, in Afrika, Asien oder Lateinamerika, vorkommt. Selbst in einem „entwickelten" Land wie der Schweiz leben die Leute in höchst unterschiedlichen Verhältnissen. Einige Regionen müssen im Vergleich zu den Industriegebieten als „unterentwickelt" bezeichnet werden – wobei die Unterentwicklung der einen Region mit der Überentwicklung der andern zusammenhängt.
Besonders krass ist in der Schweiz das Gefälle zwischen Berggebieten und industriellen Ballungszentren. In Basel-Stadt ist das durchschnittliche Volkseinkommen zum Beispiel doppelt so hoch wie im Kanton Appenzell Innerrhoden. Einen Eindruck von diesen Unterschieden vermittelt die folgende Geschichte von Agathe Keller: Ein Mädchen aus der Stadt besucht Verwandte – Bergbauern – im Emmental, Kanton Bern. In Briefen an seine Eltern gibt es seiner Verwunderung Ausdruck, wie „anders" die Bewohner dieser Berggegend leben.

*

Das Emmental ist fruchtbar. Im Juni liegt die Landschaft im Saft, an den Häusern leuchten die Geranien in allen Rottönen. Im Winter heben sich die Tannen schwarz aus dem Schnee, der an den Schattenhängen bis in den Mai hinein kleben bleibt.
Um den Hauptort Langnau herum ist kaum ein Acker flach, das erschwert die Arbeit. Das allabendliche Grasmähen mit

der Maschine und das Aufladen im Steilhang sind mühsam. Auf kleineren Höfen, wo der Ertrag kaum zum Leben reicht, sind Grosseltern, Kinder, Mütter und die Väter, die tagsüber zusätzlich Geld verdienen müssen, um die grosse Familie durchzubringen, in die Arbeiten auf Hof und Feldern eingespannt.

Obwohl das Emmental kein extremes Beispiel darstellt, lässt sich an dieser Region zeigen, mit welchen Schwierigkeiten die Schweizer Berggebiete zu kämpfen haben. In den meisten Gebieten der Schweiz nimmt die Bevölkerung zu. Im Oberen Emmental dagegen, dessen regionales Zentrum Langnau nur 30 Kilometer von der Bundeshauptstadt Bern entfernt liegt, sinken die Einwohnerzahlen seit dem Jahr 1950 ständig. Von 1950 bis 1960 betrug die Abnahme 2,9 Prozent, von 1960 bis 1970 betrug sie vier Prozent. Jeder neunte Einwohner von 1960 ist aus der Region abgewandert. (Diese und die folgenden Zahlen, die das Emmental betreffen, stammen aus einer Spezialstudie. Es ist uns nicht gelungen, Vergleichszahlen für die Zeitspanne von 1970–1980 ausfindig zu machen.) Von den zehn Oberemmentaler Gemeinden beklagt nur Signau keinen Bevölkerungsverlust. Was sich dabei besonders schlimm auswirkt und das hügelige Gebiet noch ärmer macht: Die meisten Emmentaler, die wegziehen, sind solche, die erwerbstätig sind und Steuern zahlen. Dies hat zur Folge, dass im Emmental überdurchschnittlich viele Jugendliche und Alte wohnen – Einwohner also, die noch nichts oder nichts mehr verdienen. Die Emmentaler verdienen im Durchschnitt nicht einmal halb soviel wie die übrigen Schweizer.

Rund ein Drittel der Bevölkerung des Oberen Emmentals wohnt im Einzelhofgebiet. Der Ausbau und die Erschliessung dieser abgelegenen Regionen mit einigermassen befriedigenden Verkehrsmöglichkeiten kosten viel Geld. Das Angebot für kulturelle und sportliche Betätigung ist neben dem lokalen Vereinsleben ausschliesslich auf das Regionszentrum Langnau beschränkt. Schwierigkeiten gibt es auch im Bereich der Schule. Die Bildung hängt oft weniger von den

Fähigkeiten eines Kindes ab als von der Länge des Schulwegs: In Langnau, wo es eine Sekundarschule gibt, profitieren 32 Prozent der Oberstufenschüler von dieser Bildungsmöglichkeit. Aus der abgelegenen Gemeinde Schangnau dagegen besuchen nur 5,6 Prozent der gleichaltrigen Kinder die Sekundarschule.

Damit die Leute nicht abwandern, muss eine Region über ein Angebot von möglichst attraktiven Arbeitsplätzen verfügen. Im Emmental steht es auch in dieser Beziehung schlecht: Zwischen 1960 und 1970 nahm das Angebot um 625 Arbeitsplätze ab. Viele junge Emmentaler absolvieren ihre Lehre in einer Stadt und kehren dann nicht mehr in ihr Tal zurück. Auch in der Landwirtschaft gehen in den Bergtälern ständig Arbeitsplätze verloren. Dabei liegt immerhin ein Drittel aller bebaubaren Flächen der Schweiz in den Bergen, und die Schweiz produziert nur 60 Prozent der benötigten Grundnahrungsmittel selbst.

*

Agathe Keller ist von Beruf Lehrerin und hat zwei Söhne. Sie war 15 Jahre lang als Sekundarlehrerin in Langnau im Emmental tätig und lebt heute als freie Schriftstellerin in Basel. Agathe Keller hat verschiedene Kurzgeschichten und Jugendromane veröffentlicht.

Das Motto zu Beginn der Geschichte ist eine Inschrift an einem Emmentaler Bauernhaus. Sie stammt aus der Zeit, da Berner Adlige und reiche Bürger auf eigenem Grund und Boden Bauernhäuser bauen liessen, die sie dann verpachteten.

Agathe Keller

Emmental, 1130 Meter über Meer

Briefe von einer Alp

Der disen bau hatt lasen machen, der istt aus dem
grosen ratt der sttatt bern iunker landvogtt stteiger
auf drachsell walld
1789

Mittwoch, 15. April 1976
Meine Lieben,
es ist Mitternacht vorbei und ich sitze mit einer Taschenlampe auf dem Tenn im Heu. Ich kann nicht schlafen, lacht jetzt, aber Theres macht sich immer so breit und drückt mich gegen die Wand. Einmal hat sie ausgeschlagen mit der Hand, dass ich geschrien habe, niemand ist erwacht, sie sind daran gewöhnt. Natürlich fand ich es lustig, mit jemandem das Bett zu teilen, aber meine Matratze ist breiter zu Hause. Über uns liegen Peter und Fritz, es ist ein Kojenbett. Am Abend wälzen sie sich ewig hin und her und ich hab Angst, dass die Latten durchbrechen, so wie die sich verbiegen. Beim Fenster, quer im Raum, schläft Marianne, hinter unserem Gestell Franz, der Älteste. Er ist schon in einer Mechanikerlehre und muss oft abends noch Aufgaben machen, aber in der Stube vorn. Wir haben zu Hause fünf Zimmer für vier Personen, Zauggs leben zu zehnt in vier Zimmern, mit mir sind es jetzt sechs, die in derselben, schlauchartigen Kammer schlafen. Neben uns ist das Grosselternschlafzimmer, mitten im Haus liegt die Küche, dahinter die Stube und noch weiter hinten schlafen die Eltern. Ihr Raum ist mit Kasten und Kommoden überstellt.
Vor dem Einschlafen klemmt Franz sich die Kopfhörer an die Ohren, so stört er die andern nicht beim Musikhören. Er

hat schon viele Kassettentonbänder, immer am Zahltag, so sagte er, kauft er sich zwei neue. Die gehören nur ihm, schliesslich hat er sie bezahlt. Manchmal liest er noch, meistens Groschenromane. Ich blätterte einen durch, die Geschichte der Brigit Z., die sich immer wieder unglücklich verliebt, bis sie dann im Chefarzt Professor Doktor O. den Mann fürs Leben fand, natürlich erst, nachdem er sie von einer fast unheilbaren Krankheit geheilt hatte.
Onkel Hans und Tante Margrith lesen selten, sie haben keine Zeitung abonniert. Onkel Hans sagte: Die Welt läuft auch ohne uns weiter.
Franz hat sich am Bettende eine bequeme Leseeinrichtung gebastelt. Er schraubte nämlich eine alte Autonackenstütze an die obere Lehne und liegt nun wie beim Coiffeur oder in einem Wagen mit Liegesitz.
Eigentlich sollte ich aufs Klo, aber ich habe Angst, jede Nacht behalt ich es zurück, weil es so dunkel ist dort draussen hinter dem Tenn im kleinen Holzhaus mit dem herzförmigen Fenster an der Tür. Auch wenn ich tagsüber auf dem runden Loch sitze, mach ich ganz schnell. Ich stell mir vor, dass plötzlich von unten her ein riesengrosser, stinkiger Mistkäfer mit schwarzen, spitzen Zähnen, dünnen, langen Beinen, runden, giftigen Augen heraufkriecht und mich mit den siebzehn haarigen, mit Häkchen versehenen Fühlern in die Tiefe zieht. Vielleicht wartet er auf eine aus der Stadt. Darum geh ich nachts nie hin, schau auch tags nicht ins Loch runter, höre nur, wie es weit unten plumpst.
Die kleine Renate, sie ist jetzt zweieinhalb, war nur eine Nacht in unserem Zimmer, dann haben sie sie zu den Grosseltern herübergeholt, weil sie hustete und Fieber hatte und uns alle weckte. Es hat sich keines beklagt, aber Grossmutter fand, wir brauchten eigentlich die Nachtruhe. Sie ist so, schon bald achtzig, und sie lacht immer. Wenn etwas zum Heulen traurig ist, strahlt sie über das ganze Gesicht. Grossvater sieht man selten. Nicht einmal beim Essen taucht er auf, wärmt sich zwischendurch seine Milch und tunkt Brot hinein, davon lebt er. Letztes Jahr war er schwer krank, lag

plötzlich einseitig gelähmt im Bett, mit dem Herz stand es schlecht. Grossmutter sagte, sie hätten eindreiviertel Jahre aufs Sterben gewartet, und eines Tages hätten sie auf der Treppe Schritte gehört und Grossvater sei langsam hinuntergestiegen in seinem weissen Nachthemd, beinmager und gelb im Gesicht, habe eine Pfanne genommen und sie aufgesetzt, sich eine Schale Milch gekocht. Grossmutter sagte auch, sie hätte ihn nie ins Spital gegeben, er wäre vor Heimweh gestorben. Der Arzt sei jeden Tag vom Dorf her zu ihnen hinaufgefahren, fünfundzwanzig Minuten immerhin ein Weg. Im Winter hätte er das letzte Stück oft zu Fuss machen müssen.
Grossvater arbeitet ums Haus, sie lassen ihn machen, er spricht eigentlich mit niemandem mehr, auch nachts mit Grossmutter nicht, hat sie gesagt, aber er ist da, und wenn man ihn nicht stört, ist er lieb. Sonst kann er sich furchtbar ärgern über nichts. Ein zweiter Schlag wäre sein Ende.
Gestern hat Onkel Hans hinter dem Haus wieder ein Loch gegraben, er wollte den Aufgang zur Strasse verbreitern. Er ist übrigens über vierzig, Margrith ist zwei Jahre jünger. Da fand also der Onkel ungefähr fünfzig Saridonschächtelchen, er hat sie gezählt und dann in den Korb zu den andern zweihundert, die er schon ums Haus und im Gülloch aufgelesen hat, geleert. Er erzählte mir die Geschichte von der Familie, die vor ihnen den Hof bestellt hatte, von der Frau, die da oben schwermütig geworden, weil es hier so lang Winter sei und im Herbst und Winter dicke Nebelschwaden über den Weiden und an den Hängen klebten. Das habe sie nicht ausgehalten. Von der Fürsorge hätten sie ihr die Medikamente verboten, niemand wisse, wie sie zu den Saridons gekommen sei. Zuerst habe man ihr die Kinder weggenommen, sieben Jungen und drei Mädchen; sie hockte in der Stube und arbeitete nichts mehr. Und dann habe man sie fortgeholt. Sie sei jetzt gestorben, und die Kinder seien auf verschiedene Höfe verteilt worden.
Onkel Hans hat den Saridonkorb angeschaut, als läge Gold darin. Er sagte, er rühre nie etwas von dem Gift an, auch

wenn er manchmal traurig sei, bei Nebel sei es wirklich trostlos, und im Kurhaus vorn, einige hundert Meter weiter oben, da läge der Nebel auch, und nach Bier oder Wein sehe er alles noch vernebelter, das habe er schon versucht.
Ich geh jetzt ins Bett, es wird mir zu kalt. Ich kann in einer andern Nacht weiterschreiben, Nachtbriefe von der Alp. Theres liegt bestimmt quer, obschon das bei der schmalen Matratze kaum möglich ist. Noch etwas, was mich in der ersten Nacht selbst fast zur Vogelscheuche hat werden lassen: Wenn ich jetzt vors Tenn trete, wehen im kleinen Garten oben und in den Beeten neben dem Haus schwarze, gespenstische Gestalten im Nachtwind. Sie vertreiben in der Nacht die Menschen, am Tag die Vögel. Das erste Mal hab ich geschrien, als diese Kerle steif und unbeweglich vor mir standen.
Gute Nacht. Ich bereue es nicht, meinen Kopf durchgesetzt zu haben, die Ferien hier zu verbringen. Warum habt ihr eigentlich die Beziehung zu Onkel Hans und Tante Margrith abgebrochen? Weil es nur Hirten sind? – Um halb sieben ist Tagwacht. Wenn Franzens Wecker schrillt, sind natürlich alle wach. Dann erzählt mir Theres manchmal ihre Träume. Einmal irrte sie durch endlose Säle eines Schlosses. Alle Räume waren mit Spiegeln ausgekleidet, sie sah sich verkehrt und hundertfach im Saal, war auf der Suche nach dem Prinzen, man hatte ihr versprochen, sie dürfe heiraten, weil sie in der Lotterie das grosse Los gezogen. Sie hatte mit ihm auf der Alp Schafe gehütet, er im rotsamtenen Umhang, pelzbesetzt die Säume, sie im hellgrünen, kurzen Kleid. Er war dann fortgezogen, der König hatte es so gewollt.
Hatte Theres Märchen gelesen, ein Fernsehstück gesehn? Nein, sagte sie, sie hätte einfach geträumt. Ich fragte Theres, ob sie im Schloss wohnen und Geld und Diener haben möchte, ich fragte sie nach ihrem grössten Wunsch. Sie sagte, ein Fahrrad oder vielleicht ein Motorrad würde sie aussuchen, sonst nichts. Ich träume nie da oben, hängt das von der Höhe ab? Sehen Stadtmenschen keine Bildchen auf 1130 m.ü.M.?

Samstag, 18. April 1976
Tante Margrith kann den Gips am Bein noch nicht abnehmen. Gestern hat sie jemand hinunter ins Spital gefahren. Die helfen sich gegenseitig aus. Onkel Hans hat kein Auto. Erst wollten sie sie behalten, weil alles so geschwollen war, jetzt hat sie einen dicken Klebeverband und liegt wieder in der Stube neben dem Kachelofen und strickt einen Pullover für Franz, damit er auf dem Motorrad nicht immer so friert. Sie bekam von einer Nachbarin eine Weste, trennte sie auf, Grossmutter wusch die Wolle. Margrith kann auch schnitzen, sie verzierte Stuhllehnen, ritzte Muster in Holzteller. Am Erinnerungsteller für eine Gebirgstruppe hat sie zu lange gearbeitet, so ist es ihr geblieben, sie sagte, das Schweizerkreuz habe ihr viel Mühe gemacht. In der Stube hängen drei Karabiner an der Wand.
Es regnet in Strömen. Onkel Hans kann bei dem Wetter nicht draussen arbeiten. Es ist elf Uhr. Wir sitzen um den langen Stubentisch, Grossmutter rüstet gelbe Rüben fürs Mittagessen, ich die Kartoffeln. Grossmutter ist Onkels Mutter. Sie waren früher Knechte auf einem Hof. Wenn sie von damals erzählt, lacht sie immer, obschon die Vergangenheit eigentlich furchtbar traurig ist: 1928 verdienten sie als Knechte-Ehepaar 450 Franken im Jahr. Jeweils im Herbst ging Grossvater auf den Markt, nahm ein belegtes Brot mit, um nicht einkehren zu müssen, es wäre zu teuer gewesen. Einmal wollte er sich aber etwas leisten und kaufte ein Paar gute Schuhe für 25 Franken anstatt für 18 Franken wie bisher. Und dazu brachte er noch für die ganze Familie, acht Kinder, ein Butterbrötchen für einen Franken heim. Als Grossmutter mit ihm schimpfte, sagte er: ein Wort, und ihr habt mich gesehen. So einer war das.
Sie durften keine eigenen Hühner halten, und als sie heimlich drei anschafften, stand schon der Bauer vor der Tür und nahm sie mit, ohne einen Rappen dafür zu bezahlen. So einer war das. Als sie dort weggingen, sagte Grossmutter zum Bauern: Zwölf Jahre haben wir für dich gearbeitet. Ich will dir jetzt etwas sagen: Das waren genau zwölf Jahre zuviel!

– So liessen sie ihn stehen. Grossmutter ist heute noch stolz auf diesen Satz. Sie sagte: Unsereiner kann sich ja schlecht wehren, aber dem haben wir's gesagt.
Am Morgen bin ich mit Renate allein, weil die Schulen hier anders Ferien haben, da ist schulfrei, wenn's zum Beispiel zu heuen gibt. Ich werde mich nie mehr über meinen fünfzehnminütigen Schulweg beklagen: Franz fährt ein Motorrad, das schrieb ich schon, aber die andern marschieren morgens 40 Minuten den Berg hinunter und mittags oder um vier eineinhalb Stunden wieder hinauf. Einmal begleitete ich sie. Wir mussten laufen, weil wir zu spät aufgestanden waren. Ich kehrte dann gleich zurück, nahm wieder die Abkürzung, zog mich an Wurzeln hoch, rutschte aus, weinte fast, als ich das Bauernhaus noch weit über mir sah. Ich hatte eine halbe Stunde länger als die Kinder, sagte mir dann: Die kennen nichts anderes. Aber damit wird die Wegzeit nicht kürzer. Und erst bei Regen: Theres hat sich letzte Weihnacht einen neuen Schirm gewünscht, weil der alte von Regen, Schnee und Wind zerfetzt war. Und Marianne sagte, letzten Winter hätte Vater sie alle einzeln bis zur Strasse hinauf tragen müssen, so hoch sei der Schnee gelegen. Und Peter hätte sich einmal das Bein gebrochen, weil er eingesunken sei. Kaum hätten sie Schnee geschaufelt, sei über Nacht wieder alles zugeschneit gewesen. Nur einmal seien sie zu Hause geblieben, weil Vater mit Fieber im Bett lag und sie nicht hinauftragen konnte. Franz hatte damals im Dorf unten ein Zimmer gemietet und das Geld dafür abends in einer Werkstatt verdient. Wenn nachmittags Schule ist, essen die Kinder im Schulhaus ein Butterbrot, und im Winter, so sagte Theres, kocht ihnen die Lehrerin eine dicke Gemüsesuppe.
Im Winter, wenn Onkel Hans das Vieh nicht auf die Weide treiben kann, macht er Gelegenheitsarbeiten, legt Leitungen, bessert Zäune aus, zusammen mit anderen Hirten. Ich hab mir einen Hirt überhaupt anders vorgestellt, so, wie er in unserem Spanienbuch abgebildet ist, da steht einer im langen schwarzen Mantel und auf einen noch längeren Stock gestützt mitten in seiner Herde, irgendwo im Rudel ein kleiner

Hund. Der Hirt ist ausgemergelt, sein Gesicht, versteckt hinter Schnauz und grauem Bart, ist gezeichnet von Sonne und Wind und schlechter Nahrung.

Onkel Hans ist rundlich, gemütlich, mit kurzgeschnittenem Haar, Gummistiefeln, einer alten Jacke über dem weissen Leibchen. Er sagte einmal, es gehe ihnen eigentlich nicht schlecht, seit es die Alpgenossenschaft gebe und die Hirten sich im Verband organisiert hätten. Früher hätten einem die Bauern aus dem Unterland, denen die Weiden gehörten, nach Gutdünken bezahlt, das könne sich heute keiner mehr leisten. Jeder Hirt beziehe 25 Franken Taggeld und verpflichte sich damit, zum Vieh zu schauen. Mit den Kinderzulagen bezahlt der Onkel die Krankenkasse. Sie haben eigene Hühner und Kaninchen und Schweine, Gemüse aus dem Garten. Onkel Hans sagte: Aber wenn zehn Mägen gefüllt sein wollen, kaut man manchmal länger an einer Speckschwarte.

Der Winter ist hart und jetzt fürchten sie ihn besonders, weil Gelegenheitsarbeiter nicht mehr gleich gefragt sind wie früher, da spart eben jeder, und der alte Zaun tut's plötzlich noch lang. Onkel Hans ist dann zu Hause, bessert Verschiedenes ums Haus aus, das bringt natürlich kein Geld ein. Ich fragte ihn, ob er nicht in die Stadt ziehen möchte, wenn er sich frei entscheiden könnte und für einen Arbeitsplatz gesorgt wäre. Er schüttelte den Kopf, Tante Margrith auch. Beide wollten etwas weiter den Berg hinunter, das schon, den Weg zum Dorf verkürzen, aber nicht ins Dorf. Onkel Hans sagte: Dort ist man einsamer als hier, dort kümmert sich keiner um den andern. Hier sind wir aufeinander angewiesen. Ich hab keinen eigenen Wagen, Margrith muss ihr Bein jede Woche im Spital zeigen, da fährt uns immer einer.

Die Kinder sind nie allein. Auch am Abend bleiben Zauggs da. Tante Margrith meinte, nach ihren langen Tagen möchte sie keinen Meter mehr laufen. Um neun oder schon früher sind meistens alle im Bett ausser Franz, wenn er Aufgaben macht. Tante Margrith sieht es nicht gern, wenn er abends noch im Kurhaus vorn sitzt, das ist nichts für unsereiner, sagt sie. Sie hat überhaupt seltsame Ansichten. Marianne kommt doch im Frühling aus der Schule und wird ein Jahr im Dorf unten in einer Familie sein. Nachher möchte sie Verkäuferin, oder, wie Tante Margrith sagt, Ladentochter werden; nichts für unsereiner, sagte Margrith, sie soll kochen lernen in einem Gasthof, das kann sie später immer brauchen, sie jedenfalls habe es nie bereut. Sie wusch nach der Schule Geschirr in einem Wirtshaus im selben Dorf, wo sie aufgewachsen war. Sie lernte kochen, durfte auch manchmal servieren an Wochenenden. Und dort machte sie die Bekanntschaft mit Onkel Hans. Es war Theater und Tanz an jenem Abend im Kreuz. Hans war über den Berg gekommen, wo seine Eltern Knechte waren. An jenem Samstagabend tanzten sie einmal zusammen. Eine Woche später wischte Margrith vor dem Gasthof. Hans kam vorbei, sagte: Mach's nicht zu sauber. Dann habe Margrith gelacht, und wenig später hätten sie sich verlobt. In ihrem Schlafzimmer hängt das Hochzeitsfoto, sie heiratete in der Tracht, wie die Grossmutter. Hans und Margrith sehen fast gleich aus wie damals, Hans mit dem kurzen, gescheitelten Haar, Margrith mit dem Knoten am Hinterkopf, der Gesichtsausdruck ist unverändert, fünfzehn Jahre liegen dazwischen. Weiter rechts hängt Margriths Schulfoto aus der neunten Klasse. Sie zählt auf, wer schon gestorben ist, mehr als die Hälfte lebt nicht mehr. Sie hatten Wasserbeine und Magengeschwüre und gingen nicht zum Arzt und nicht zum Pfarrer. Ich fragte Onkel Hans einmal, ob sie in einer Sekte wären, und er lachte und sagte: Es geht uns hier oben mit oder ohne Sekte gleich gut oder schlecht. Was nachher kommt, kümmert uns nicht.

Wenn ich die Tante etwas frage und der Onkel sitzt daneben, schaut sie zu ihm, hofft, dass er antwortet, sagt manchmal sogar: Wart doch, bis Hans zurück ist. Viel wird überhaupt nicht gesprochen, auch die Kinder spielen und arbeiten wortlos. Am Tisch lacht nur Grossmutter, fragt mich dies und das über die Stadt, war einmal im Leben dort und schon

jahrelang nicht mehr im Dorf. Wir kennen nichts anderes, sagt sie.
Sie ist froh, dass ich ihr zur Hand gehe. Sie besorgt die Wäsche und die Küche allein, bis Margrith wieder auf darf. Sie haben günstig eine kleine Waschmaschine kaufen können, die läuft fast pausenlos. Grossmutter lässt die schmutzige Wäsche oft zweimal durch, es ekelt ihr vor grauem Zeug. Sie kochen mit Holz auf einem Backofen, der EVA heisst. Die hatten noch Fantasie, lachte Grossmutter.

Freitag, 24. April 1976
Seit drei Tagen regnet es ununterbrochen. Die Rinder trotten von selbst in den Stall. Onkel Hans trägt Renate von der Stube in die Küche, legt sich hin, schweigt. Grossmutter sagte mir, das sei schlimmes Wetter für Hans, sie hofften, er halte es durch, er ertrage die grauen Tage schlecht, es werde dann immer finsterer in ihm, zweimal schon hätten sie ihn versorgen müssen, weil er nur noch vor sich hingestarrt und nicht mehr gearbeitet habe, einmal sieben und dann neun Wochen sei er weg gewesen. Es sei die Abgeschiedenheit und der Nebel. Er habe auch das Gefühl, für seine Familie nicht aufkommen zu können. Aber, sagte Grossmutter, da sind andere schlimmer dran. Wir haben zu essen und ein Dach über dem Kopf, zu wenig Platz und sonst nichts zuviel, das schon. Aber unsereiner kannst du nicht in eine Fabrik stecken oder da oben fortnehmen, wir brauchen die Luft, die manchmal kalt und feucht und grau ist. Wenn ich noch lange nicht sterbe, überlebt Hans auch.
Die 24 Rinder vom Bauern aus dem Unterland sind schwarz gefleckt. Onkel Hans sagte, sie hätten einen anderen Charakter als die braunen, seien sturer und träger. Er hat selber fünf Rinder, musste die aber einem andern Hirten in Pacht geben, weil er sonst die 24 nicht bekommen hätte, das sei nun mal so, lieber für fünf bezahlen als die 24 nicht hüten können.
In einem kleinen Stall, aus dem es fürchterlich stinkt, stehen

angebunden drei Kälber. Sie trinken nur Milch. Onkel Hans sagte: Hier setzen wir zartes Fleisch an für euch Kannibalen aus dem Unterland. Zauggs essen nur Schweinefleisch.
Vor drei Tagen hat die Katze zwei Junge geworfen. Die Kinder wissen von ihren Tieren alles, wie sie auf die Welt kommen, wie lange die Augen verklebt und geschlossen bleiben. Onkel Hans hat viel Geduld. Vielleicht hängt das mit der Ruhe da oben zusammen, es fliegt höchstens einmal ein Flugzeug durch oder ein Traktor rattert vorbei. An schönen Sonntagen aber fahren viele Autos und Cars zum Kurhaus. Wir notieren uns die Automarken und Peter und Fritz führen ein Buch und vergleichen die Wagen vom ersten Sonntag im Monat mit denen des dritten zum Beispiel. Sie glauben beide nicht, dass sie je ein eigenes Auto besitzen werden. Sie wünschen sich zur nächsten Weihnacht ein Quartett. Marianne bekam ein Fotoalbum, Theres eben den Regenschirm, Fritz das Spiel „Fang die Maus". Grossmutter schenkt ihnen immer zu Ostern etwas, das hält sie einfach so.
Einmal hätte ich mir abends um sieben Uhr gern eine Sendung im Fernsehen angeschaut. Der Onkel sagt: Nein, die Lehrerin sagte, es sei nicht gut, wenn die Kinder vor dem Kasten hocken. – Und die Scheibe blieb meistens grau. „Spiel über die Grenzen" hatten sie schon einige Male miterlebt. Zur Jugendstundezeit sind Peter und Fritz und auch die Mädchen ums Haus, im Stall oder Garten beschäftigt, und was nach sieben gesendet wird, so Hans, ist nichts für Kinder. Er meinte auch einmal: Wenn unsereiner in den Kasten starrt, wird er nicht gescheiter. Wir sind nun mal mit dem Wissen hintennach, begreifen langsamer und schwerfälliger als die im Dorf. Franz hatte Mühe in der Gewerbeschule. Er hat sich zum Klassenersten hinaufgearbeitet mit zähem Fleiss, da blieb keine Zeit fürs Fernsehen und Wirtshaussitzen.
Als ich Peter fragte, ob er Hirt werden wolle, sagte er: Vielleicht. Zur Schule will er nicht mehr.
Im Schlafzimmer der Grosseltern hängt in einem schwarzen

Rahmen eine Ehrenurkunde: Für treue Alpdienste. Und darunter: Ehre sei Gott in der Höhe. Das ganz mit Blumengirlanden umrankt. Peter ist stolz auf Grossvater. Nicht jeder bekommt eine Urkunde.

Worterläuterungen

Gülloch   Jauchegrube

Lesetips

Dritte Welt allgemein

Friedensanalysen. Für Theorie und Praxis 3. Schwerpunkt: Unterentwicklung. Suhrkamp Taschenbuch, 1976, 204 S.
Beiträge bekannter Wissenschafter zum Thema Unterentwicklung und Friedensforschung. Zwei Kapitel betreffen die Schule: Alfred Holzbrecher, Ausgewählte Unterrichtsmaterialien zum Problemkreis „Dritte Welt"/Unterentwicklung. Siegfried Weisshaar, Anregungen zur Behandlung des Themas „Dritte Welt" im Unterricht der Sekundarstufe I, ein Lehrerbericht. Diese Beiträge sind aus deutscher Sicht geschrieben. Ein ausgezeichnetes, manchmal schwieriges Buch.

Rudolf H. Strahm, Warum sie so arm sind. Arbeitsbuch mit Schaubildern und Kommentaren zur Entwicklung der Unterentwicklung in der Dritten Welt. Hammer Verlag, 1985.
Das bekannteste und wohl beste Arbeitsbuch über die Gründe für die zunehmende Kluft zwischen den armen und den reichen Ländern einerseits, zwischen den Armen und den Reichen innerhalb der Drittweltländer anderseits. Gute Tabellen und Grafiken über Welthandel, Rohstoffprobleme, Welternährung, Industrialisierung, Technologie, Währungsfragen und Finanzbeziehungen: immer mit einem kurzen Kommentar versehen. Besonders für Aktionsgruppen, Schulen und Religionsunterricht. Auch als Poster (12 Poster, 15.—) bzw. als Fotokopiervorlagen (alle 59 Schaubilder, 18.—) erhältlich.
(Dieses Buch ist eine Neubearbeitung von „Überentwicklung – Unterentwicklung".)

Dieter Senghaas, Weltwirtschaftsordnung und Entwicklungspolitik. Plädoyer für eine Dissoziation. edition suhrkamp 856, 1977, 358 S.
In theoretischer Analyse und mit Hilfe von Fallstudien sowohl aus Industrie- wie Entwicklungsländern beschreibt er den Wahn (Ideologie) gängiger Behauptungen der Volkswirtschaft. Er greift auf die Geschichte unserer eigenen Entwicklung zurück und findet neue theoretische Ansätze bei Friedrich List (1789–1846), dem japanischen Vorgehen seit dem 17. Jahrhundert und dem entgegengesetzten Weg von Brasilien. – Aus all den Untersuchungen ergibt sich für Senghaas zwingend die Notwendigkeit, dass sich die Peripherien von den Weltmärkten, die von den Metropolen beherrscht sind, lösen. Zuerst muss sich ein Land auf die Grundbedürfnisse konzentrieren, einen Binnenmarkt aufbauen, mit Gleichen und Nachbarn einen Handel aufbauen und am Weltmarkt anfänglich nur sehr selektiv (auswählerisch) teilnehmen. – Das Buch ist ein sehr interessanter Beitrag zur entwicklungspolitischen Diskussion. Aber leider sehr schwer zu lesen und zu verstehen.

Starnberger Studien IV, Strukturveränderungen in der kapitalistischen Wirtschaft. Suhrkamp, 1980, 301 S.
Beiträge verschiedener Autoren, die zeigen, dass ökonomische Prozesse nicht nur innerhalb von Nationalstaaten ablaufen, sondern Teil von Strukturveränderungen im Rahmen der Weltwirtschaft sind.

Asit Datta, Welthandel und Welthunger. dtv, 1984.
Der Autor, ein indischer Wissenschaftler, stellt die Zusammenhänge von Welthandel und Welthunger an ausgewählten Beispielen und Analysen verständlich dar und zeigt mögliche Wege aus dieser oft hoffnungslos erscheinenden Situation.

J. Collins und F. Moore-Lappé, Vom Mythos des Hungers. Fischer alternativ 4049, 478 S.

Annemarie Holenstein, Zerstörung durch Überfluss, Z-Verlag, 4. Aufl. 1981.

Nohlen/Nüscheler, Handbuch der Dritten Welt, mehrbändig. Hoffmann und Campe, 1983. In grossen Bibliotheken sowie in Fachbibliotheken einsehbar.

Angelika Farnung, Die verkauften Kinder, Patenschaften — Eine Hilfe für die Dritte Welt? Jugenddienst-Verlag, 1984.

James P. Grant (Unicef), Zur Situation der Kinder in der Dritten Welt. Mit zahlreichen Tabellen und Tafeln. Jugenddienst-Verlag, 1984.

Lesebuch Dritte Welt. Neue Texte aus Afrika, Asien, Lateinamerika. Teil 1: Afrika (Hrsg. Karsten Garscha und Dieter Riemenschneider), Teil 2: Südostasien (Hrsg. Michael Hase), Teil 3: Lateinamerika (Hrsg. Erich Hackl und Peter Schultze-Kraft). Hammer Verlag, 1984.

Schweiz — Dritte Welt

Das Verhältnis der Schweiz zur Dritten Welt wird in bezug auf verschiedene Bereiche in den „Beiträgen zur entwicklungspolitischen Diskussion" der „Erklärung von Bern" untersucht und dargestellt. Prospekt im Sekretariat erhältlich. (Quellenstr. 25, CH—8005 Zürich, Tel. 01/42 64 34).

Hinweis für Lehrer:
Im Rahmen des Forums „Schule für *eine* Welt" ist eine Dokumentation erschienen, die eine annotierte Liste von Unterrichtsmitteln enthält sowie Anregungen für den Unterricht und Hinweise auf Quellen und Informationsmittel. (Adresse: ℅ Unicef, Werdstr. 36, CH—8021 Zürich, Tel. 01/242 70 80).

Alfred K. Treml (Hrsg.), Pädagogik-Handbuch Dritte Welt. Jugenddienst-Verlag, 1982.
Beiträge zur Didaktik, Methodik und Theorie im 3. Welt-Unterricht und zur Arbeit in Gruppen sowie eine lückenlose Sammlung von Arbeits- und Unterrichtsmaterialien, die in deutscher Sprache erschienen sind.

Bei der „Erklärung von Bern" sind ferner folgende Publikationen zum Thema Schweiz – Dritte Welt erhältlich:

Dritte Welt: Empfehlenswerte Kinder- und Jugendbücher, 7. Ausgabe 1985.
Die Broschüre enthält 154 Titel guter Kinder- und Jugendbücher, ausgewählt von den Mitgliedern der Lesegruppen der „Erklärung von Bern", die eine jahrelange Erfahrung haben. Die Bücher sind nach Kontinenten aufgeführt; die Hinweise umfassen alle bibliographischen Angaben und eine kritische Inhaltsanalyse sowie das Lesealter. Neuerscheinungen sind mit einem Stern gekennzeichnet. Den Titeln vorangestellt sind die ausführlichen Kriterien, nach denen die Bücher beurteilt werden.

Regula Renschler/Ruth-Gaby Vermot, Unser täglicher Rassismus, Arbeitsmaterialien für den Unterricht in der Oberstufe, für Berufsschulen und die Erwachsenenbildung. 1980.
Die einzelnen Kapitel behandeln folgende Bereiche: Comics, Kinder- und Jugendliteratur, Tourismus, Schulmaterial, Missionszeitschriften, Werbung. Das Buch enthält ferner eine Einleitung über „Hintergründe von Vorurteilen" sowie im Anhang „Unerfreuliche Erfahrungen mit Schweizern" von einer Ausländerin.

Afrika

Joseph Ki-Zerbo, Die Geschichte Schwarz-Afrikas. Hammer Verlag, 1979, 775 S.
Eine gründliche, sorgfältige und sehr detaillierte Geschichte Afrikas, beginnend in der Vorgeschichte der Menschheit, fortgeführt bis in die Mitte der siebziger Jahre unseres Jahrhunderts. Für Europäer füllt dieses umfangreiche Werk eine grosse Geschichtslücke, nämlich die in unserem Geschichtsunterricht und unseren Geschichtsbüchern weggelassene oder nur kurz und verzerrt dargestellte Zeit vor der Invasion Afrikas durch die Weissen. Über 400 Seiten sind den Epochen vor der Kolonialzeit gewidmet, die reiche Geschichte der Völker Afrikas und ihr Beitrag zur Geschichte der Menschheit tritt zu Tage. Wertvoll sind auch die Zeittafeln im Anhang des Buches und die ausführlichen Bibliographien am Ende der grossen Kapitel.

Ruth Weiss/Hans Mayer, Afrika den Europäern! Von der Berliner Kongo-Konferenz 1884 ins Afrika der neuen Kolonisation, Grossformat, reich bebildert. Hammer Verlag, 1984.

Walter Rodney, Afrika, Die Geschichte einer Unterentwicklung. Wagenbach, 1980.
Die Geschichte Afrikas und seiner Völker aus der Perspektive eines Historikers der Dritten Welt geschrieben. Rodney setzt sich zunächst mit dem Begriff der Entwicklung auseinander. Das Buch zeigt dann die Geschichte Afrikas vor der Ankunft der Europäer und erklärt, in welchem Ausmass der Sklavenhandel, der Kolonialismus und Neokolonialismus zur Verarmung und Verelendung Afrikas einerseits, zur Bereicherung und Entwicklung Europas anderseits beigetragen haben. Viele Beispiele ergänzen die theoretischen Aussagen. (Rodney wurde 1980 in seiner Heimat Guyana von politischen Gegnern ermordet.)

Horizonte 79 Berlin: Afrika. Texte – Dokumente – Bilder. Hammer Verlag, 1979, 200 S.
Horizonte 79, das 1. Festival der Weltkulturen in Berlin, stand im Zeichen von Afrika. Das Arbeitsbuch wurde zu diesem Anlass herausgegeben und vermittelt wichtige Grundinformationen zu diesem Kontinent. Die politische Geschichte Afrikas sowie die Geschichte des afrikanischen Selbstbewusstseins bilden den Rahmen, in welchem die verschiedensten Themen- und Problembereiche einerseits und einzelne Regionen und Völker anderseits umrissen und zum Teil auch von den Betroffenen selbst geschildert werden. Das Buch eignet sich sehr als Diskussionsgrundlage für Schulen und Erwachsenenbildung. Stichwortverzeichnisse und die Erklärung von entwicklungspolitischen Begriffen im Anschluss an einzelne Kapitel erleichtern den Einstieg.

Al Imfeld (Hrsg.), Verlernen, was mich stumm macht. Lesebuch zur afrikanischen Kultur. Unionsverlag, 1980, 313 S.
In dieser Anthologie kommen Politiker und Schriftsteller, Wissenschafter und Journalisten, Künstler, Musiker und Filmemacher Afrikas in Texten, Artikeln, Gedichten, Essays etc. zu Wort. Sie zeigen die reiche Kultur und Geschichte Afrikas, den grausamen Einbruch des Kolonialismus und seine Folgen, die Suche nach einer neuen afrikanischen Identität und geben Einblicke in die Brennpunkte afrikanischer Realität. Mit einem Vorwort des Herausgebers.

Südafrika

Steve Biko, Ich schreibe, was mir passt. Bücherei Oberbaum, 1978.
Eine Dokumentation von und über Steve Biko, den südafrikanischen Freiheitskämpfer, der als Gründer, Führer und Theoretiker der Black Consciousness-Bewegung in Südafrika gilt. Diese Bewegung änderte das Gesicht Südafrikas seit 1969 grundlegend. (Steve Biko starb 1977 im Gefängnis an den Folgen der dort erlittenen Folterungen.)

Bei der Anti-Aparteid-Bewegung (Leonhardstr. 19, Postfach, CH–8023 Zürich) sind folgende Publikationen erhältlich:

Südafrika heute, Zahlen, Fakten, Argumente. 80 S., bebildert, Schutzgebühr Fr. 4.–

Zwangsumsiedlungen in Südafrika – Ein Bericht der Kirchen, Hrsg. Südafrikanische Katholische Bischofskonferenz und Südafrikanischer Rat der Kirchen, 1984. Schutzgebühr Fr. 4.–

Südafrikanische Frauen – Ihre Situation und ihr Widerstand. 24 S., reich bebildert, Fr. 4.–

Lateinamerika

Eduardo Galeano, Die offenen Adern Lateinamerikas. Die Geschichte eines Kontinents von der Entdeckung bis zur Gegenwart. Hammer Verlag, 5. Aufl. 1980, 310 S.
Liest sich leicht und ist spannend. Schildert die vergangene Ausplünderung und den Raub der Gegenwart, die Konquistadoren in den Galeonen und die Technokraten in den Jets, die Gewinne der Sklavenhändler und die Dividenden der General Motors. ... Der Autor kommt zum Schluss: „Die Wiedererlangung der seit jeher widerrechtlich in Besitz genommenen Einnahmequellen kommt der Wiedererlangung eines eigenen Schicksals gleich."

Eduardo Galeano, Erinnerung an das Ferne. Band 1: Geburten. Hammer Verlag, 1. Aufl. 1983.
Band 2 und 3 erscheinen vermutlich 1985.

Moema Viezzer, Wenn man mir erlaubt zu sprechen. Zeugnis von Domitila, einer Frau aus den Minen Boliviens. Lamuv Verlag, 6. Aufl. 1981, 224 S.
Domitila berichtet von den schweren Arbeits- und Lebensbedingungen der Minenarbeiter und ihrer Familien im Hochland von Bolivien, von der grausamen Unterdrückung durch Regierung und Polizei, aber auch von der Solidarität der Männer und Frauen und ihrem Kampf gegen Ausbeutung und Gewalt.

Paulo Freire, Pädagogik der Unterdrückten. rororo 6830, 1971, 160 S.
Der brasilianische Pädagoge beschreibt in seinem weltbekannten Buch seine Erfahrungen mit den Versuchen, Unterdrückte ihre Lage erkennen zu lehren und dabei selbst von ihnen zu lernen. In Kulturzirkeln lernten damals, vor 1964, Analphabeten in Brasilien mittels der „Methode" Paulo Freires in 30–60 Stunden lesen und schreiben, aber sie lernten auch, ihre Lage als Unterdrückte zu erkennen und die Gründe zu analysieren. Pädagogik ist so nicht der Wirklichkeit entfremdet, sondern sie führt dazu, dass die Betroffe-

nen ihre Wirklichkeit verändern wollen. – Im zweiten Hauptwerk Freires (*Erziehung als Praxis der Freiheit. Kreuz Verlag, 1974, 180 S.*) wird die Alphabetisierung und Erwachsenenbildung mit konkreten Beispielen erklärt. Ferner erschien von Freire: *Pädagogik der Solidarität, Für eine Entwicklungshilfe im Dialog. Hammer Verlag, 1974, 103 S.* (Freire lebte von 1964 bis 1980 im Exil, seitdem ist er wieder in Brasilien tätig.)

Darcy Ribeiro, Unterentwicklung, Kultur und Zivilisation. Ungewöhnliche Versuche. Suhrkamp, 1980, 400 S.
Darcy Ribeiro ist ein brasilianischer Anthropologe und Sozialwissenschaftler, dem es in seinen Essays gelingt, drei grosse Themenbereiche zu verknüpfen: den zivilisatorischen Prozess unter dem besonderen Aspekt der lateinamerikanischen und der brasilianischen Unterentwicklung, die Volkserziehung und die ethnische Emanzipation. Er schreibt einen sehr lebendigen Stil, manchmal ernsthaft, wissenschaftlich, plötzlich humorvoll, ironisch, dann wieder ganz einfach und anspruchslos. (Unter der fortschrittlichen Regierung Goulart war er Minister, die Jahre von 1964 bis 1975 verbrachte er im Exil, heute lebt er wieder in Brasilien.)

Asien

Gunnar Myrdal, Asiatisches Drama. Suhrkamp Taschenbuch 634, 1980 500 S.
Warum werden die Armen immer ärmer, warum werden die Reichen immer reicher? Das Buch untersucht die Ursachen der Armut am Beispiel Südasiens.

Barbara Böttger, 700 Millionen ohne Zukunft? rororo, 1975, 255 S.
Eine kritische Analyse der Entwicklung des Indischen Subkontinents in eine schier hoffnungslose Armut, mit besonderer Berücksichtigung von Bengalen (indisches Bundesland Westbengalen und Bangla Desh). Die Analyse umfasst die ökonomische Entwicklung, die sozialen Schichtungen und die politischen Strukturen. Auf die Frage nach der Zukunft weist die Autorin im letzten Kapitel auf zwei mögliche Entwicklungen hin: Faschismus oder Rebellion.
(Das Buch ist vergriffen, leihweise erhältlich bei: Informationsdienst 3. Welt, Monbijoustr. 31, CH–3011 Bern, Tel. 031/26 12 34)

Zu Iran
Abdol Hossein Behrawan, Iran: Die programmierte Katastrophe. Anatomie eines Konflikts. Fischer Taschenbuch 4222, April 1980, 192 S.

Omol Bani, Fatima statt Farah, Erfahrungen einer Frau in der iranischen Revolution. iva-verlag, 1980.

Nawal el Saadawi, Tschador, Frauen im Islam. edition CON, 1980, 182 S.

Zu Islam und Buddhismus
A. Th. Khoury, Einführung in die Grundlagen des Islam. Verlag Styria, 1978, 272 S.

Herbert Gottschalk, Weltbewegende Macht Islam, Wesen und Wirken einer revolutionären Glaubensmacht. Scherz Verlag, 1980, 280 S.

Heinz Gstrein, Marx oder Mohammed? Arabischer Sozialismus und islamische Erneuerung. Ploetz Verlag, 1979, 128 S.

Heinrich Dumoulin, Begegnung mit dem Buddhismus, eine Einführung. Herderbücherei Band 642, 1978, 173 S.

Hans Wolfgang Schumann, Buddhismus, Stifter, Schulen und Systeme. Walter Verlag, 238 S.

Quellen
Zeitgenössischer Literatur aus Afrika, Asien und Lateinamerika

Diese Broschüre enthält sämtliche ins Deutsche übersetzte Titel. Sie ist erhältlich bei der

„Gesellschaft zur Förderung der Literatur aus Afrika, Asien und Lateinamerika"
Postfach 2404, Kleiner Hirschgraben 10–12
D-6000 Frankfurt 1

Quellenverzeichnis

Wir danken den folgenden Verlagen für die Abdruckgenehmigung und die Übersetzungsrechte:

- Aufbau-Verlag, Berlin und Weimar, für:
  Samaresh Bose, Djoinal; aus: Jugend der Welt, 1973.
  Autorenrechte bei Barbara Dasgupta, Berlin.
- BLAC Publishing House, Athlone, Cape, Südafrika, für:
  James Matthews, Wer sagt denn, dass ich weine; aus: The Park and other stories, 1974, Autorenrechte bei James Matthews.
- Verlag der Ev.-Luth. Mission, Erlangen, für:
  Schulaufsätze aus Kamerun; aus: Der grosse Stuhl macht noch keinen König, 1974.
- Peter Hammer-Verlag GmbH, Wuppertal, für:
  Robinson Matsele, Ein Anzug fürs Konzert; aus: Sklave im eigenen Land, 1974.
- Heinemann Educational Books, London, für:
  Musa Nagenda, Kabana und die wilden Hunde; aus: Dogs of fear, 1971.
- Jugenddienst-Verlag, Wuppertal, für:
  Enrique Congrains Martin, Der Kleine von „Fast-Schon-Im-Himmel"; aus: Zeit der Reichen – Zeit der Armen, 1973.
- Rotbuch-Verlag GmbH, Berlin, für:
  Samad Behrangi, 24 Stunden Wachen und Träumen; aus: Feuer unterm Pfauenthron.
- Styria-Verlag, Graz, für:
  Dinalva Ramos da Silva, Damals hatten wir den ganzen Tag Hunger; aus: Dinalva. Ein Mädchen aus Maceio, 1973.
- Washington Square Press, New York, für:
  Daniel Garza, Jeder kennt Toby; aus: We are Chicanos, An Anthology of Mexican-American Literature, 1973.

Neuerscheinungen aus unserem literarischen Programm

Ali Ghalem
Die Frau für meinen Sohn
Roman
*Aus dem Französischen von Agnès Bucaille-Euler
und Susanne Thauer-Kalberlah*
272 Seiten, gebunden, Fr. 28.–/DM 28.–

„Der algerische Schriftsteller und Filmregisseur Ali Ghalem schrieb ein für islamisch-konservative Kreise skandalöses Buch – so wie Ibsens Schauspiel 'Nora' es für entsprechende christliche war. Er weiss, dass der Islam bei der Befreiung vom Kolonialismus wichtig war. Aber die eine Hälfte der Menschheit wurde dabei vergessen, obwohl sie zur Befreiung beigetragen hatte.
Das Buch ist ein Appell gegen die Ungleichheit, die Heldin eine glühende Aufforderung zur Identifikation. Die norwegische Nora hat eine algerische Schwester bekommen." *Der Tagesspiegel, Berlin*

Neuerscheinungen aus unserem literarischen Programm

Ghassan Kanafani
Das Land der traurigen Orangen
Palästinensische Erzählungen I
Aus dem Arabischen von Hartmut Fähndrich
160 Seiten, gebunden, Fr. 20.–/DM 20.–

„Eine Sammlung von Erzählungen, die diesen Namen wahrhaft verdient. Denn Kanafani war ein meisterlicher Erzähler, der eine tiefe Zuneigung zu seinen Menschen – gewöhnlichen Helden des Alltags – auf hinreissende Art mit der Erkenntnis über die Schicksalhaftigkeit ihrer Entscheidungen zu verknüpfen verstand."
taz

Neuerscheinungen aus unserem literarischen Programm

Ghassan Kanafani
Bis wir zurückkehren
Palästinensische Erzählungen II
Aus dem Arabischen von Hartmut Fähndrich
160 Seiten, gebunden, Fr. 20.–/DM 22.–

„Man erhält Einblick in jene Welt, die eine verlorene ist und doch noch immer die Hoffnung auf Rückkehr nährt, in Familien, die der Krieg auseinandergerissen oder dem Tod überantwortet hat, in Seelen von Kindern, die ihrer Jugend beraubt worden sind, in Gemüter von alten Menschen, deren Menschlichkeit aus den Fugen geraten ist. Und es ist vor allem auch eine Männerwelt, die sich hier eröffnet, eine traurige frauenlose Welt, voller Gier nach Geborgenheit, die am falschen Ort erhofft und deshalb auch nicht gefunden wird."
Neue Zürcher Zeitung